DAS DRITTE LEBEN

NIKI LAUDA

DAS DRITTE LEBEN

In Zusammenarbeit mit
Herbert Völker

WILHELM HEYNE VERLAG
MÜNCHEN

SCHUTZUMSCHLAG

von Jörg Eigenmann unter Verwendung eines Fotos von „NEWS"/Roman Zach-Kiesling.
Fotos auf der Rückseite: Ernst Kainerstorfer, Alois Hans Rottensteiner.

FOTONACHWEIS

Ernst Kainerstorfer: Seite 39bc, 40, 228ab, 229b, 230a, 231, 232, 266b, 270a

Alois Hans Rottensteiner: Seite 34/35, 36a bis c, 39d, 76ab, 77ab, 78abc, 80ab,
113a, b, c, f, g, 114a, 117b, 119c, 185abcde, 187bcd, 192, 226b, 267b

Paul Schirnhofer für Gala/PICTURE PRESS: Seite 269, 271b, 272

Rainer Schlegelmilch: Seite 37b, 113eh, 187a, 230b

Matthias Schneider: Seite 191

„NEWS"/Roman Zach-Kiesling: Seite 38, 226a, 267ac, 268b

Roger Benoit: Seite 115b, 189a
Brian Aris Scope Features: Seite 190b
Bunte: Seite 117a
DPPI: Seite 118, 188a
Wolfgang Drehsen: Seite 37a
Tamotsu Futamura: Seite 113i, 186d
Jeff Hutchinson: Seite 190a, 270b
News & Photo Agency: Seite 119a

Aleksandra Pawloff: Seite 268a
Hannes Rausch: Seite 227a
Bernd Schilling: Seite 36d
Oskar W. Weissengruber: Seite 115a
Günther Wiesinger: Seite 119d
Wolfgang Wilhelm: Seite 186be, 266a
Heinz G. Zeggl: Seite 189b
Helmut Zwickl: Seite 39a, 119b.

Copyright © 1996 by Edition Tau & Tau Type,
Biricz Gesellschaft m. b. H. & Co. KG, Bad Sauerbrunn/Österreich
Lizenzausgabe 1996 für den Wilhelm Heyne Verlag GmbH & Co. KG, München
Umschlagentwurf: Jörg Eigenmann, Wien
Satz und Innengestaltung: Tau Type, A-7202 Bad Sauerbrunn
Druck: Wiener Verlag, Himberg
Printed in Austria

ISBN 3-453-11572-4

Inhalt

Die Idee vom Fliegen

Ich war 25 und fuhr für Ferrari. Der Ferrari-Vertrag war das Allerwichtigste im Leben. Es ging nicht um Geld oder Ruhm oder gar die Ferrari-Legende. Es bedeutete bloß, daß ich Formel-1-Rennen mit Autos fahren konnte, die unvergleichlich besser waren als die mühseligen Gurken der Jahre davor. Es war das absolut einzige, das mich interessierte: Rennen fahren.

Alle meine Perspektiven und Interessen hatten ein Thema: Rennen.

Racing war Gegenwart und Zukunft, und jede anders eingesetzte Minute war fad.

„Fad" ist eines meiner Schlüsselwörter auf der negativen Seite. In der wienerischen Aussprache drückt es die Bedeutung von Langeweile auch lautmalerisch aus, darüber hinaus hat es für mich den Sinn von „es bewegt sich nichts", „es geht nichts weiter", daher ist es eben langweilig.

Weiterführendes war damals nur im Bereich des Rennsports denkbar. Alles andere war darin automatisch eingeschlossen: Lebenslust, Erfolg, vielleicht auch Reichtum — nach Rückzahlung der Schulden.

Ich war also nicht wirklich vielseitig. Auch die Fliegerei existierte noch nicht.

Der einzige etwas innigere Kontakt zur Luftfahrt ergab sich aus dem Morgenflug Wien–Mailand. Über längere Zeit mußte ich jede Woche bei Ferrari zum Testen antreten und kam mir ähnlich belämmert vor wie ein Pendler, der auf den Zug wartet, umgeben von anderen griesgrämigen Männern, die zur Arbeit flogen. Ich nannte diese Maschine „Arbeiter-Düs'n."

Ein Formel-1-Weltmeister zu Beginn der siebziger Jahre, zum Beispiel Jackie Stewart oder Emerson Fittipaldi, verdiente maximal 5 Millionen Schilling im Jahr. Das ist ein Fünfzigstel jener 250 Millionen, die sich heute unter günstigen Umständen cashen lassen, zumindest von Schumacher. Wenn man Faktor 5 für die dazwischenliegende Geldentwertung einsetzt, werden aus 5 Millionen auch bloß 25 – ein damaliger Champ war also bloß ein Zehntel eines heutigen Weltmeisters wert. Das könnte auch den Unterschied im Lebensstil charakterisieren.

Nur Graham Hill und Chris Amon hatten Privatflugzeuge, und das waren schlichte Propellermühlen. Es hatte mehr mit Sport als mit Luxus oder Zeitgewinn zu tun, wenn sie im Flieger zu den Rennen kamen. Einmal flogen die beiden mitsammen in Grahams Piper Actec von Spa nach London, und weil ich den gleichen Weg hatte, nahmen sie mich mit. Damals reiste man nicht 20 Minuten nach der Zieldurchfahrt eines Rennens ab, sondern am Montag vormittag.

Es begann damit, daß Graham in der Früh über Kopfweh klagte, vom vielen Saufen bei der Grand-Prix-Party. Es regnete jämmerlich, und die Startbahn war eine Graspiste. Wir kamen nur mit knapper Mühe über die Böschung und stachen ziemlich unverbindlich in die Waschküche über dem Kanal. Hill und Amon stritten ununterbrochen und brüllten einander an. Hill war Captain, hatte aber nur den Sichtflugschein, Amon verstand was von Instrumenten, und ich glaube, daraus ergab sich der Ärger. Ich hockte hinten und hatte von nichts eine Ahnung. Immerhin, wir landeten in London. Ich hatte nicht den Eindruck, daß ich Pilot werden oder ein Flugzeug haben wollte.

Der Eindruck besserte sich, als mich mein Cousin eines klaren freundlichen Tages in seiner Cessna 150 zu einem Sightseeingflug über das Inntal mitnahm. Alles war schön und smooth und freundlich, und das Fliegen so einfach. Der Blick über beide Seiten der Alpen ließ eine Direttissima zwischen Salzburg, wo ich mittlerweile wohnte, und Ferrari erahnen. Ich wurde Flugschüler, und am liebsten übte ich Salzburg–Bologna. So bekam das Fliegen einen Sinn.

Da ich inzwischen schon halbwegs Geld verdiente, schaffte ich eine zweimotorige Cessna Golden Eagle an. Kemetinger war der

Pilot, ich saß daneben und lernte ganz automatisch die Praxis. Es war schön, keine Frage, es machte Spaß. Mit Superlativen muß ich vorsichtig sein. Wenn mich an der Fliegerei etwas wirklich begeisterte, waren es zwei Dinge.

Erstens gab es nichts Einleuchtenderes als die Perfektion eines Tagesablaufs, der normal gar nicht in einen Tag hineingepaßt hätte, jedenfalls voll von Stress und Unannehmlichkeit gewesen wäre. Dieser typische Testtag:

Aufwachen im eigenen Haus am Waldrand. Frühstück mit Marlene. Viertelstunde Fahrt zum Flughafen Salzburg. Kemetinger hat die Golden Eagle schon angeheizt, eine Stunde später segelt sie in Bologna rein. Sante Ghedini holt mich ab. Zwei Stunden auf Ferraris Rennstrecke. Enzo Ferrari himself kommt rüber aus seinem Büro. Wir gehen ins Cavallino Mittagessen, ich kann Politik machen beim alten Herrn (leider sehr wichtig). Noch eine Stunde Testen. Ab nach Bologna. Um halb sechs spaziere ich bei Marlenes Tür rein, wie einer, der quietschvergnügt vom Büro kommt. Sich diesen Tag mit Linienflieger vorzustellen, war unmöglich; zweimal sechs Stunden Autofahrt einzubauen: ein Horror.

Das zweite, was in mir eine Begeisterung fürs Fliegen auslöste, war der Aufstiegsplan: Ich hatte eine ganze Hierarchie von Flugscheinen und Flugzeugtypen über mir. Sich daran hochzuhanteln mußte toll sein. Es führte weiter, immer weiter. Diese Perspektive sah ich schon ganz früh, ein Jahr nach dem ersten Sightseeing-Flug in der Cessna.

Aus einem Interview vom August 1975 (ich war 26, gerade auf dem Weg zu meinem ersten Weltmeistertitel, und das vorzeitige Interesse an meiner Pensionierung war schon ein bißchen seltsam):

Wie stellst du dir die Umstände deines Rücktritts vor? Was könnte der Anlaß deines Rücktritts sein?

Mangelndes Interesse an diesem Sport.

Ist dieser Zeitpunkt jetzt schon abzusehen?

Nein.

9

Kannst du dir vorstellen, was du nach deinem Rücktritt tun würdest?

Ich würde nur Dinge tun, die mir Spaß machen. Fliegen zum Beispiel. Vielleicht würde ich die Fliegerei zu meinem Beruf machen. Es gibt nichts Schöneres für mich als das Fliegen. Einen Jumbo zu beherrschen, das wäre das Nonplusultra.

Da hatte ich allerdings noch nicht einmal die Berechtigung für eine Einmotorige.

Durch die vielen Flüge auf dem rechten Sitz der Golden Eagle hatte ich als Flugschüler jede Menge Praxis, aber nie zusammenhängend genügend Zeit, um die Theorie zu büffeln und dann gleich zur Prüfung anzutreten.

Ferrari war als Dienstgeber sehr intensiv. Ich glaube, wir haben das Zeitalter des Testens im Rennsport eröffnet. Was bis dahin eher die Fleißaufgabe von Technikern und ehrgeizigen Gentleman-Drivern gewesen war, etablierten wir als neuen state of art. Ich sah darin meine Riesenchance, denn ich merkte, daß ich mich ernsthafter mit einem technischen Problem auseinandersetzen konnte als meine Rennfahrerkollegen. Ich war fähig, mich zu konzentrieren, mich zu versenken und ein Problem mit nach Haus zu nehmen, im Kopf.

Ein paar Jahre zuvor war ich noch eine heillos unfähige Niete im Gymnasium, in der Mechanikerlehre und dann wieder in der Maturaschule gewesen, und jetzt spielte ich den großen Analytiker der Formel 1. Ich hatte ein gutes Sensorium im Hintern, spürte, wie das Auto lebte, auch in Details. Ich konnte Themen einkreisen. Ich bemühte mich, gegenüber Technikern und Mechanikern auf den Punkt zu kommen, alles Unnötige wegzulassen und den Kern eines technischen Zustands zu isolieren. Dadurch kriegten wir höhere punk-tuelle Genauigkeit, jedenfalls mehr, als man damals gewohnt war.

Auf der anderen Seite blieb zwischen Rennen, Tests und PR-Auftritten keine Zeit fürs Theorie-Lernen der Fliegerei. Dreimal visierte ich einen Prüfungstermin an, dreimal kam was dazwischen.

Marlene hatte ich im Sommer 1975 kennengelernt. Sie war die Freundin des Curd Jürgens und als solche die Dame des Hauses bei einer Party in Salzburg. Sie hat eine spanische Mutter und einen österreichischen Vater, ist in Venezuela geboren und großteils dort aufgewachsen. Sie hat viel mehr vom spanischen als vom österreichischen Wesen.

Der Name Niki Lauda sagte ihr absolut nichts. Marlene war unendlich weit weg vom Rennsport und stellte die haarsträubendsten Fragen, wie ein Kind. Sie heiratete ein paar Monate später ganz sicher nicht den Rennfahrer in mir, den packte sie mit ein, ohne zu begreifen, worauf sie sich einließ.

Als Rennfahrer braucht man naiven Optimismus („mir passiert eh nix"), sonst könnte man ja gar nicht in den Wagen steigen, und Marlene war gern bereit, genauso dran zu glauben, wie ich es vorgab. Sie war grenzenlos unbeschwert, und bevor sie sich versah, war sie mittendrin im Horror.

Ich war 27, Weltmeister und auf dem Weg zum zweiten Titel. Bevor ich am 1. August 1976 am Nürburgring in den Ferrari stieg, erzählten mir österreichische Journalisten, daß vor wenigen Stunden die Wiener Reichsbrücke eingestürzt war.

Das war ein komisches Gefühl: Daß die größte Brücke der Stadt, des ganzen Landes, einfach einstürzen kann, von einer Sekunde auf die andere.

KAPITEL I

Das erste Leben

Die Geschichte meiner ersten Karriere wurde schon von allen möglichen Blickwinkeln aufgezeichnet, auch von mir selbst in früher erschienenen und nun vergriffenen Büchern. Aus der zeitlichen Distanz stellen sich die Dinge nicht großartig anders dar. Ich konzentriere mich hier auf das Dilemma als Jugendlicher bis zum ersten Start und skizziere in der Folge einige entscheidende Szenen der folgenden Jahre.

Als Kind mußte ich, auch wenn es nicht sehr kalt war, Schal und Mantel tragen und einen Steirerhut aufsetzen. Mein Bruder war immer genau gleich angezogen, wir kamen daher wie zwei kleine Deppen. Ich sehe eine Situation noch haargenau vor mir. Ich war ungefähr zehn oder zwölf und mußte zum Zahnarzt wegen der Regulierung. Ich stand mit meiner Mutter an der Ecke beim Forum-Kino und wartete auf die Straßenbahn. Ich schaute nur auf den Kanaldeckel: Immer wenn ein Auto drüberfuhr, machte es tack-tack. Wenn ich mich jetzt bemühe, mir vorzustellen, wie ich damals an der Ecke stand, im Mantel, mit Schal und Steirerhut: Ich glaube, ich war ein ziemliches Seicherl, das ist das Wort, mit dem der Wiener am besten einen Schlaffi ausdrückt.

Genauso wie tack-tack höre ich auch trapp-trapp in meiner Erinnerung, trapp-trapp, das Pferd kommt aus der Box. Ich mußte reiten lernen, wie es in den guten Familien üblich war. Jedesmal, wenn ich in die Reitschule kam, widerte mich schon der Geruch an. Und sobald dann das Pferd rausgeführt wurde und ich das Trapp-Trapp hörte, wurde mir schlecht. Ich spürte einen richtigen Druck in der Hose und schoß rauf in den ersten Stock, zum Klo.

Ich glaube, daß mich erst meine Liebe zu den Autos von der Seicherl-Fahrbahn abbrachte. Mit 15 kaufte ich um 1500 Schilling ein VW-Cabrio, das genauso alt war wie ich, aber irgendwie älter ausschaute. Damit konnte ich im Hof auf und ab fahren. Ich nahm den Motor auseinander und lackierte die Karosserie mit einer Spritzpistole. Dann ließ ich den VW auf das Gut meiner Großeltern in Niederösterreich schleppen und konnte dort herumdüsen. Ich bastelte eine Sprungschanze und sprang Rekord mit 22 Metern.

Die Laudas waren grundsätzlich Wirtschaftskapitäne, jedenfalls was Besonderes. Irgendwie fühlte ich mich nicht ganz inkludiert, da ich schon in der dritten Klasse des Gymnasiums sitzenblieb, und in der fünften noch einmal. Schule interessierte mich einfach nicht, und wie sich in meinem späteren Leben rausstellte, finde ich mich nur bei Dingen zurecht, die mich auch interessieren.

Mein Vater steckte mich in die Maturaschule, die damals noch den Ruf hatte, auch die hoffnungslosesten Söhnchen durchzubringen. Eine erfolgreiche Zwischenprüfung in Englisch brachte mir von der Verwandschaft genügend Geld ein, um einen gebrauchten VW zu kaufen. Er hatte zwei Vergaser, einen halboffenen Motordeckel und breite Räder, aber es war halt doch nur ein Käfer. Kurz nach meinem achtzehnten Geburtstag hatte ich natürlich schon den Führerschein.

Mein Schulnachbar war Peter Draxler, Sohn eines berühmten Geflügelhändlers und Fußballpräsidenten. In der Schule war er eine ähnliche Koryphäe wie ich, im praktischen Leben durch Fehlen eines Führerscheins gehandikapt. Er überredete mich (was nicht schwer war), Vaters Zweitwagen aus der Garage zu fischen und am Abend irgendwo nett hinzufahren, etwa zum Heurigen. Es war ein Mini Cooper S. Meine Fahrgeilheit führte dazu, daß wir dann von Grinzing mitten in der Nacht zu einer ernsthaften Erprobung des Mini aufbrachen. Fischerhaus, leichte Linke, alles im Griff, Rechtskurve mit Brücke und Rauhreif, und ich mit voller Post. Ein hoher Randstein zur Absicherung der Fußgänger nahm die volle Breitseite des Mini auf, die beiden linken Räder steckten sehr tief und sehr schief in den Radkästen.

Peter Draxler hatte Riesenfedern vor seinem Vater, und mir war das dementsprechend peinlich. Ich fing meine Großmutter beim Frühstück ab, sagte ihr, daß ich ohne sie ins Gefängnis muß, sie kapierte blitzartig, ich führte sie im blauen Käfer mit der offenen Motorhaube zur Schoeller-Bank, und sie gab mir ein Kuvert mit öS 38 000,–. Das war exakt der Betrag, von dem Peter Draxler wußte, daß sich ihn sein Vater als etwaigen Kaufpreis für den Mini vorstellte. Ich trat bei Draxler an, sagte, bitte verkaufen Sie mir Ihr Auto, der sagte Ja, und Handschlag, mein Sohn wird dich zur Garage führen (inzwischen war der Mini beim Abschleppdienst).

Also hatte ich um Großmutters 38 000,– einen schrottreifen Mini gekauft. Somit blieb nichts anderes übrig, als die Drohungen meines Vaters, mich in die Handwerkslehre zu stecken, wahr werden zu lassen. Wie sonst sollte ich den Mini reparieren? Für einen Lauda war der Mechanikerberuf eine ziemliche Schande, für mich war es aber wirklich okay: Ich liebte Autos, interessierte mich für die Kfz-Lehre.

Meine erste Euphorie für das Handwerk bekam einen Dämpfer, als ich sehr forciert zum Wurstsemmelholen eingesetzt wurde. Jeder von den zehn bis fünfzehn Mechanikern hatte seinen eigenen Wunsch, und ich hatte zu unterscheiden zwischen Extrawurst, Krakauer, Wiener, Braunschweiger und der sogenannten Dürren, jeweils mit oder ohne Gurkerl. Da ich die heiklen Bestellungen dauernd verwechselte und immer mit dem Falschen daherkam, wurden mir erstaunlich viele Schraubschlüssel nachgeschmissen.

Ich verbesserte meine Einkaufsleistung und durfte daher nach einiger Zeit auch schon selbständig Öl ablassen. Eines Morgens kam ein Volvo-Kunde, der ganz eilig einen Ölwechsel wünschte, um dann sofort eine Reise anzutreten. Ich tauchte in die Grube, zerrte an einem riesigen Schraubschlüssel in die verkehrte Richtung und drehte das Gewinde ab. Der Meister mußte dem Kunden klarmachen, daß jetzt der Motor ausgebaut wird, eine Ölwanne verpaßt kriegt und daß die Angelegenheit drei Tage dauern wird. Ich wurde mit Ohrfeigen und fliegendem Werkzeug durch die Halle gescheucht, wobei ich wieder meine Liebe zu den Geisteswissenschaften entdeckte und den Vater davon in Kenntnis setzte. Er genehmigte eine Maturaschule mit Abendkursen, das konnte nicht falsch sein. Immerhin hatte ich zwischendurch den Mini reparieren können, das Ausbildungsziel war also geschafft.

Außer daß ich auf der Höhenstraße den Randstein getroffen hatte, gab es keinerlei Hinweise auf besonderes Talent zum Rennfahren. Trotzdem interessierte ich mich dafür. Da mich die Maturaschule nicht ganz ausfüllte, las ich viel gute Literatur, zum Beispiel die „Autorevue". In den Kleinanzeigen stand: „Fritz Baumgartner verkauft seinen Renn-Mini". Das war der Staatsmeister jener Tage und der schnellste Mann, den es auf Minis gab. Weil mir fad war, rief ich an und sagte, ich wolle das Auto kaufen, obwohl ich natürlich null Voraussetzungen dafür hatte.

Da stand also in einem Hinterhof in Baden dieses dunkelblaue Rennauto mit weißem Dach des Herrn Baumgartner, ohne Motor drin, der war grad kaputt. Baumgartner wollte nicht mehr rennfahren und suchte ein Straßenauto, ich wollte rennfahren und suchte ein Rennauto. Baumgartner schlug mir einen Tausch vor, plus Aufzahlung von 20 000,– meinerseits, natürlich geheim und nicht sofort. Es war der innere Kern einer fabelhaften Spirale von Schulden, die mich erst sechs Jahre später verließen, als ich schon im Ferrari saß.

Bei mir daheim, vor der schönbrunnerfarbenen Pötzleinsdorfer Villa, die meine Bonität drastisch erhöhte, bauten Baumgartner und ich den Motor zusammen und schliffen die Ventile ein. Mein Vater war unheimlich mißtrauisch, weil in der Schule schon wieder nichts weiterging, aber ich sagte, ich würde mich als Mechaniker fortbilden, indem ich dem Herrn Baumgartner behilflich bin. Der Wagen war dann letztlich ein gutes heißes Eisen, er dürfte rund um 100 PS gehabt haben und entsprach dem *State of Art* – würde ich sagen.

Das nächste einschneidende Erlebnis war das Asperner Flugplatzrennen 1968. Baumgartner hatte mir geraten, mein Debut am Berg und nicht am Flugplatz zu feiern, also ging ich nur als Zuschauer hin. Frank Gardner auf einem Cortina Lotus hatte gewonnen. Am Podium legte er den Kranz weg und stieg mit Tränen in den Augen runter. Man hatte ihm gerade gesagt, daß Jim Clark in Hockenheim tödlich verunglückt war. Jim Clark war auch mein ganz großes Idol, drum ist mir das ebenfalls nahegegangen. Was mich dran besonders gestört hat, war, daß es durch einen technischen Defekt passiert ist, damals gab es noch nicht die Sicherheitsbolzen in den Felgen, und wenn du einen Patschen hattest, konnte der Reifen von der Felge hüpfen. So ist Clark auf der langen Geraden in Hockenheim einfach abgebogen und voll in den Wald gezogen, ohne daß er irgendwas dafür konnte. Das hat mich noch lange beschäftigt.

Zwischendurch hatte ich quasi mein Abitur abgeschlossen, jedenfalls für mich persönlich und meine Familie. Eine verständnisvolle junge Dame aus der Maturaschule, wesentlich tüchtiger als ich, schenkte mir ihr echtes Maturazeugnis, meldete Verlust ihres eigenen und kriegte ein Duplikat. Ein zeichnerisch begabter Mitschüler nahm Radiergummi und Tintentod zur Hand, bald stand Andreas N. Lauda an der richtigen Stelle. Ich fuchtelte mit dem Wisch hin und her, meine Familie war entzückt, ich zerriß das Papier und wandte mich nunmehr ungestört den wichtigen Dingen des Lebens zu.

Nicht ganz ungestört, wie sich zeigen sollte. Immerhin ging's vorerst nach Mühllacken, zu meinem ersten Rennen am 15. April 1968. Ich wurde Zweiter in meiner Klasse, hatte mich aber allzu brav an ein Drehzahllimit gehalten – da waren noch Reserven!

Aber jetzt begann das Drama. Baumgartner machte sich Sorgen um seine restlichen 20 000 Schilling. Er suchte meinen Vater, den Generaldirektor, im Büro auf, ohne mir ein Wort zu sagen, und erzählte ihm die Wahrheit, nämlich, daß das Auto mir gehörte, daß ich es gegen den Straßen-Mini eingetauscht hatte und daß noch 20 000 Schilling fehlen.

Mein Vater machte einen Tango, gab dem Baumgartner aber das Geld unter der Bedingung, daß ich nie wieder rennfahren würde, vor allem nicht beim nächsten Rennen, am Dobratsch.

Da hatte ich aber schon zum ersten Mal das Gefühl, es ginge um eine prinzipielle Entscheidung für mein weiteres Leben. Ein Rennauto im Stall, das wichtigste Rennen vor Augen, Aspern schon verpaßt und weiter untätig! Ich hatte ja nicht einmal mehr ein Privatauto! Mein Leben war auf Null reduziert. Also kam ich zu dem Schluß, ich müsse trotz allem am Dobratsch fahren.

Ein Freund meines Vaters war ein toller Bursch, dem konnte ich alles erzählen. Er gab mir tausend Schilling für den Sprit und borgte mir seinen prächtigen V8-BMW als Schleppauto für den Renn-Anhänger. Ich packte meine damalige Freundin ein, die Ursula Pischinger, und dampfte zum Dobratsch, ohne ein Wort zu sagen.

Dobratsch war damals EM-Lauf und für Österreich wirklich ein großes Bergrennen. Die ganzen Zampanos waren dort, Lambert Hofer und Peter Peter und alle anderen. Im ersten Training hatte mein Mini irrsinnige Aussetzer, und ich bat Lambert Hofers Mechaniker um Hilfe. Der schaute mich groß an und sagte, hast du keinen Mechaniker mit? Ich sagte nein, ich habe nur die Ursula Pischinger mit und die kann auch keine Vergaser einstellen. (Bei meiner ganzen Mechanikerlehre hatte ich das Vergaser-Einstellen nie wirklich kapiert.)

Am Sonntag war großer Renntag. Damals war es so, daß man den Berg hinaufgefahren ist und oben dann gemeinsam warten mußte auf Ergebnisse und Siegerehrung. Ich zog mit meinem Mini ordentlich rauf, ohne Aussetzer. Dann saßen wir alle beisammen am Ziel auf einem Hügel und schauten runter, bis die letzten raufkamen. Ich werde das nie vergessen: Die Siegessicherheit des Lambert Hofer, ein richtiger Star, der ja quasi gleich nach dem Jochen Rindt kam. Es erscheint der Rennleiter mit dem Kranz in der Hand, und unsere ganze Gruppe geht auf ihn zu, Lambert Hofer voran, strahlend, aber der Rennleiter geht an ihm vorbei und hängt mir den Kranz um. Der Hofer hat das nicht für möglich gehalten und die Zeitnehmung überprüfen lassen, aber es war alles okay.

Ich düste sofort nach Wien, gab den großen BMW zurück und war überglücklich. In solchen Momenten ist man für Generationskonflikte denkbar schlecht gerüstet. Als mein Vater beim Frühstück den „Kurier" aufschlug und jenen Einspalter las, der mein ganzes Glück bedeutete, gab es einen derartigen Zirkus, daß ich wußte, was ich zu tun hatte. Ich mußte raus aus dem Haus, weg von den Laudas, mein eigenes Leben machen, Rennen fahren.

1970, im dritten Jahr. Ich hatte mich vom Mini über einen Renn-Porsche 911 und über die Formel Vau in die Formel 3 hochgearbeitet. Das Rennen in Zolder:

Wir kamen in Formation über die Kuppe, Tempo 210. Vor uns war plötzlich ein Ambulanzwagen mit Tempo, weil es irgendwo einen Unfall gegeben hatte. Die ersten drei zwängten sich rechts vorbei, der nächste blieb hängen und kreiselte. Ich wollte links vorbei, inzwischen war der andere Wagen nach links gekreiselt, wir kollidierten, von hinten kam der nächste, erwischte mich volley. Alles spielte sich mitten auf der Fahrbahn ab, ich saß in meinem zerlemperten Auto, da kam die nächste Gruppe über den Hügel. Inzwischen waren schon die gelben Flaggen draußen, aber keiner von der ganzen Meute ging vom Gas. Ich konnte nur warten, wie sie mich abschießen würden: Links, rechts oder in der Mitte. Einer flog über meine Schnauze, dann sprang ich raus und lief einfach weg.

Ich fing an, eines meiner Talente zu entwickeln: nachdenken, analysieren, Fehler beheben. Das Ergebnis führte zur Verdoppelung meiner Schulden. Ich mußte mit aller Gewalt in die nächsthöhere Rennklasse, weil die Formel 3 einfach bescheuert war. Der Klimmzug lag insofern im Bereich der Möglichkeiten, als mein Talent zum Rennfahrer mittlerweile bewiesen war, das Rennsportklima in Österreich im Sog der Rindt-Euphorie stand und der Name Lauda noch immer hilfreich war, auch wenn ich inzwischen in Salzburg lebte und keinen Kontakt mit dem Elternhaus hatte.

1971, Ende des vierten Jahres. Als Formel-2-Fahrer bei March war ich positiv aufgefallen, aber nicht sensationell. Persönlich traute ich mir alles zu, ich brauchte bloß eine weitere Chance. March verlangte 2,5 Mio Schilling für die nächste Saison (nun auch Formel 1 einschließend), dabei hatte ich noch alte Schulden. Meine Bank, die „Erste", war bereit mitzuziehen, da geriet ich in eine Packelei der Mächtigen. Der Aufsichtsrat der Bank wies mein Projekt zurück, weil der alte Tycoon Mautner-Markhof seinem guten Freund, dem alten Lauda (meinem Großvater), einen Gefallen tun wollte: *Um den Buben zur Vernunft zu bringen.* Es folgte das Zitat des alten Lauda: „Ein Lauda hat auf den Wirtschaftsseiten der Zeitung zu stehen, nicht im Sportteil." Natürlich war das eine völlig linke Verquickung von Privatem und Banksache, und ab diesem Moment kapierte ich, daß es Situationen gibt, wo du dich auch mit den Allermächtigsten anlegen mußt. Ich beschimpfte den alten Tycoon auf die liederlichste Weise und brach vollends mit der Familie. Die Bank nebenan hatte zufälligerweise den unglaublich offenen und weitsichtigen Karlheinz Oertel, und so schoß „Raiffeisen" 2,5 Mio vor und sponserte die nötige Lebensversicherung und die Zinsen. Das Geld trug ich zu March.

1972, fünftes Jahr, March-Testfahrten in Jarama. Ronnie Peterson ist der große Star im Team, und vorerst darf ich nur zuschauen. Er fährt gute Zeiten, lobt das Auto, das ganze

Team begeilt sich dran. Dann habe ich endlich die Chance, das Auto zu fahren. Unfahrbar nach meinem Gefühl, ich dreh mich auch gleich zweimal, weil das Heck so giftig ist. Ich fahre miserable Zeiten. Sie trösten mich: „Wenn du einmal soviel Erfahrung hast wie Ronnie, wirst du auch damit zurecht kommen." Im Lauf der Saison stellte sich raus, daß der March ein totaler Flop war. Aus, vergessen. Was ich draus lernte: Ich muß mich auf mein technisches Feeling verlassen. Zweitens: Es gibt Techniker, die voll Euphorie in die falsche Richtung stürmen. Drittens: Es gibt berühmte Fahrer, die eher versuchen, ein schlechtes Auto mit letzter Kraft zu bändigen, anstatt den Ingenieuren zu erklären, warum das Auto schlecht ist, und wie man es vielleicht besser machen könnte.

1972, Ende des fünften Jahres. Auf der Strecke vom March-Hauptquartier in Bicester nach London kannte ich eine T-Kreuzung mit einer soliden Mauer dahinter. Ich brauchte nichts anderes zu tun, als voll am Gas zu bleiben, um meine Probleme zu lösen. Es sollte der einzige Moment meines Lebens bleiben, wo ich derartige Gedanken hatte. Die March-Saison war beschissen gewesen (weil eben die Autos nichts taugten), und es gab kein Auto für 1973. Ich hatte vier Mio Schilling Schulden, keine Ausbildung, keine Idee von einem Job, und selbst wenn ich einen kriegte, würde ich zig Jahre nur Schulden zurückzahlen. Dabei hatte mich diese Saison eher bestärkt, daß ich einen erstklassigen Formel-1-Fahrer abgeben könnte. Ich beschloß, an der T-Kreuzung das Gas nicht stehen zu lassen, sondern als allerletzte Chance mit einem der seltsamen Vögel der Branche zu reden, der würde vielleicht eher auf meinen Schmäh einsteigen als die Hard-Core-Profis.

1973, Grand Prix von Monaco. Ich bin bester BRM-Fahrer, was bei der alten Gurke noch nicht viel zu sagen hat, aber ich bin auch Schnellster des ganzen Feldes im Regentraining.

Zum ersten Mal scheint die Formel I für mich zu funktionieren, ich kann einen Rennverlauf beeinflussen, halte sicher den dritten Platz, hinter mir Jacky Ickx im Ferrari, hey, Niki Lauda auf der BRM-Gurke vor den Ferraris! Mein Wagen verreckt zwar mit Getriebeschaden in der Bahnhofskurve, aber die ganze Welt hat Niki Lauda gesehen und weiß ungefähr was los ist. Am Abend wird mich BRM-Chef Louis Stanley von meinen quälendsten finanziellen Sorgen befreien, und am allerwichtigsten, in drei Monaten wird jemand sagen: Enzo Ferrari hat Sie im Fernsehen gesehen, wie Sie in Monaco den Jacky Ickx in Schach gehalten haben.

Sommer 1976, im dritten Ferrari-Jahr. Ich habe elf Grand-Prix-Siege hinter mir, bin regierender Weltmeister. Jacky Stewart ist vor zwei Jahren abgetreten. Er hatte am deutlichsten kapiert, daß eine grundsätzliche Modernisierung des Rennsports in Richtung Sicherheit (für Fahrer und Zuschauer) nötig war. Die Bräuche aus der Pulverdampfzeit hatten sich überholt. Es ging nicht nur um unsere eigene Haut. Einzelne Katastrophen (Le Mans 1955, Mille Miglia 1957) hatten europaweite Forderungen nach Rennsportverbot ausgelöst, in der Schweiz war es sogar ausgesprochen worden und gilt noch heute. Es hatte nichts mit Tapferkeit oder Feigheit zu tun, es war einfach unintelligent, einen modernen Sport im Steinzeit-Umfeld zu betreiben. Der Feuerlöscher, der Roger Williamson hätte retten sollen, taugte allenfalls für einen Vorhangbrand; Helmut Koinigg war in Watkins Glen geköpft worden, und die Leitschienen, gegen die Peter Revson in Südafrika gefahren war, hatten sich einfach geöffnet. In einem Jahrzehnt wurde ein halbes Grand-Prix-Feld ausgelöscht, quasi automatisch.

Ich nahm den Kampf um mehr Sicherheit auf, wütend bekämpft von den Alten und Gestrigen, von der „Fangio-fuhr-noch-im-Polohemd!"-Fraktion. Am lächerlichsten waren die Vorkehrungen am (nunmehr „alten") Nürburgring, und ich trat natürlich dagegen auf. Ich geriet in eine Haßorgie der Alt-Fraktion. Es war beklemmend, nicht wegen mir selber, sondern wegen dieses Umfelds von Haß und Blödheit.

Einige Tage vor dem Nürburgring gab ich dem amerikanischen Journalist Pete Lyons ein Interview. Es erschien in „Autosport" am Montag nach dem Rennen. Lyons hatte unter anderem gefragt, ob mehr Sicherheit im Rennsport zu geringerem Zuschauerinteresse führen würde. Ich antwortete:

„Wenn das Publikum kommt, um Blut und Tod zu sehen, okay — diese Leute werden fehlen. Aber ich glaube, die Mehrheit kommt, um guten Sport zu sehen. Das bedeutet nicht Feuer, Blut und Tod, es bedeutet Kämpfen, Fahren, Driften, verschiedene Autos, verschiedene Nationalitäten, Rennen, Herausforderung, Risiko. Durch Sich-Umbringen wird der Sport nicht besser, sondern schlechter.

... Wenn auf einer modernen Rennstrecke etwas an meinem Auto bricht, ein Flügel oder die Aufhängung, habe ich eine 70:30-Chance zwischen Leben und Sterben.

Am Nürburgring, wenn du einen Schaden am Auto hast, hast du 100 Prozent Chancen auf den Tod."

Trotzdem startete ich natürlich am 1. August 1976. Meine letzte Erinnerung: Ich kam zum Reifenwechsel an die Box und fuhr wieder los.

KAPITEL 2
Gründerjahre

Intensivstation in Mannheim. Am vierten Tag nimmt man mir den Tubus raus, ich kann zum ersten Mal sprechen. Besucher: Marlene, die Eltern, der Bruder, alle in Grün, mit grünen Mänteln, grünen Hauberln. Ich sage: Wie schaut's denn ihr aus? Sie haben keimfreie Kleidung bekommen und eine sterile Schleuse passiert. Drinnen hat es 30 Grad. Wegen der Verbrennungen und der Infektionsgefahr bin ich innerhalb des großen Raumes der Intensivstation noch einmal in einer kleinen Kammer abgesichert.

Am Donnerstag zeigt man mir einen Spiegel. Ich muß meine Augenschlitze mit den Fingern spreizen, um deutlich sehen zu können: Der Kopf ist auf das Dreifache angeschwollen, die Riesenmelone steckt direkt auf den Schultern, Hals und Nase sind überhaupt nicht zu erkennen. Da reißt's dich schon ein bisserl, wenn du das siehst. „800 Grad", sagt die Schwester, „das macht die Hitze von 800 Grad."

Das erste ausgeprägte Erfolgserlebnis: Ich gehe herum, eine Schwester stützt mich. Die armen Hunde, denke ich beim Durchgehen, lauter schreckliche Fälle auf dieser Station. Einem ist der Wagenheber abgerutscht, dann fiel ihm das Auto auf den Kopf. Eine Schwester ist über ihn gebeugt und versucht ihm Reflexe zu entlocken. Sie schreit immer wieder: „Machen Sie die Augen auf, machen Sie die Augen auf." Sie schwäbelt stark, eigentlich sagt sie: „Mache Se de Oge of, mache Se de Oge of." Aber er tut nichts.

Ziemlich rasch wurden die wichtigsten Hauttransplantationen – vom rechten Oberschenkel ins Gesicht – gemacht. Zum Glück kriegte ich keine Zeitungen. Der Aufmacher in „Bild" hieß:

„NIKI LAUDA KOMMT DURCH ...
aber wie lebt ein Mann ohne Gesicht?"

Auch die Prognose war nur mäßig erfrischend:

„Wie kann er ohne Gesicht weiterleben? So grauenhaft es klingt: Auch wenn sein Körper wieder ganz gesund ist, wird er sich ein halbes Jahr lang nicht unter Menschen trauen. Erst Anfang 1979 (also in anderthalb Jahren) wird sein neu geformtes Gesicht fertig sein. Nase, Augenlider, Lippen sind dann geformt. Nur an seiner Mimik und an seiner Sprache werden Freunde den Rennfahrer erkennen."

38 Tage nach dem Unfall meldete ich mich bei Ferrari zurück, und alle erkannten mich. Ein bißchen Melodrama bei der Ankunft in Maranello und den wartenden Fans, vor allem aber Ratlosigkeit. Sie alle, inklusive Enzo himself, wußten nichts mit mir anzufangen. Ich paßte nicht in ihr Schema. War ich krankhaft ehrgeizig? War ich pietätlos, weil ich die Menschen mit meinem Kopf schreckte? War ich schädlich für den Rennsport, weil mir mein Berufsunfall ins Gesicht geschrieben stand? Und außerdem: Welche Art von Lauda war ich jetzt? Feig geworden? Tollkühn? Übergeschnappt? Komplexbeladen, daher unberechenbar? Wie sollte man mich anschauen?

Im Grunde war es ziemlich simpel: Eine Reihe von Problemen mußte aussortiert und dann erledigt werden.

Die Reihenfolge war: ein physisches, ein psychisches, ein ästhetisches Problem, und das Problem mit Leuten, die nichts kapierten.

Für mein körperliches Aufkommen war das frühe Ausrücken aus dem Krankenhaus wesentlich. Die Ärzte glaubten meinen Beteuerungen, daß ich mich nur zu Haus erholen könne. Um den Reportern zu entgehen, wurde ich in einer Nacht-und-Nebel-Aktion aus der Klinik gebracht und nach Salzburg geflogen. Willy Dungl verließ das Trainingslager der Skispringer und zog zu mir. Er ist ein ganz anderer

Typ als ich, aber er hat eine ähnliche Art, klare Ziele aufzustellen und auf dem kürzesten Weg darauf loszugehen.

Da waren erstens diese mikroskopisch winzigen Splitterchen des verbrannten Gesichtsschutzes („Balaklava"), über die man die frische Haut transplantiert hatte, ich hatte eine Allergie dagegen entwickelt. 70 solcher Dinge holte er mir in einer Drei-Tage-Tortur mit der Pinzette raus, behutsam alles mit Pfefferminzöl behandelnd.

Die Ohren, oder was von ihnen übriggeblieben war, bestanden aus rohem Fleisch und taten unglaublich weh. Willy rief den Chirurgen an, der sagte: „Wahrscheinlich wird ihm der Rest auch noch abfaulen, dann sind die Schmerzen weg." Willy marschierte runter zum Fuschlsee und grub irgendwelche Wurzeln aus, dazu sagte er Dinge wie: *Das hat schon den Kreuzrittern geholfen.* Daraufhin konnte ich zum ersten Mal seit drei Tagen wieder schlafen, und gleich 15 Stunden lang. Zwei Wochen später hatte ich wieder Haut über dem, was von den Ohren übriggeblieben war.

Dann ging es unheimlich schnell, auch deshalb, weil ich so gierig war, ins normale Leben zurückzukehren. Bald fing ich mit Lauf- und Krafttraining an, täglich merkte ich den Fortschritt.

Psychisch war es deshalb nicht so schlimm, weil ich mein Überleben viel eindrucksvoller empfand als den Schrecken über mein Aussehen. Das klare Ziel – „zurück in den Beruf, also in die Rennfahrerei" – nahm mich hundertprozentig in Anspruch, sodaß ich gar keine Zeit hatte, mich in seelische Probleme fallen zu lassen.

Daher konnte ich mich auch nicht allzuviel mit meinem Aussehen beschäftigen. Natürlich war es ein Jammer, dieses Gesicht im Spiegel zu sehen. Je weniger ich mich anschaute, umso besser. Marlene ließ sich nicht die geringste Krise anmerken, alle anderen waren mir wurscht. Als ich mich körperlich gut genug fühlte, ging ich wieder unter Leute. Wenn einer schockiert war, dann war es sein Problem.

Ich setzte mich auch mit blöden Kommentaren nicht auseinander. Als ich bei der ersten Pressekonferenz gefragt wurde, ob sich meine Frau nun scheiden lassen würde, war ich höchstens perplex über die Geschmacklosigkeit, aber nicht seelisch getroffen. Ich mußte – auch in seriösen Zeitungen – lesen, daß ich im doppelten Sinn des Wortes „hirnverbrannt" war, weil ich wieder in den Rennwagen steigen wollte. Wenn ich damals getan hätte, was jene oberg'scheiten Kommentatoren für richtig hielten (daheim im Bett bleiben, trübsinnig werden, niemanden mit meinem Anblick belästigen), hätte ich wahrscheinlich mein ganzes Leben ruiniert. Ich hätte beruflich den Anschluß verpaßt, wäre ein tragischer Fall geworden und hätte vielleicht für alle Zeiten einen Knacks gehabt.

Natürlich waren die ersten Testrunden eine Qual, natürlich kostete das erste offizielle Training (Monza, sechs Wochen nach dem Unfall) Riesenüberwindung. Als der Ferrari das erste Mal rutschte, erschrak ich. Für einen Rennfahrer ist das eine entsetzliche Reaktion, und ich dachte an einen Piloten, der einen Absturz überlebt hat, jetzt zum ersten Mal wieder im Flugzeug sitzt und sich bei einem Luftloch erschreckt am Sitz festhält. Dieses Erschrecken war untragbar, sodaß auch meine mentale Vorbereitung („Du kannst doch autofahren, daran hat sich nichts geändert, oder?") nicht helfen konnte. Ich brach das Freitagtraining ab, fuhr ins Hotel und programmierte mich neu: Schaff dir weniger Druck, take it easy und schau was rauskommt.

Am Samstag fand ich raus, daß sich an meinem Autofahren wirklich nichts verändert hatte. Das zog ich durch, auch am Renntag: Vierter Platz in Monza, da haben einige Herrschaften ganz schön geschaut.

In der Rekonvaleszenz hatte ich endlich genug Zeit gehabt, die Theorie für die Flugprüfung zu büffeln. Zwei Wochen nach Monza trat ich an. Den schriftlichen Teil schaffte ich ganz normal, und der Dreiecksflug war schon eher Routine auf Grund meiner vielen Golden-Eagle-Stunden auf dem rechten Sitz. Kurz darauf machte ich auch den Schein für Zweimotorige.

Nun konnte ich die Golden Eagle zwar selber pilotieren, aber da war sie mir eigentlich schon fad. Ein Jet mußte her.

Zwischendurch verspielte ich das, was meine zweite Weltmeisterschaft hätten werden sollen. Durch den Unfall und die Pause hatte sich mein großer Punktevorsprung verflüchtigt, sodaß die Entscheidung im allerletzten Rennen fiel. Das war in Fuji, Japan.

Es hatte den ganzen Tag in Strömen geregnet, Bäche liefen über die Bahn. Bei einem Regenrennen brauchst du immer noch eine zusätzliche Reserve an Kraft und Überwindung. Aber diese Reserven hatte ich nimmer, ich war am Sand. Ich war ausgebrannt am Ende dieser irren Saison. Bei normalen Umständen hätte ich es gerade noch geschafft, aber der Regen hat mich total ruiniert. Das Gefühl war kaum zu ertragen: Panische Angst inmitten dieser Gischt, wir schwammen mit Tempo 150 durch die Gegend, ich konnte kaum was sehen, hockte nur drin und verkrampfte die Schultern, weil ich das Gefühl hatte, jetzt fährt mir jede Sekunde einer rein. Alle haben sich gedreht und sind gekreiselt, es war irr. So besehen, war es okay, daß ich an die Box gefahren bin und aufgegeben habe.

Daß dann das große Wunder passierte, ist eine andere Sache. Der Dauerregen hörte zu einem Viertel der Distanz auf. Wenn ich bis dahin durchgehalten hätte, wäre der WM-Titel ziemlich sicher zu retten gewesen, ein fünfter Platz hätte dazu genügt.

So aber wurde James Hunt (McLaren) Weltmeister, Ferrari und ich verloren eine Weltmeisterschaft, in der ich eigentlich schon uneinholbar gewesen war (35 Punkte Vorsprung).

Es gab sehr differenzierte Kommentare. Der „Corriere della Sera" titelte: „Der Mut zum Angsthaben." Aus dem Ferrari-Umkreis ließ sich nicht direkt heraushören, daß ich ein Feigling war, aber ein taktischer Versager: Wenn ich doch bloß im Bett geblieben wäre und den Titel kampflos verloren hätte, dann hätte die Sache viel mehr Stil gehabt.

Zur etwa gleichen Zeit wurden meine verbrannten Augenlider repariert, dazu wurde Haut aus dem Bereich hinter den Ohren transplantiert. Nach dem Jahr 1976 war ich ziemlich abgehärtet.

Der Stellenwert des Fliegens erhöhte sich dramatisch. Einen Lear Jet konnte ich mir noch nicht leisten, immerhin reichte es für eine gebrauchte Citation um 300 000 Dollar. Natürlich brauchte ich einen Captain, aber ich machte rasch das Citation-*Rating* (die Einschulung für den speziellen Typ) und konnte daher als Copilot fliegen, obwohl ich vorerst bloß den Sichtflugschein hatte. Eine sehr seltene Situation.

In meiner Begeisterung strapazierte ich die Citation auch für Marathons, die nicht ihre Stärke sind. Zum Grand Prix der USA 1977 in Long Beach brauchten wir sieben Zwischenlandungen, inklusive Grönland. Kein Problem, solang dich die schiere Freude am Fliegen treibt. Drüben wollte ich in einer Gewaltaktion gleich den Instrumenten-Flugschein machen, aber Ferrari ließ mich zwischendurch in Italien antanzen. Also retour, mit sechs Stops. Die Frage nach dem Sinn solcher Aktionen stellte sich nicht. Es machte mir Spaß, und ich zog es durch.

Eine Menge Geld zu verdienen und prominent zu sein war in diesem Stadium zweifellos hilfreich. Es fiel mir leicht, diverse Kapazunder aus der Fliegerei kennenzulernen und deren Sicht vom Gipfel zu teilen, während ich selber als Flieger noch ein kleines Würschtel war. Ich besuchte Flugzeugwerke, quatschte mit Vice Presidents und Chefpiloten. Bei der Air Show in Le Bourget schnallten sie mich in den Copilotensitz des Überschall-Jagdbombers F-5 von Northrop. Es war kein Zufall, daß ich mich nie für Kunstflug oder irgendwelche Extreme der Fliegerei interessiert hatte. Die F-5-Erfahrung war typisch dafür:

Gut gefiel mir die Lässigkeit der Ansage, mit der mein weißhaariger Captain im Funk um die Überschall-Genehmigung anfragt. Wenn er reinnuschelt: Paris Control, request supersonic ride, wie wenn du die Milch holen gehst. Das Fliegen selbst hat was Virtuelles, ich schieb die Pulle rein, er sagt Nase runter, ich drück die Nase runter und spür nichts Besonderes, man sieht die Sensation nur am Band der Digitalanzeige: Überschall und noch ein bisserl weiter. Mach 1.4, na fein. Der Chef zeigt ein paar Überschall-Kunststückerl, aber Akrobatik gibt mir nichts, weder bei Unternoch Überschall, da habe ich ein flaues Gefühl, außerdem komme ich mir blöd vor, weil ich mit dem Denken nicht mitkomme, da bleibt ja nur der reine Zirkuseffekt mit Jö und Aha. Drum sag ich: „AUS, AUS, das genügt, ich will nur normal fliegen, ohne Kunststücke, das taugt mir mehr." Ich fliege schön herum, ziehe hübsche Kreise über dem Meer, zwischendurch hat der Pilot einen Jumbo im Radarvisier und erklärt, daß, wenn er jetzt Bordwaffen hätte, und wenn er jetzt abdrückte ... und dann sagt er, daß er mir EINES noch zeigen muß, das MUSS ich erleben, um das sei kein Herumkommen.

Zwischen zwei Wolkenschichten stellt er den Flieger auf senkrechten Steigflug, wir stehen auf den Triebwerken, fliegen geradeaus nach oben. Wenn man so kerzengerade aufsteigt, wird man langsamer, irgendwann hört sich ja der Schub der Maschine auf. Ich kann mitschauen, wie die Geschwindigkeit abnimmt. Der Pilot sitzt über mir, unter mir Paris, und die speed geht immer weiter zurück. Das Triebwerk wird immer leiser und leiser und leiser, im Kopfhörer wird das Atmen des Piloten immer deutlicher, ahh-ffff, ahh-ffff. Ansonst ist alles ganz ruhig, sein Atmen ist jetzt das weitaus stärkste Geräusch. Natürlich weiß ich, daß es kritisch ist, wenn ein Flieger zu langsam wird, da kippt er hinten weg, trudelt ab. 100 Knoten, 70, 60, 50, 40, und der Pilot sitzt exakt über mir und pfaucht in die Kopfhörer, ahh-ffff, ahh-ffff, ahh-ffff. Alles ist schrecklich ungemütlich, und ich hänge in den Gurten und weiß nicht, was kommen wird. Endlich haben wir null Geschwindigkeit, wir stehen in der Luft. „Look", sagt er, „cero speed." Ich schrei: „AND NOW?" und er sagt ganz sanft:

„I put the nose down gently." Tatsächlich schiebt sich ganz langsam die Nase vor, der Flieger kippt oder trudelt nicht im geringsten, die Nase zeigt hinunter, jetzt sitz ich über dem Piloten und schau auf Paris, wir haben noch kein Gas, dann beschleunigen wir langsam. Ich fliege zurück, mache den ganzen Anflug, er macht die Landung.

Jene Bank, die 1973 dem Einspruch meines Großvaters nachgegeben und mir die Finanzierung eines Formel-1-Einstiegs verweigert hatte, war inzwischen wieder mein Sponsor geworden: Erste Österreichische. Sie schickte den jungen Werbegrafiker Hannes Rausch zu einem Rennen, er sollte der laufenden Werbekampagne auf die Sprünge helfen.

Ich hatte damals eine sehr simple Einstellung zu Werbeverträgen: „Solang ihr zahlt, stell i mi auf einen Berg und schrei runter, was ihr wollt. Zum Beispiel: Die Erste, die Erste, die Erste!"

Rausch hingegen hatte *Ideale*. Er wollte den mehrfach überlagerten, von tausenderlei Umständen verzerrten Champion freilegen und dessen *wirkliche* Art in der Werbung durchkommen lassen. Für 20-Sekunden-Spots und die Momentaufnahmen auf Plakaten und Inseraten war das ein unmögliches Projekt, aber zumindest der Ansatz imponierte mir. Vielleicht war ich neugierig, wie ich denn nun *wirklich* sei.

Im Endeffekt kam eine Werbekampagne („TUT's was!") raus, wo eine Kugel, die man zum Haus-Abtragen verwendet, den Kopf quasi sprengt und ein bislang eingesperrtes Potential freilegt. Der Spot war im Grund auch nicht viel toller als irgendein anderer, aber die Art des Hannes gefiel mir, und wir wurden Freunde.

Rausch bildete sich ein, daß hinter dem guten Werbegrafiker ein noch viel tollerer Maler stecke. Jedenfalls bemalte er auch Schuhe, und ich trug sie, was im Fernsehen recht gut rauskam. Ich geriet ein bißchen in den Verdacht, hinter meiner Nüchternheit doch noch überraschende Facetten zu haben. Das war irgendwie nett.

Hannes war ein guter Gesprächspartner in meiner Euphorie für die künftige Lauda Air, die mir 1977 schon durch den Kopf ging. Er hatte eine Idee für den „Stil", den wir entwickeln wollten, für unsere Selbstdarstellung und unser Selbstverständnis. Wir redeten übers Fliegen, über kommende Flugzeuge und eine kommende Airline. Kein Detail war uns zu klein, kein Hirngespinst zu groß. Es machte einfach Spaß, an den Konturen einer Vision zu schleifen. Hannes skizzierte ein Jumbo-Leitwerk und malte ein rotes L hinein: So könnte das Logo ausschauen. Bei keinem Flugzeugtyp paßte es besser als beim Jumbo, wegen der entsprechenden Schräge des aufragenden Leitwerks.

Da es allerdings noch keine Firma gab, konnte das Corporate Design der Lauda Air vorerst nur auf meinen Sturzhelm appliziert werden: Ein doppeltes rotes L, leicht schräg, auf weißem Grund.

In den folgenden Jahren begleitete mich Hannes Rausch dann fast zu jedem Grand Prix.

Natürlich war da auch Bertl Wimmer. Bertl wohnte in meiner (Salzburger) Gegend, arbeitete als Verkäufer von Motorrädern und Mopeds für KTM und war durch seine Motorsportbegeisterung in den Umkreis des Walter Wolf und schließlich in meinen geraten. Als gemeinsame Interessen hatten wir das Motorradfahren, das Fliegen und alle erdenklichen Blödheiten, und ab etwa 1975 waren wir Freunde.

Im Idealfall packte ich eine Viererseilschaft als Grand-Prix-Begleitung in die Citation oder den Lear Jet: Marlene und die Herren Willy Dungl, Bertl Wimmer, Hannes Rausch („einen für den Körper, einen für's Herz und einen für's Hirn", zumindest nach der Auslegung des Hannes).

In sportlicher Hinsicht war 1977 ein hartes, kämpferisches Jahr. Ich mußte mir Mario Andretti (Lotus) und James Hunt (McLaren) vom Hals halten, vor allem aber das eigene Ferrari-Team so organisieren, daß die Autos in die richtige Richtung liefen. Enzo Ferrari war ein Mann von 78 Jahren, der von eigennutzigen Beratern aus zweiter und dritter Hand informiert wurde. Das Team wurde sehr emotionell geführt, und selbst die Technik war Bestandteil von Politik und Intrigen. Es war schwer, immer wieder eine pragmatische Linie durchzusetzen.

Innerlich war ich mit Ferrari bereits fertig. Im Nachspiel meines Nürburgring-Unfalls hatten sie keinerlei Größe gezeigt, keine Spur von den Eigenschaften, für die der Name Ferrari steht. Ich wollte nur noch ein letztes Mal das Bestmögliche aus diesem Apparat rausholen, uns beide wieder zum Weltmeister machen und dann abhauen.

Enzo Ferrari machte mir schon zur Mitte der Saison das Angebot für 1978. Es war zwar das tollste Angebot, das er je in seinem Leben irgendeinem Fahrer gemacht hatte, aber es war zu spät. Ich wollte nicht mehr, und er kapierte es nicht. Ich meinerseits, mit meinen 28 Jahren, hatte keinerlei Einfühlung in diesen spröden, alten Mann, es rührte mich nicht, wenn er mir heiser vor Wut nachbrüllte, und es störte mich nicht, wenn er mich beschimpfte und nachher zur Presse sagte: „*Lauda ist ärger als Judas. Er verkauft sich für 30 Stangen Salami an die Konkurrenz.*"

Wichtig indes war: Ferrari und ich wurden wieder Weltmeister. Ich unterschrieb für Brabham, machte meine Instrumentenprüfung und stieg zum Lear Jet 36 auf. Das heißt, ich besaß das stolze Ding zu einem Drittel, konnte den Flieger aber benutzen, wann immer ich ihn brauchte. Die restlichen zwei Drittel hielt Dr. Polsterer, ein Wiener Unternehmer.

Es mochte möglich sein, daß ich nicht nur von Ferrari, sondern vom Rennsport insgesamt genug hatte. Ich wußte es noch nicht genau und wollte es rausfinden. Die Kombination einer Formel-1-Saison mit Lear-Fliegen war ideal, um meine Lebensinteressen abzudecken.

Der Brabham-Rennstall gehörte jenem Bernie Ecclestone, dem heute die ganze Formel 1 gehört. Ich war das siebte

„Niki"
von Hannes Rausch 1984, Acryl auf Leinwand, 45 x 65 cm

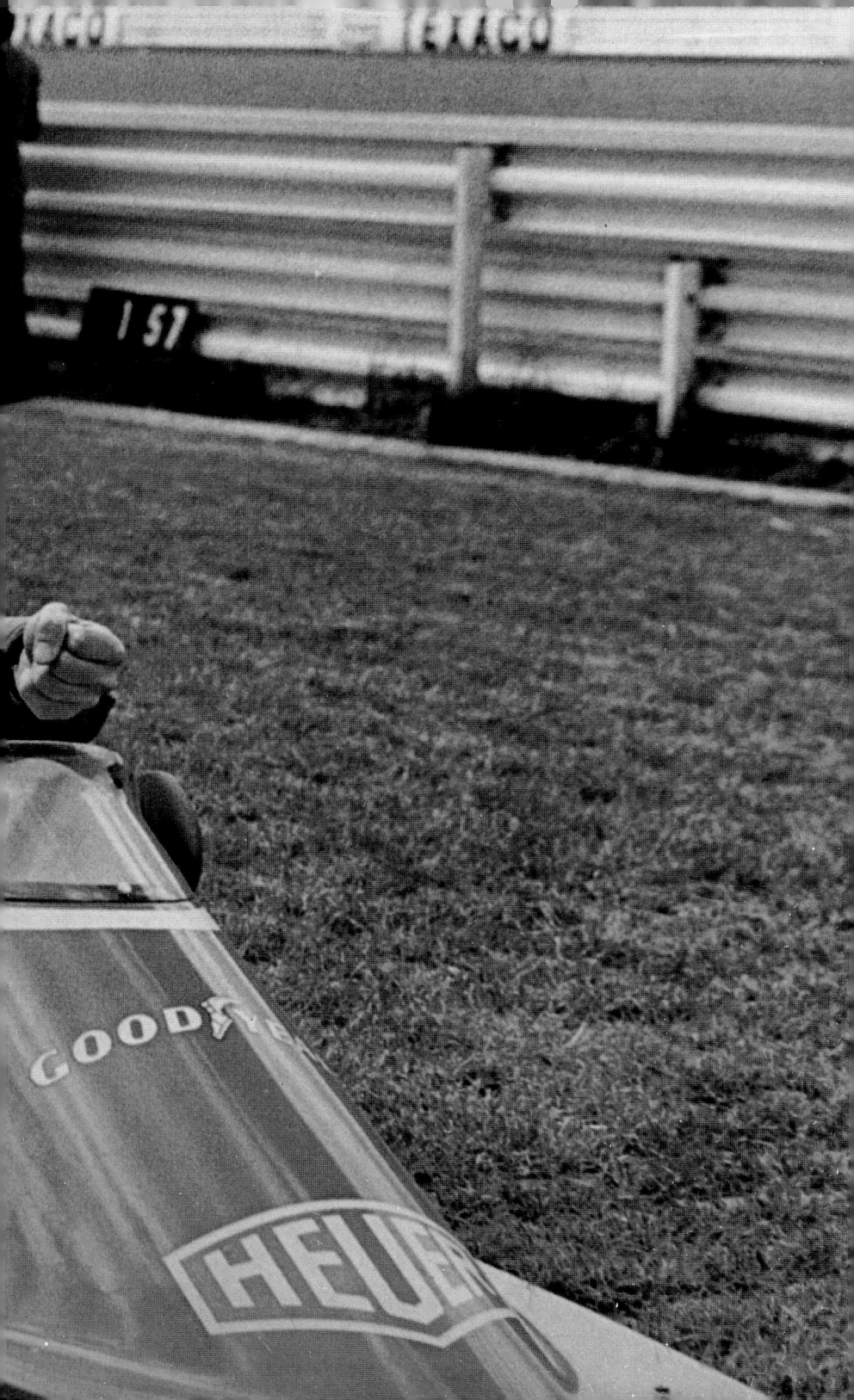

Jahr in der Formel 1, hatte verbrannte Ohren, war zweifacher Weltmeister und verdiente soviel wie kein anderer Rennfahrer der Geschichte. Es gab sechzehn Rennen in der Saison 1978 und eine Unzahl von Terminen, die mit der Rennerei zusammenhingen. Somit war ich gute 100 000 km in der Luft, als Copilot oder Captain (sobald ich das entsprechende Type Rating hatte). Der Lear 36 war das Nonplusultra der Executive-Fliegerei. Mit 5 000 km Reichweite ließen sich auch Ziele in Nord- und Südamerika mit nur wenigen Zwischenstops anfliegen. Ich flog mit dem Lear zu allen Rennen.

Ich wollte auch die wirtschaftlichen Zusammenhänge der Fliegerei kennenlernen. Irgendwann würde ich mich aus dem Rennfahren ausklinken. Bis dahin sollte ich als Flugunternehmer startbereit sein, denn eines war mir inzwischen klargeworden: Dies war die einzige Zukunft, die mich lockte.

Und mein bisheriges Leben war so verlaufen, daß es eine durchgehende Reklame darstellte für die These: Du kannst nur dort gut sein, wo es dir Spaß macht. Der lächerliche Gymnasiast erwies sich als hervorragender Flugschüler, der nutzlose Mechanikerlehrling als „technisches Genie" des Grand-Prix-Sports. Folgerichtig konnte ich in Zukunft nur als eigener Unternehmer auftreten, und es mußte mit der Fliegerei zu tun haben.

Als erstes hatte ich an ein Frachtflug-Unternehmen gedacht. Der Zufall kam mir zu Hilfe, als ich erfuhr, daß die Konzession des Herrn Hinteregger um fünf Millionen Schilling zum Verkauf anstand. Sie hatte zum Glück nichts mit Fracht zu tun, sondern berechtigte zum gewerblichen Bedarfsflugbetrieb von Flugzeugen mit bis zu 44 Plätzen. Ich kaufte die Konzession, um einen Fuß in der Tür zu haben. Noch ohne konkrete Absichten gründete ich eine Firma und nannte sie Lauda Air.

Da mein Ein-Drittel-Lear beim Wiener Bedarfsflugunternehmen Polsterer in Halterschaft war, war ich immer wieder in Kontakt mit dessen Betriebsleiter Otmar Lenz, der schon meine Citation betreut hatte. Lenz war als junger AUA-Pilot ausgestiegen, werkte nun mit Executive Jets herum und hatte somit ein bißchen Erfahrung mit der gewerblichen Fliegerei. Als sich die Möglichkeit ergab, eine gebrauchte Fokker F-27 zu kaufen (Propellermaschine, zufällig genau jene 44 Plätze, die meine Konzession erlaubte), brachte ich meine Hausbank zum Abheben und schlug zu. Lenz half mir mehr und mehr, bis ich ihn ganz zu uns rüberzog.

Lauda Air besaß somit ein Flugzeug. Ich allerdings war Rennfahrer und mußte mich vorrangig mit meinem Brabham und Burschen wie Andretti, Peterson und Reutemann beschäftigen. Meine ersten Aktionen als Unternehmer waren also eher bescheiden.

Trotzdem gab es schon Reaktionen. Die bemerkenswerteste war die eines älteren Bekannten, der im Flugzeughandel tätig und ein Freund des Austrian-Airlines-Chef war. Er war im Krieg Kampfflieger gewesen.

„Ich habe gehört, du steigst mit einer Fokker in die gewerbliche Fliegerei ein."

„Ja."

„Im Krieg wurden Leute, die nicht ins System paßten, an die Wand gestellt, und dann tatata … tatatata … waren die weg. Heute ist das anders. Leute, die wir nicht wollen, ruinieren wir wirtschaftlich."

Er gab mir dann den sozusagen freundschaftlichen Rat, mich aus dem Business rauszuhalten, „weil wir wollen das nicht."

Ich habe damals geglaubt, daß der Herr Pölz übertreibt.

Der erste Charter-Einsatz der Lauda Air hieß Salzburg–Lüttich–Salzburg und beeinhaltete den Besuch des Grand Prix von Belgien 1978 in Zolder. Bertl Wimmer organisierte die Reise für unsere Freunde und Nachbarn, die Tickets wurden vornehmlich beim Sandwirt in Vigaun und im Fliegerstüberl in Salzburg-Aigen verkauft. Der Trip kostete 3 000 Schilling, inklusive Tribünensitz. Der Thrill, mich live im Rennen zu erleben, war allerdings der denkbar kürzeste: Jody Scheckter rammte mich beim Start, und nach zwanzig Metern war alles vorbei. Immerhin waren die Sitze unserer Reisegruppe auf der Start-Ziel-Tribüne gewesen. Wir flogen alle miteinander heim, und ich erlebte den ersten Lauda-Air-Flug meines Lebens. So ist das also, dachte ich, als ich hinter dem Captain hockte.

Bei der Lauda Air schupfte Otmar Lenz den Laden, das heißt: die Fokker, so gut es ging. Wir beförderten Charter-kunden für Reisebüros, hauptsächlich Club-Mediterranée- und Touropa-Gäste ans Mittelmeer. Es war nicht aufregend, aber okay.

Ich selbst war noch voll mit Rennsport beschäftigt. Nach der Hektik und Politikmacherei bei Ferrari war es richtig-gehend entspannend, für ein englisches Team zu fahren, alles funktionierte auf unaufgeregte Weise. Das Italienische holte mich insofern wieder ein, als das Brabham-Team mit Alfa-Romeo-Motoren fuhr. Die Zwölfzylinder waren zwar prachtvolle Triebwerke, aber hysterisch und unverläßlich.

Wirklichen Spaß hatte ich nur 1978 beim Grand Prix von Schweden in Anderstorp, als wir mit einer trickreichen Kon-struktion antraten, inzwischen im Raritätenkabinett der Grand-Prix-Geschichte als „Staubsauger" archiviert. Ein großer senkrechtstehender Ventilator am Heck bediente die (hintenliegenden) Kühler des Motors, bildete sozusagen den Abschluß des Wagens. Die Funktion des Kühlens war er-laubt. Als Nebeneffekt (und nicht ausdrücklich verboten) wurde eine Saugwirkung am Unterboden des Autos erzielt. Es war ein cleverer kleiner Schritt unseres Konstrukteurs Gordon Murray auf dem Weg zur Spezies der „Flügelautos", die ein paar Jahre später die ganze Physik des Rennsports auf den Kopf stellten. Ich gewann natürlich mein Rennen, für die Zukunft wurde der Staubsauger verboten.

Anfang September 1978 trug ich den Sarg des Ronnie Pe-terson in seiner Heimatgemeinde Örebro. Er war beim

Grand Prix in Monza verunglückt und tags darauf gestorben. Er war der Typ des „absoluten" Rennfahrers vom Instinkt her gewesen, vielleicht der gnadenlos schnellste von uns allen, drum bewegte sein Tod die Menschen ganz besonders. Es war unglaublich, was da alles an Pech, Blödheit und Gemeinheit zusammengekommen war: Ein unfähiger Funktionär schuf einen irregulären Start, ein verrückter Rennfahrer verursachte eine Kollision, das Monza-Chaos verzögerte die Bergung, der Monza-Mob bedrohte uns alle, falls wir nicht wieder starten würden, und Fehleinschätzungen der Spitalsärzte führten zum Tod Petersons, der vorerst nicht wirklich in Lebensgefahr gewesen war.

Rennsport hatte damals noch mehr mit Chaos und Wahnsinn zu tun als heute. Ich war, nicht erst seit dem Nürburgring, eine der treibenden Kräfte gewesen, um mehr Sicherheit durchzusetzen, und Ronnies Unfall hatte wieder gezeigt, wie lächerlich langsam wir vorankamen und wie idiotisch einige von uns agierten. Für einen Rennfahrer, der erste Anzeichen von Motivationsproblemen verspürte, war das schon recht alarmierend.

Die Kombination meiner fliegerischen Geilheit mit dem weltweiten Veranstaltungskalender einer Formel-1-Saison rettete mir aber auch das folgende Rennjahr 1979. Hätte ich mit Linienflugzeugen zu allen Tests und 16 Rennen fliegen müssen, wäre ich sicher schon ausgestiegen.

Zu den höheren Weihen des Pilotenstandes fehlte mir noch die Long-Range-Prüfung (danach erwirbt man mit 1500 Flugstunden automatisch die ATP, *Air Transport Licence,* das ist der umfassende Linien-Pilotenschein).

Ich schaffte den Theorie-Teil der Prüfung erst im zweiten Anlauf in Braunschweig. Für den Praxisteil brauchte ich einen Long-Range-Flug, verfrachtete dazu Fluglehrer und Prüfer in den Lear nach New York und flog dann weiter zum Grand Prix der USA in Long Beach. Dort wartete schon Bernie Ecclestone, er müsse ganz dringend nach Las Vegas.

Also flog ich ihn hin. Vor dem Abflug blätterte ich noch die Messages durch, die mir Bernie vom Hotel mitgebracht hatte. Ich solle ganz dringend die Frau Maier anrufen, unsere Haushälterin in Salzburg. In der Phone Box am Airport erfuhr ich: „An Buam ham S', an Buam ham S'."

Unser erstes Kind war auf der Welt: Lukas.

Lauda Air hatte sich inzwischen verdoppelt: Wir hatten eine zweite Fokker F-27.

Im Sommer gab es genügend Reiseveranstalter, die uns nach Italien, Jugoslawien oder Griechenland schickten. Unsere Unternehmensstrategie war recht einfach: Der AUA aus dem Weg gehen.

In Österreich gab es nur die Austrian Airlines. Ein geschützter, gehätschelter, geliebter Monopolist, ein sympathisches Unternehmen, auf das die Österreicher stolz waren. Durch modernes Auftreten war es auch ein gutes Beispiel dafür, daß Staatsbetriebe nicht unbedingt schwerfällig und verlustbringend sein mußten. Die AUA war Everybody's Darling in Österreich, und daran wollte ich auch gar nicht rütteln.

Unterhalb des AUA-Marktsegments blieb aber Platz genug, und ich war der erste, der sich ernsthaft dafür interessierte. Was mir 1979 auf die simpelste Weise einleuchtend erschien, war die Vorwegnahme dessen, was zehn, fünfzehn Jahre später zu einem wichtigen Marktsegment des europäischen Luftverkehrs wurde: Mit schlanken Kosten und punktgenau passenden Kapazitäten auch kleinere Destinationen zu bedienen oder auf kurzen Hauptstrecken zusätzliche Frequenzen zu schaffen.

Für meine 44-sitzigen Maschinen tat sich eine ganze Reihe von logischen Verbindungen auf, die von der AUA nicht wahrgenommen wurden. Deren Flotte war voll auf ausgewachsene Mittelstrecken-Maschinen ausgerichtet, darunter krebsten zwei Metro-Winzlinge (die klassische „Angströhre") als Alibi dessen, was sich die AUA unter Regionalverkehr vorstellte. In einer unabsehbaren Expansionsfolge, wie sie einem Monopolisten Ende der 70er/Anfang 80er-Jahre beschert war, lag es auf der Hand, eher an Europa zu denken als an, sagen wir Klagenfurt. Ich nehme an, daß sich auch die ganze AUA-Kostenstruktur nach gut ausgelasteten Mittelstrecken orientierte und es gar keine Flexibilität gab, um kleine Strecken mit dem entsprechend geringeren Aufwand zu betreiben.

Ich war naiv genug, an Menschenverstand und normalen Geschäftssinn zu glauben: Keine Konkurrenz-Situation, daher auch keine Konkurrenz. Wenn ich mich unterhalb der AUA einrichtete, könnte es zu einer Zwerg-und-Riese-Konstellation kommen, für die es auch damals schon taugliche Beispiele gab, etwa Crossair und Swissair. Wenn es gut klappte, konnten wir eines Tages sogar kooperieren. Meine Phantasie war da völlig offen.

Das Produkt Lauda Air hatte das unübersehbare Handikap der Propeller. Wir waren aber schon selbstbewußt genug, um an unserer *Einzigartigkeit* zu basteln. Ich verwende dieses goscherte Wort deshalb, weil ich zumindest die entsprechende Vision hatte, weil ich auf den langen (Racing-)Trips mit Hannes Rausch über nichts anderes quatschte und weil es mir half, die Kluft zwischen meinen eigenen Ansprüchen und der Bescheidenheit unseres Quirl-Auftritts zu bewältigen.

Der einzige Bereich, in dem wir Besonderes bieten konnten, war die Freundlichkeit an Bord. Hostessen war unser Nummer-eins-Thema. Wir waren ziemlich *single minded* und wollten nur hübsche, junge, strahlende Geschöpfe, und selbstverständlich suchte ich sie aus. Wir begannen mit zwölf Mädchen. Deren Ausstrahlung, Lachen, Freundlichkeit war für uns der Mittelpunkt dessen, was wir an Atmosphäre erzeugen wollten.

Daraus ergab sich auch das Symbol des rollschuhlaufenden Engels, eine Erfindung von Hannes Rausch. Seine Idee war, ein Gegengewicht zum Image der *Rennfahrer*-Airline zu schaffen. Er wollte ein „Symbol, das sich mit neuen Werten aufladen läßt", mit allem, was mit Fliegen und Service zu tun hat. Die Rollschuhe standen für „modern, flink, jung". Der Engel sollte unsere Trade Mark werden und uns irgendwann jene Tradition nachliefern, die wir nicht hatten.

Aus dieser frühen Phase der Lauda Air stammt auch der wichtigste Slogan der Firma. Wir fuhren im Auto durch Los Angeles, Hannes bohrte wieder einmal herum und fragte ungefähr:

„Was ist es, was unseren Erfolg als Airline ausmacht, … oder einmal ausmachen wird?"

Ich antworte ganz schnell und automatisch: „*Service* … ist unser Erfolg."

Hannes heulte wie ein Indianer: „Das ist es: *Service is our success.*"

Somit hatten wir: ein knappes Dutzend fescher und fröhlicher Stewardessen, ein ordentliches Logo (das doppelte rote L), das Symbol des Engels, einen Firmen-Leitspruch und zwei durchaus propere, aber höchst bescheidene Propeller-Maschinen mit je 44 Plätzen.

Daneben fuhr ich natürlich eine volle Formel-1-Saison. Als ich vom Grand Prix aus Monaco heimkam, war unsere Küche leicht demoliert.

„Haben sich die Hunde so aufgeführt?" fragte ich Marlene.

„Nein", sagte sie, „ich hatte einen Wutanfall."

Sie hatte ihren Anfall während der Fernsehübertragung aus Monaco, als sie sah, wie Didier Pironi mich in der Mirabeau-Kurve zu überholen versuchte, dabei aufs Heck meines Brabham ritt und mein Genick um fünfzehn Zentimeter verpaßte, bevor er in die Leitplanken knallte.

Pironis Manöver war so saublöd, daß man deswegen durchaus in Wut geraten konnte. Das war es aber nicht, warum Marlene die Küche zerlegte.

Sie war bloß so unendlich wütend, weil sie wieder einmal mitansehen mußte, was sie ja seit dem Nürburgring 1976 haargenau wußte: Daß Rennfahren idiotisch ist. Alle, die mitmachen, sind Idioten, und ich, mittendrin, spielte eine glänzende Hauptrolle: „Gratuliere!" und ein Küchenkastl war fällig.

Als ich sechs Wochen nach dem Feuerunfall wieder in den Wagen gestiegen war, hatte sie mich nicht dran gehindert, weil sie grundsätzlich jedem Menschen jede Freiheit läßt, aber sie hielt mich für blöd. Sie hielt den ganzen Rennsport für blöd, unsere Rituale, die Hektik, die Herzlosigkeit, und daß man sich zum Krüppel fahren kann.

Marlene kriegte nie wieder ein entspanntes Verhältnis zur Rennfahrerei.

Mein Egoismus war ausgeprägt genug, mich dadurch nicht beirren zu lassen. Ich glaubte daran und tue es heute genauso, daß auch in einer Partnerschaft die freie Entfaltung des einzelnen außer Diskussion stehen muß. Wenn dafür nicht Platz ist, ist es eben nicht die richtige Partnerschaft.

Die Renn-Begeisterung bröckelte allerdings ganz von alleine ab. Mir war fad, aber ich mußte vorsichtig sein: Lag die Ursache nur an der technischen Unterlegenheit des Brabham, oder war es der Rennsport an sich?

In punkto Motivation ist Geld unschlagbar, es schafft eine klare Werteskala der Begehrlichkeit, sowohl des Käufers wie des Verkäufers. Ecclestone hat einen ähnlich freudigen Zugang zum Thema Geld wie ich, also war es eine ideale Konstellation, die Dinge nun einmal total auszureizen.

Ecclestone war drauf und dran, das Brabham-Team von Alfa auf die eindeutig besseren (Ford-)Cosworth-Motoren umzustellen. Für die dabei fälligen Tests und Abstimmungen brauchte er mich wie einen Bissen Brot. Also sagte ich:

„Zwei Millionen Dollar für 1980."

Bernie hielt mich für geisteskrank.

Zwei Millionen Dollar waren damals viel Geld. Man hatte noch keine Vorstellungskraft für die Wahnsinnssummen von heute. Die Spitzengagen hatten sich eben erst von der

400 000-Dollar-Region zur Million hinaufbewegt, dank meiner tatkräftigen Hilfe.

Wir hatten schon im Frühsommer zu verhandeln begonnen. Bernie hielt mich für maßlos, glaubte an einen Scherz, wechselte zwischen Wut und Beschwichtigung, redete mir zu wie einem kranken Roß, und ich sagte immer nur: Zwei Millionen.

Sollte es an der Summe scheitern, war es für mich wenigstens ein klarer Hinweis zum Aussteigen.

Die Verhandlungen zogen sich über vier Monate, und ich blieb stur wie ein Esel. Bernie war schon damals so, wie er später für jedermann erkennbar wurde: Der Mann, der alle schafft. Am Ende schaffte er den ganzen Formel-1-Zirkus in einer langen Kette genialer Aktionen, was Geld und Macht betrifft. Gegen Bernie um Geld zu fighten war eine große Sache, und ich glaube, ich war einer der letzten Sieger, wenn es um eine Lizitation mit Ecclestone ging.

Bernie brauchte mich sosehr, daß er nachgab. Schon beim Unterschreiben des Vertrags spürte ich aber, daß bei mir die Luft draußen war. Kaum hatte ich gegen Bernie gewonnen, interessierte mich das ganze Zeug nicht mehr, und zwei Millionen Dollar machten es eigentlich auch nicht viel besser. Das war erstaunlich und alarmierend.

Die einzige Chance lag jetzt nur noch in dem neuen Motor, der eine komplette Neukonstruktion des Autos bedingte. Dafür war jener Gordon Murray verantwortlich, der auch heute noch eine ganz große Nummer unter den Konstrukteuren ist.

Ende September 1979 war es soweit. Zum Grand Prix von Kanada in Montreal traten wir mit dem neuen Auto an, und im Freitagmorgentraining gab es das erste Kennenlernen. Es mußte einfach funken.

Aber da funkte gar nichts. Es war einer jener Momente im Leben, wo ich mich total meinem Gefühl auslieferte und gar nicht versuchte, irgendwas Rationales dagegenzustellen, nicht einmal Geld. Ich war richtiggehend sentimental, trauerte dem Zwölfzylinder-Feeling nach (sieben Jahre lang war ich nur Zwölfzylinder gefahren: BRM, Ferrari, Alfa). Ich war auf der Suche nach der verlorenen Geilheit des Rennfahrens, und dieser brave Achtzylinder brachte nichts davon zurück.

Das Gefühl, fehl am Platz zu sein, war überwältigend. Ich mußte mich überwinden, wenigstens ein paar Runden zu fahren, um Zeit zu gewinnen. Scheinheilig kam ich sogar an die Box, um irgendeine Kleinigkeit verstellen zu lassen, und fuhr wieder raus, aber es nützte nichts: Ich hatte in einem Rennauto nichts mehr verloren. Keine Liebe, kein Feeling, alles war abgestorben. Also stieg ich aus, ging zu Bernie:

„Ich mag nimmer, will nimmer, kann nimmer. Ich hör' auf."

Wie wichtig ich auch für ihn gewesen wäre, ein Mensch wie Bernie Ecclestone kapiert solche Dinge sofort, da braucht es keine langen Diskussionen. Er sagte sogar:

„Es ist eine große und gute Entscheidung."

Innerhalb von Sekunden stornierten wir unseren großartigen Vertrag. Dann ging er daran, den zu erwartenden Medienwirbel in Bahnen zu lenken und einen Ersatzmann aus dem Hut zu ziehen.

Bernie wollte mir Zeit zum Abhauen geben und dann erst die offizielle Mitteilung rauslassen. Ein paar Journalisten witterten aber die Sache und stöberten mich im Hotel auf, als ich die Klamotten zusammenpackte. Ich sagte ihnen natürlich die Wahrheit. Es war auch jener Satz dabei, der zum meistzitierten meiner Laufbahn wurde:

Ich will nicht mehr blöd im Kreis herumfahren.

Das gab exakt mein Gefühl in jenem Moment wieder, keine Frage.

Losgelöst von Umstand und Zeitpunkt, erhielt der Satz aber was Allgemeingültiges, das ich nicht im Sinn hatte: Ich wollte nicht den ganzen Rennsport für blöd und unnötig erklären. Ich wollte nicht meine damit zugebrachten Jahre entwerten, als wäre mein ganzes Berufsleben verschwendete Zeit gewesen.

Keine Rede davon: Der Rennsport allein hatte mich dorthin gebracht, wo ich nun stand, erfolgreich und fit für ein aufregendes Unternehmen. Das ist bei meinen ersten Statements unter den Tisch gefallen, weil ich einfach nur den *Moment* ausdrückte: Hier und jetzt, im September 1979 in Kanada, war dies nicht mein Sport, er interessierte mich nicht mehr.

Mich interessierte nur noch die Fliegerei.

Von Montreal flog ich nach Long Beach, um Pete Conrad zu treffen, Ex-Astronaut und Vice President von McDonnell Douglas. Wir hatten uns schon öfter gesehen, lang über Autos und Flieger gequatscht.

Ich trug damals eigentlich jeden Tag eine beige Schnürlsamthose, die ein Brandloch hatte, über das Marlene einen blauen Stoff in Form eines Fisches genäht hatte. Dazu trug ich einen beigen Niki-Pulli und die vom Hannes bemalten Schuhe.

Pete Conrad begrüßte mich freudigst und fragte nach dem Rennen.

„Ich hab' vor ein paar Stunden aufgehört. Ich will eine DC-10 kaufen."

Herr Lauda kauft eine DC-10, der Gedanke gefiel mir.

Der Vice President wurde eine deutliche Spur distanzierter. Die Sache sei, hmmm, nicht so einfach, außerdem sei man komplett ausverkauft.

Ich widersprach: „Ich weiß, daß eine Maschine frei ist."

Er war erstaunt und rief einen Assistenten, der das bestätigte: „Vor zwei Tagen wurde eine Alitalia-Option zurückgelegt."

Also mußte Conrad anfangen, mit mir ernsthaft zu reden. Da saß ich mit dem blauen Fisch auf meiner Schnürlsamthose und verhandelte über eine DC-10.

Jedes tiefere Gespräch über neue große Flugzeuge beginnt mit einem Riesenscheck. In diesem Fall waren es 300 000 Dollar für die Option, nicht rückzahlbar. Ich war darauf vorbereitet. Ein halbes Jahr später würde eine Million fällig sein. Ich akzeptierte. Immerhin schnorrte ich ei-

nen freien Satz Reifen heraus und den Sprit fürs Heimfliegen mit dem Lear. Auch Boeing hat später nie gewisse „Zu-
gaben" verweigert, es kommt eine Menge dabei zusammen.

Für Airlines, die eine DC-10 haben wollten, waren im Herbst
1979 alle Vorzeichen am Kippen, aber man wußte es noch
nicht so genau, vielleicht würde auch alles gutgehen.

Die Ölpreise stiegen („Jahr des Ayatollah"), Kerosin natür-
lich auch, der Dollar setzte zum Steigflug an, das Image der
DC-10 zum Sinkflug (nach einem dramatischen Unfall in
Chicago). Anderseits konnte man sich noch was trauen, die
Fliegerei war voll auf Expansionskurs.

Wenn ich das Segment unterhalb der AUA beackern wollte, warum nicht auch oberhalb? Austrian hatte damals mit
Langstrecken und Großraumfliegern nichts im Sinn, also
konnten sie auch nichts dagegen haben, wenn ich es dort
versuchte (dachte ich).

Für eine Airline, die gerade erst zwei müde Propeller-
Fokker in die Luft brachte, war die DC-10-Dimension natürlich atemberaubend, und das gefiel mir. Wenn ich seinerzeit
im Rennsport nicht ähnlich gedacht und einzelne Katego-
rien einfach übersprungen hätte, wäre ich wahrscheinlich
nirgendwohin gekommen. Von der F-27 zur DC-10, das war
irgendwie Lauda-mäßig. Als typische Destination schwebte
mir unter anderem New York vor.

Ich überwies die fällige Dollarmillion, und unser Flieger
wurde gebaut. Für den Rest auf die vollen 40 Millionen des
Kaufpreises suchte ich gemeinsam mit McDonnell Douglas
eine Finanzierung. Sollte sie nicht gelingen, konnte ich vom
Kauf zurücktreten, nur die ersten 300 000 $ für die Option
würden verfallen.

Meine deutlichste Erinnerung an unsere DC-10 war die
deutsche Übersetzung, die dem Hannes Rausch für „Sanitary
Bags" einfiel: „Speibsackerlbehälter". Wir hatten natürlich die
Möglichkeit der Innenraumgestaltung, und Hannes nutzte sie.
Unter anderem bestellten wir wunderbare rote First-Class-

Sitze bei Burns in North Carolina. Der bewegliche Teil des Leitwerks mußte noch vor der Montage bemalt werden.

Die Maschine stand zwei Jahre auf dem MD-Gelände in Long Beach, der Schwanz war mit der Hälfte des roten Lauda-L bemalt, auf jeder Toilette war „Speibsackerlbehälter" zu lesen, und irgendwo in einem Schuppen standen die wunderschönen roten First-Class-Sitze.

Rundherum ging alles schief: Eine Kette von sagenhaften Unfällen (Chicago, Südpol, Mexico, Paris) demolierte das Image des Typs DC-10 und nützte dem Konkurrenzmodell Tri-Star von Lockheed. Der steigende Dollar trieb alle Anschaffungspreise lächerlich in die Höhe, die Spritpreise zogen dramatisch an, die Zinsen boomten, und eine allgemeine Rezession war nicht auszuschließen. Es lief also wirklich alles gegen die DC-10. Die Bankleute, auch Hans Haumer von meiner Hausbank, hatten eine realistische Sicht der Dinge, und rückblickend bin ich heilfroh, daß der Deal nicht zustande kam. Am Flugbetrieb einer DC-10 wären wir in großem Stil zugrundegegangen.

Ich versuchte die Maschine in Afrika zu verleasen, eilte zu den Verkehrsministern von Ghana, Gambia und Algerien. Alle waren hocherfreut, den berühmten Rennfahrer kennenzulernen und wollten natürlich auch die DC-10, aber dann halt doch nicht so richtig.

Nach zwei Jahren lösten wir den Kaufvertrag. Natürlich waren die 300 000 Dollar für die Option verloren, nicht aber die Million der Anzahlung. Durch den gestiegenen Dollarkurs war diese Rückzahlung mittlerweile soviel wert, daß damit die verlorenen 300 000 gedeckt waren – ein Riesenglück, alles in allem. Unsere DC-10 stand dann noch weitere drei Jahre bei MD herum, ehe sie von FedEx gekauft und auf Cargo umgebaut wurde. Hannes Rausch schwört indes, daß sie zu einem Tankflugzeug für die Air Force umgerüstet wurde. Wie auch immer: Sie fliegt heute sicher noch, vielleicht sogar mit einem „Speibsackerlbehälter" auf der Toilette.

1980 war ich also Ex-Rennfahrer und Neo-Unternehmer. Die Hoffnung, ein abgemusterter Niki Lauda und seine beiden kleinen Fokker würden die AUA nicht jucken, konnte ich mir abschminken.

Die ganze österreichische Flugpolitik war so aufgebaut, daß sie nur dem Schutz der staatlichen Airline diente. Keine Rede von freier Marktwirtschaft. Es gab keine Probleme, solange wir auf irgendwelche griechischen Inseln flogen, die sonst niemanden interessierten. Im Sommerhalbjahr war die Auslastung okay. Die Reiseveranstalter waren froh, dem Monopol (samt Charter-Tochterfirma) nicht mehr so total ausgeliefert zu sein, konnten allerdings auch schwer der Versuchung widerstehen, AUA und Lauda Air gegeneinander auszuspielen.

Wir versuchten, Charter-Destinationen aufzubauen, die auch im Ganzjahresbetrieb Sinn machten. Sobald dabei der Hoheitsbereich der AUA auch nur gestreift wurde, gab es erst einmal eine „Bedarfsprüfung", und die wurde nach jenen Zahlen entschieden, die Austrian auf den Tisch legte.

Und wenn es uns dann doch gelang, eine attraktive Destination wie Venedig für den Charter aufzubauen, richtete die AUA einen Liniendienst ein und unterbot unsere Preise. Sobald wir Venedig zusperren mußten, stellte auch Austrian die Destination ein.

Die Bekämpfung der Lauda Air war ein persönliches Hobby des Dr. Heschgl, einer der beiden Austrian-Geschäftsführer. Ungeniert sagte er mir Dinge wie:

„Ich bin wie der Fuchs vorm Loch, und wenn Sie die Kappe rausstrecken, dann hab ich Sie." Tatsächlich beobachtete er jede Bewegung von uns. Kaum hatten wir irgendwo den Fuß drin, nützte er schon die politische Konstellation, um uns rauszuboxen.

Ob er mir einen Grund dafür nennen könne? Ob ich der AUA geschadet, ob ich ihn beleidigt hätte?

Nein, er wolle bloß nicht, daß ich fliege.

Österreich war klein und provinziell genug, daß solche Attitüden fast als normal angesehen wurden. Die AUA dominierte alles, was in Österreich Flügel hatte, und ihr Einfluß im Verkehrsministerium war erdrückend.

Ideal für uns wäre Wien–Klagenfurt gewesen. Die dort operierende Metro der AUA war lächerlich: Platz nur für zehn Leute, immer überbucht, kein Service. Uns für Klagenfurt keine Verkehrsrechte zu geben war als Schikane ganz offensichtlich.

Als Pilot wurde ich öfter von unserem Bundeskanzler Dr. Kreisky angefordert, wenn er mit einer Falcon 20 verreiste, die vom Unternehmer Kahane bei uns in Halterschaft war.

„Wie gehts denn, Herr Lauda?"

„Beschissen, Herr Doktor, weil in Österreich alles niedergemurkst wird."

Kreisky hatte natürlich keine Idee davon, daß im Verkehrsministerium alle AUA-hörig waren und daß jenes freie Unternehmertum, das er, der Sozialist, so förderte, in diesem Bereich nicht funktionierte. Kreisky rief eine Besprechung ein. Eingeladen waren Verkehrsminister Lausecker, Finanzminister Salcher, Austrian-Direktor Heschgl und ich.

Kreisky sagte sinngemäß, daß die Österreicher ein Talent hätten, ihre besten Leute selber rauszuekeln, und als Beispiel fiel ihm kein Geringerer als Ferdinand Porsche ein. Er wolle nicht, daß mit dem Herrn Lauda das gleiche passiere, und man werde doch um Himmels willen eine vernünftige Regelung für die zwei kleinen Fokker finden.

Es war toll, was in jenem Gespräch an Schwachsinn verzapft wurde. Der Kanzler mußte sich vom AUA-Chef anhören, daß die Fokker-27 nicht nach Klagenfurt fliegen dürfe, weil sie keine Druckkabinen habe (lächerlich), und der Finanzminister fragte mich nach der Gesellschaftsform der Lauda Air.

„GesmbH und Co KG", sagte ich.

„Dann haben Sie eh kein Geld drinnen. Lassen Sie sie doch in Konkurs gehen."

Als ich ihm sagte, daß ich bei einer Bank 70 Millionen Schulden hätte, um die beiden Flieger abzuzahlen, meinte der österreichische Finanzminister:

„Die Banken haben doch eh Geld genug."

Dieses Gespräch drückte das ganze Spektrum von Filz und Schlamperei und Gewohnheitsrechten aus, wie sie in Österreich nicht unbedingt üblich waren, aber doch sehr gut vorkommen konnten. Besonders prächtig gediehen sie in den Randzonen der verstaatlichen Unternehmen.

Auch der Verkehrsminister erzählte einen Schmarrn: „Der Herr Lauda soll sich nicht aufpudeln, von 24 Ansuchen um Verkehrsrechte sind ihm doch sowieso 18 bewilligt worden." Ich durfte die Runde aufklären, daß es sich bei den fehlenden sechs zufällig um die Winterstrecken handelte, die den ganzen Unterschied zwischen Überleben und Eingehen ausmachen würden.

Kreisky wurde wütend, was bei ihm immer recht interessant wirkte, und sagte ungefähr: „Auf Wiederschaun, meine Herren, ich hoffe, es fällt Ihnen bald was ein, wie Sie diesen Murks in Ordnung bringen."

Noch bevor der Murks in Ordnung kam, und es gab keinerlei Vorzeichen dafür, ergab sich die Chance, die beiden Fokker an die Egypt Air zu verleasen. Für unser sicheres Sommergeschäft leasten wir selbst eine weitere Fokker von der Air Alsace. So blieb die Größenordnung unserer Verluste in jenem Bereich, den ich selbst abdecken konnte.

Im Rückblick kann ich mit jener Zeit nicht wahnsinnig viel anfangen. Es waren seltsame Zwischenjahre, nicht Fisch und nicht Fleisch. Ich hatte zwar eine Airline, aber es war „fad", es bewegte sich nichts. Marlene und Lukas lebten in unserem Haus im Salzburgischen, ich war die meiste Zeit in Wien, nahm mir aber keine Wohnung. Ich schlief im Hotel, im Büro oder bei Lemmy Hofer, einem Kumpel aus den frühen Renntagen.

1981 kam Mathias auf die Welt. Wir waren zwar noch immer keine Familie im üblichen Sinn, aber die Dinge wurden besser. Ich war etwas weniger egozentrisch und weniger rücksichtslos als in den Racing-Jahren. Den ganzen Druck, unter dem ich als öffentliches Tier gestanden war, hatte ich in ein System umgelenkt, in dem alles möglichst rationell und schmerzlos ablief – schmerzlos für mich, natürlich. Die Familie gehörte in den Bereich dieser pflegeleichten Abwicklung. Nun fing ich an, darüber nachzudenken und guten Willen zu zeigen. Was dazu am allerschlechtesten paßte, waren die Geburt eines unehelichen Sohnes und ein mögliches Comeback als Rennfahrer.

KAPITEL 3

Zwischenspiel

Nein, ich bin nicht wegen der Verluste der frühen Lauda Air zum Rennfahren zurückgekehrt. Es ist kein Widerspruch, wenn Rennfahrer gnadenlos riesige Beträge verlangen, anderseits aber nicht *wegen* des Geldes fahren. Es würde einfach nicht funktionieren. Geld kann immer nur eine phantastische Begleitmusik, aber nie das Motiv fürs Rennfahren sein. Kurz gesagt: Du mußt geil aufs Fahren sein, sonst hat es keinen Sinn.

1981 war es genauso. Ich hatte zwar viel Geld mit Lauda Air verloren, aber es bedrohte mich nicht substantiell. Ich hatte als Rennfahrer und PR-Figur gut gewirtschaftet. Wenn mich irgendwas zum Rennen zurückholen konnte, war es jene Intensität des Feelings, die mir seinerzeit *Aufhören* gesagt hatte, nur eben jetzt in verkehrter Richtung.

Natürlich spielte der Frust über den politischen Filz und die fade Entwicklung der Lauda Air dabei eine gewisse Rolle. Ich wollte Zeit gewinnen für mein Unternehmen und es nun einmal weiterdümpeln lassen, bis vielleicht bessere Zeiten kämen. Dadurch war ein persönliches Vakuum entstanden. Ich wollte wieder was tun, am ehesten natürlich das, was ich bisher am besten gekonnt hatte: Rennfahren.

Nach ersten Anzeichen – TV-Übertragungen der Grand Prix interessierten mich wieder – begann ich, sozusagen unverbindlich, in mich hineinzuhorchen. Die Rahmenbedingungen waren recht günstig, da McLaren-Chef Ron Dennis seit meinem Rücktritt nur darauf gewartet hatte, daß ich eines Tages wiederkommen würde, dann aber zu seinem Team. Seine absolute Bestimmtheit in dem Glauben, wir beide seien das Traumpaar der Racing-Welt, hatte Format.

Dennis hatte technische Perspektiven (an deren Ende der phantastische Porsche-Turbo stand) und machte nicht den leisesten Fehler in der Dramaturgie seiner Verführung. Geheime Testfahrten in Donington gaben den Ausschlag: Ja, es kribbelte, ja, ich wollte. Somit kehrte ich für die Saison 1982 zurück zur Rennstrecke.

Vorher war dem für die McLaren-Fahrergagen zuständigen Sponsor Marlboro noch beizubringen, daß ich weitaus mehr Geld verlangte, als sich jemand bis dahin ausmalen konnte.

„Und was ist, wenn du nach dieser Pause gar nicht mehr schnell genug bist?"

„Fürs Fahren verlange ich nur einen Dollar. Der Rest ist für meinen Public-Relations-Wert, für meine *personality*."

Marlboro und McLaren sicherten sich immerhin insofern ab, als der Vertrag nach dem ersten oder zweiten Saisondrittel kündbar war, bei aliquoten Bezügen. Immerhin waren ja mittlerweile die jungen Löwen herangewachsen – Villeneuve, Prost, Rosberg, Piquet. Man konnte wirklich schwer sagen, was ich gegen sie taugen würde.

Ich gewann schon den dritten Lauf des Jahres (Long Beach), und damit war die Diskussion erledigt.

Marlene hatte erst gar nicht zu diskutieren begonnen, als ich ihr vom Comeback erzählte. Sie sagte bloß: „Du spinnst", und meinte es auch so. Sie schluckte alles runter, zwischendurch explodierte sie. Da konnte schon auch ein Marmeladetiegel zehn Zentimeter neben meinem Kopf in der Wand einschlagen.

In den beiden rennsportfreien Jahren war ich ohne Privatmaschine ausgekommen. Ich hatte bloß meinen Job als Pilot getan, indem ich hin und wieder einen der Executive Jets bewegte, die bei der Lauda Air in Halterschaft waren. Nun kaufte ich eine gebrauchte Falcon 10, bis Kahane zwei Falcon 20 anschaffte und uns den Betrieb führen ließ. Eine davon konnte ich mieten, wann immer ich sie brauchte.

Ich hatte es immer geschafft, die Kosten meiner Privatflieger in einem erträglichen Verhältnis zu meinem Einkommen und meinen Rahmenbedingungen zu halten. Ohne Citation, Lear oder Falcon wäre meine Art von Leben gar nicht möglich gewesen. Ich wäre sicher nicht so lang Rennen gefahren, wenn ich mir nicht die Freude gemacht hätte, selber überall hinzufliegen. Für diesen gehetzten Job macht das den ganzen Unterschied in der Lebensqualität aus, vor allem dann, wenn dir das Selberfliegen Spaß macht. Die rund 500 Jahresstunden mögen mich damals etwa 4 Mio Schilling gekostet haben – ich hab' gar nicht groß drüber nachgedacht, so elementar war diese Investition in meine Lebensumstände. Es entsteht ein völlig anderes Zeitgefühl, das sich dann schwer wieder zurückjustieren läßt (es sei denn, du verarmst plötzlich): Wenn du in der ersten Runde ausfällst und das Fallen der Zielflagge schon vor dem Fernseher des Salzburger Fliegerbeisls erlebst, kannst du dir schwerlich vorstellen, wie du dich irgendwo bis zum Abend gequält hättest, um dann aus dem Chaos eines Rennens umständlich heimzukommen.

Wenn mich Sponsoren oder Fernsehstationen irgendwo haben wollten, haben sie die Spesen übernommen, und mit dem eigenen Flieger kriegt dann auch so ein Schlauch wie eine Marlboro-World-Tour ihre eigene Qualität.

Ich hatte natürlich den Vorteil der zweifachen Neigung, als Flieger-Profi wie auch als Fan solcher Geräte. Entsprechend liebevoll (und letztlich günstig) suchte ich den jeweiligen Flieger aus, ließ ihn piccobello nach meinen Ideen herrichten und war entsprechend pizzelig im Umgang damit. In Ibiza einen Lear zu waschen ist pures Ferienvergnügen.

Das Rennjahr 1982 fiel in die Ära der „Flügelautos". Aerodynamische Erkenntnisse (erinnern Sie sich an meinen „Staubsauger" von 1978) hatten sich enorm vertieft und zu einer unglaublichen Raffinesse in der Ausbildung von Hilfsmitteln zur Strömungslenkung geführt. Ein „Flügelauto" ist ein Rennwagen, dessen Unterboden nicht flach ausgeführt ist, sondern sich das Strömungsprinzip des umgekehrten

Tragflügels zunutze macht und dadurch Abtrieb (= Anpreßdruck zur Fahrbahn, Saugwirkung) erzeugt; er bewegt sich
somit nicht mehr im Bereich der Fliehkraftgesetze.

Mit der Ausreizung der Aerodynamik hatte der Rennsport
eine weitere Portion seiner Unschuld verloren, alles sollte in
Zukunft trickreicher und komplizierter werden, auch wenn
der Unterboden selbst später laut Sportgesetz wieder flach
werden mußte.

Ich kam mit den neuen Bedingungen nicht schlecht zurecht. Für mich war 1982 aber hauptsächlich eine Saison
des aktiven Erwachens, um rechtzeitig fit zu sein für das
Außerordentliche der folgenden Jahre. Es sollte ein Gesamtkunstwerk aus Geldbeschaffung, Strategie, Technik und
Durchführung werden, und der neu zu entwickelnde Por-
sche-Turbomotor würde die Kraftmaschine des ganzen
Projekts sein. Vorerst hatten wir bloß die Ford-Motoren,
und mehr als je zwei Siege für Teamkollege John Watson
und mich waren nicht drin, gerade richtig im Marschplan
des Aufwärmens.

Am 8. Mai 1982 starb Gilles Villeneuve in Zolder. Ich mochte ihn wegen seines Charmes und seiner natürlichen Art, be-
wunderte ihn für seine Bereitschaft, sich bedingungslos dem
süßen Wahnsinn auszuliefern (was allerdings nichts mit seinem Todessturz zu tun hatte).

In den letzten Stunden seines Lebens hatte ich zwei typische Erlebnisse mit ihm.

Donnerstagabend im Hotel: Ich wollte schlafengehen und
hörte das Flop-flop-flop-flop eines wahnsinnig gewordenen
Hubschraubers. Es war stockfinster, und ein Scheinwerfer
tastete das Gelände vor dem Hotel ab, versuchte Masten
und Leitungen auszusortieren. Das Ding landete tatsächlich,
es war Villeneuves Agusta 109, ein schönes zweimotoriges
Gerät mit Einzieh-Fahrwerk. Gilles hatte eine tadellose Erklärung:

„Ich bin von Nizza weggeflogen, da war's noch ganz hell."

Tags darauf, erstes Training, erste Ausfahrt. Ich kam zufällig direkt hinter Gilles aus Box und sah, wie er in der allererersten Kurve rausflog. Als wir später beisammenstanden, fragte ich ihn aus ehrlichem Interesse, warum sich ein Mensch in der allerersten Kurve eines Trainings rausschmeißen mag. Er sagte: „Niki, I can't do it different." Es sei irgendwas in ihm drin, das es einfach nicht zulasse, berechnend oder vorsichtig zu fahren, egal wie die Strecke sei (zu Beginn eines Trainings ist die Ideallinie noch nicht saubergeschmirgelt, das ergibt sich erst nach etlichen Runden). Das war das letzte, was ich von ihm hörte: „Ich kann's nicht anders."

Der Unfall selbst kam durch ein Mißverständnis mit Jochen Mass zustande. Der langsam auslaufende Jochen sah den mit Tempo 250 über die Kuppe kommenden Villeneuve im Rückspiegel und wechselte von der Ideallinie auf die Außenspur, um Platz zu machen – eine für Villeneuve unvorhersehbare Situation.

Lauda Air machte mittlerweile mit dreißig bis vierzig Leuten weiter. Otmar Lenz hatte alles im Griff und hielt mich auf dem laufenden. Viel mehr konnte ich nicht tun. Wir versorgten die zwei Falcon des Herrn Kahane, und in Ägypten brummten unsere beiden Fokker brav vor sich hin, wir besorgten die Wartung und stellten die Piloten.

Durch Indiskretion eines Beamten erfuhr ich, daß der Lauda Air „aus wirtschaftlichen Gründen" die Lizenz entzogen werden sollte, und zwar von heute auf morgen: blitzartig. Wenn sie dir die Konzession wegnehmen, aus welchen Gründen auch immer, stehen die Flieger sofort still, auch wenn sie fernab der Heimat in Ägypten eingesetzt sind. Eine Anhörung der betroffenen Partei mit Möglichkeit zur Widerlegung der Vorwürfe ist schlichtweg nicht vorgesehen. Es dauert dann ewig, bis du über den Verwaltungsgerichtshof etwas rückgängig machen kannst.

Es war August, rund um den Österreich-Grand-Prix, jedermann war auf Urlaub, und im Ministerium lag ein Brief, der, einmal abgeschickt, uns lähmen würde. Ich flog sofort nach Mallorca, wo Bundeskanzler Kreisky urlaubte, bekam auch gleich einen Termin. Kreisky rief den Verkehrsminister an und bat ihn, in dieser Sache um Himmels willen keine Fehler zu machen. Man möge das sehr sorgsam prüfen.

Kein Brief, kein Konzessionsentzug, bloß Gemurre im Ministerium, weil ich soviel Wind gemacht hatte.

So knapp waren wir also am Zusperren gewesen.

Ich selbst hatte auch meine schwachen Momente. Immer wieder sollte ich ein paar Millionen Schilling nachschießen, um die Banken ruhigzustellen, und eines Tages war mir alles zu fad, der Ärger mit der AUA, die Quengelei mit den Beamten, die flache Perspektive der Unternehmenszukunft, das ewige Nachzahlen. Ich hatte mit dem Journalisten Herbert Völker, der auch den Text dieses Buches für mich in die Reihe bringt, an einem Interview für „Playboy" gearbeitet, und wir gingen noch abendessen. Ich erzählte ihm, eher beiläufig, daß ich nun Schluß machen würde mit dem ganzen Schmarrn. Konkurs, Schluß, Aus.

Völker sagte sinngemäß:

„Noch nie hat dich jemand als Verlierer angesehen, auch wenn du Rennen verloren hast oder eine ganze Weltmeisterschaft. Jetzt wäre es das erste Mal: Lauda als Verlierer. Ein neuer Typ. Ich tät' mir das überlegen."

So einfach ist das: Die einleuchtende Überlegung im entscheidenden Moment. Klar, er hatte recht. Also machte ich noch ein paar Millionen für den nächsten Zuschuß locker.

Lauda Air existierte weiter, in Wartestellung für irgendwas Wunderbares, das sich vielleicht einmal ereignen würde.

Das Wunderbare kommt oft in seltsamer Verkleidung. Zufällig traf ich in einem Lokal in Salzburg den österreichischen Griechen Basile Varvaressos, der mir als Reiseveranstalter (ITAS) natürlich ein Begriff war. Seine Frage „Warum fliegen Sie nicht mehr in Österreich, Herr Lauda?" war der Beginn einer völlig neuen Geschichte.

Varvaressos ist ein äußerst emotioneller Mensch und als Geschäftsmann ein Naturtalent. Er hat das Gespür für die richtigen Dinge. In der Griechenland-Touristik war er unschlagbar. Seine Firma ITAS schickte pro Jahr 40 000 Österreicher in die Ferien nach Griechenland, und diese Zahl sollte sich rasch vervielfachen.

Ich sagte, daß ich mich deshalb aus Österreich zurückgezogen hatte, weil ich den Tricks des Monopols gegenüber wehrlos war. Außerdem hatte die AUA den langen Atem, mich auf jeder Strecke zu unterbieten. Und da auch jene Reiseveranstalter dabei mitspielten, die grundsätzlich über die AUA jammerten, war mir eben nur der Rückzug übriggeblieben:

„Es sei denn, Sie steigen bei mir ein und wir kämpfen gemeinsam gegen die AUA."

Das gefiel ihm, weil ihm die AUA zu frech geworden war.

Ähnliche Motive hatte der Wiener Geschäftsmann Hannes Nouza, mit dem ich schon seit Jahren zusammengearbeitet hatte. Mit seiner „Avanti"-Kette verkaufte er Sprit, nun auch Kerosin. Er hatte die alte Lauda Air beliefert und war an einer starken neuen Lauda Air interessiert. Als Partner für einen gemeinsamen Kampf um die erweiterte Konzession war er äußerst wertvoll.

An einem brütendheißen Feiertag des August 1984 trafen wir uns in der Roten Bar des Hotel Sacher. So sehen Revolutionen in Wien aus: Zu Maria Himmelfahrt im Sacher! Wir wollten einen Bund besiegeln, der antrat, das Monopol der AUA zu brechen. Nicht mit punktuellen Tageserfolgen, sondern mit System und Beharrlichkeit.

Nouza, Varvaressos und ich gründeten zu gleichen Anteilen die Lauda Touristik AG, die erst einmal die Konzessionserweiterung durchsetzen und dann für die Auslastung der größeren Lauda Air sorgen sollte.

Es war klar, daß wir uns nicht mehr mit Propellermaschinen herumschlagen wollten. Wir stellten uns zwei Boeing 737 als Geschäftsbasis vor, und da wir nunmehr eine gesunde

Auslastung garantieren konnten (basierend auf 40 000 ITAS-Kunden), sollte auch die Finanzierung zu bewältigen sein. Trotzdem mußte man mit rund zwei Jahren bis zur Auslieferung der neuen Maschinen rechnen, und soviel Zeit durften wir nicht verlieren. Wir beschlossen, mittlerweile zwei Jets zu leasen und anhand dieser konkreten Situation die nötige neue Konzession durchzusetzen: Erweiterung der bestehenden Charterkonzession auf Jets, später vielleicht auch auf Linienverkehr.

Konzessionserweiterung, das hört sich heute nach einem normalen Geschäftsvorgang an, der in pragmatischer Weise flott erledigt wird. Davon war 1984, jedenfalls in Österreich, nicht die Rede. Wir gerieten in einen Dschungel von politisch gestärktem Beamtenfilz. Die gültige Lehre hieß: „Wir haben doch eh die AUA, wozu brauchen wir noch wen anderen."

Wir drei fühlten uns stark und kampflustig. Außerdem war Österreich in der Euphorie des „Niki Nazionale": Drei Tage nach unserem Bündnis gewann ich den Großen Preis von Österreich, ging in der Weltmeisterschaft in Führung und kämpfte um meinen dritten WM-Titel.

Die Idee war aufgegangen: McLaren hatte die phantastischen Technologie-Sprünge, die damals sowohl Fahrwerk- wie Motorenbau revolutionierten, zu einer gesamtheitlichen Konstruktion zusammengeführt. Ich saß im fortschrittlichsten und perfektesten Rennauto jener Tage, dem McLaren TAG turbo.

Es gab drei Hauptfiguren des Objekts.

Ein ehrgeiziger Teamchef mit Kraft und Visionen: Ron Dennis. Daß er von ganz unten kam (er hatte als Mechaniker angefangen), hatte Vor- und Nachteile. Er war gestählt gegen die Tücken der Materie. Im Erfolg wurde er dann von persönlichen Komplexen eingeholt und über-kompensierte sie.

Ein Geldgeber mit Gelassenheit und Perspektive: Mansour Ojjeh, Juniorchef von TAG = *Technique d'Avantgarde*.

Der genialste Konstrukteur jener Tage: John Barnard. Wie alle begnadeten Konstrukteure neigte er zum Unfehlbarkeitsrausch. Zur Schonung seines Egos wollte er die Neukonstruktion erst dann einsetzen, wenn sie seiner Meinung nach perfekt wäre. Das wäre zu spät gewesen, um schon 1984 den Titel zu holen. Ansonst, was das rein Technische betraf, war er ein Gigant.

Dann gab es natürlich die Firma Porsche mit ihrem Motorenkonstrukteur Hans Mezger. Porsche war nicht bereit, eine einzige eigene Mark in die Sache zu stecken, entwickelte aber auf McLaren-Rechnung jenes Triebwerk, das wir brauchten: Einen potenten 1,5-Liter-Turbomotor (1000 PS in der steilsten Auslegung), der sich aber nicht nur an seiner eigenen Kraft begeilte, sondern von Charakteristik und Abmessungen in das Harmonie-Konzept der Gesamtkonstruktion paßte.

Mein wichtigster Beitrag zu dem Deal war die Tatsache, daß ich auf der Welt war. Ron Dennis bildete sich ein, daß ich die Art von Persönlichkeit sei, die man für dieses Netzwerk von Geld, Technik, Prestige, Strategie und purer Fahrerei braucht. Für Ojjeh war ich der Mann, der ihm die Möglichkeit eines Flops ausschloß, für Porsche war ich der Vermittler zwischen den Welten und für John Barnard der Stachel im Fleisch. Für Ron Dennis war ich überdies noch der Mann, der ihn so entsetzlich viel Geld kostete, daß ihm jedesmal die Tränen kamen, wenn er daran dachte.

Tatsächlich war es die Zeit, wo ich die Grundlagen für jene Mordsgehälter legte, an denen sich später Senna, Berger und Schumacher erfreuen sollten. Damals eine Fünf-Millionen-Dollar-Jahresgage im Hirn eines Teamchefs unterzubringen bedeutete noch echten körperlichen Schmerz für den Betroffenen, heute mag das Fünffache irgendwie relativ leichter zu verkraften sein.

Beinahe hätte ich die Sache sogar überzogen, denn letztlich war es der Geldpoker, der mir für 1984 einen extrem billigen Teamkollegen bescherte: Alain Prost. Er war beim

Pokern einfach übriggeblieben, zufällig, und vor Ladenschluß um ein Butterbrot zu haben.

Alain Prost, das klang nach viel Mühsal. Statt also in aller Ruhe die Früchte der sorgsam aufgebauten technischen und strategischen Überlegenheit zu genießen und nebenbei einen braven Teamkollegen wie John Watson im Auge zu behalten, mußte ich mich plötzlich mit dem schnellsten Kerl jener Tage herumschlagen.

Ich war 35, sechs Jahre älter als Alain, sicherlich topfit und absolut auf der Höhe, um jedes denkbare Rennen zu gewinnen. Ich war aber nicht mehr bereit und wohl auch nicht fähig, eine Portion Extra-Wahnsinn für die Chaos-Runden der Qualifikation aufzubringen. Das, was dich noch einmal um sechs Zehntelsekunden vorwärtsreißt und zur Pole Position führt. Es hat mit der Kunst des Rennfahrens nichts mehr zu tun, es ist ein eigener Bewußtseinszustand. Du mußt fliegen können. Du mußt *abheben,* mit einem Übermaß an Begeisterung und Wahnsinn. In der Ferrari-Zeit hatte ich mich dazu besser überwinden können.

Somit war mein Problem jener Saison 1984: Prost und ich saßen im stärksten Auto, ich war sicher nicht schlechter als Prost, stand aber praktisch an jedem Start ein paar Plätze hinter Alain. Daher mußte ich im Rennen härter und wilder fahren, als es meinem gesamtheitlichen Stil entsprochen hätte.

Mit Prost selbst hatte ich dabei ein erstaunlich gutes Verhältnis, anbetracht der heiklen Situation war es sogar sensationell gut. Alain war sicher trickreich (das war ich auch), aber ehrlich und herzlich, also machte es mir keine Mühe, mich genauso zu verhalten.

Die internen Spannungen kamen nur von Ron Dennis, der mit fortlaufender Saison immer eindeutiger seinen *billigen* Fahrer bevorzugte, wohl um mich dadurch für die Maßlosigkeit meiner Forderungen zu bestrafen und mich für die nächste Vertragsverhandlung kleinzukriegen.

So wurde 1984 – die elfte Formel-1-Saison – mein schwerstes, aber auch tollstes Berufsjahr als Rennfahrer.

Parallel dazu, in der andern Welt, nahm unsere Airline nun rasch neue Konturen an. Wir hatten die beiden Fokker nach Deutschland verkauft, letztlich aber nur einen miserablen Preis erzielt. Ich mußte noch einmal Geld nachschießen, um für den Zwischenstart alles auf Null zu stellen. Insgesamt habe ich in den Fokker-Jahren der Lauda Air rund 35 Millionen Schilling verloren.

Eine Kerntruppe der Lauda Air konnte mit dem Handling der Executive Jets gerade noch zusammengehalten werden. Otmar Lenz begann die Verhandlungen für unsere Übergangslösung (zwei zu leasende Jets), und ich machte soviel Wind, wie ich konnte, um zur nötigen Lizenzerweiterung zu kommen.

Hannes Nouza war in dieser Phase sehr schlagkräftig. Er hatte jene Art von hemdsärmeligem Reichtum, der auch den Beamten imponierte. Bei einer Verhandlung im Verkehrsministerium etwa wurde das Beispiel der Montana Air hochgespielt. Diese österreichische Gesellschaft war mit zwei Boeing 707 in Konkurs gegangen, Passagiere waren in Amerika gestrandet und mußten zurückgeholt werden. In einem Amtshaftungsverfahren wurde daraufhin die Republik zur Kasse gebeten, weil das Verkehrsministerium die wirtschaftliche Leistungsfähigkeit der Montana besser hätte prüfen müssen. Das war Wasser auf die Mühlen der AUA, die ja immer davor gewarnt hatte, wirtschaftlich dubiose Unternehmen mit Lizenzen auszustatten, und *wirtschaftlich dubios* waren natürlich alle außer der AUA selbst. Also wiegten die Herren Beamten ihre Köpfe und sagten, Kapital sei die wichtigste Voraussetzung für die erweiterte Lizenz, und da sehe es bei der Lauda Air ja traurig aus.

Daraufhin sprang der wunderbare Herr Nouza auf und rief:

„Wieviel wollen Sie? Hundert Millionen? Zweihundert Millionen? Fünfhundert Millionen? Ich leg' Ihnen alles hin." Das war genau der Ton, mit dem wir uns verständlich machen mußten.

Auch Lobbying bei den politischen Parteien gehörte dazu, bloß als Gegenwehr, da die AUA dieses Mittel perfekt beherrschte und rücksichtslos damit umging. Ich ließ keinen Zweifel dran, daß ich meine Popularität notfalls auch gegen Politiker einsetzen würde. Theoretisch hätte sich ja die ÖVP für die Interessen eines freien Unternehmers starkmachen müssen, aber die packelte selbst mit der AUA (Mock entschuldigend: „Da muß ich im Parlament was verschlafen haben.") Bei den Sozialdemokraten war Kreisky als Bundeskanzler von Dr. Sinowatz abgelöst worden, eine unbekannte Größe für mich.

Was ich am wichtigsten für das Unternehmen Lauda Air einschätzte, war der Gewinn des dritten Weltmeistertitels durch den Rennfahrer Niki Lauda. Darauf kam es wirklich an, die Weisheit der Politiker würde sich dann schon finden.

Das Saisonfinale war irre. Ich siegte in Österreich, Prost in Holland. Ich siegte in Monza, Prost auf dem Nürburgring. Nach 15 Rennen hatte ich zweieinhalb Punkte Vorsprung. Das allerletzte Rennen würde entscheiden.

Estoril. Im Hotel stinkt's, die Zimmer sind grauslich. Prost ist schon am ersten Tag ausgezogen, mir ist das Übersiedeln zu mühsam. Willy ist da und kocht gesundes Zeug, der Telefonmensch zieht am Abend den Stöpsel raus und verspricht, daß ich nicht mehr gestört werde. Also läßt sich's doch aushalten. Das Hotel ist direkt an der Rennstrecke in Estoril, und alles ist neu für den Grand-Prix-Zirkus.

Vieles ist bedrohlich: Das scheußliche Wetter, die neue Strecke mit all ihren möglichen Überraschungen, die Superform des Alain Prost, seine Nervenstärke im jüngsten Rennen, sein offensichtliches Hoch, seine Verhätschelung im McLaren-Team. Ich bin in der Defensive, obwohl ich immerhin einen Riesenvorteil habe: Ich muß in diesem Rennen bloß Zweiter werden, um die Weltmeisterschaft zu gewinnen.

Das Training ist ein Alptraum. Alles läuft schief, es ist wie in einem schlechten Film. Verlorene Zeit durch unglaublich blöde Defekte, dann, vielleicht als Folge davon, eigene Fehler, Endergebnis jedenfalls: Ich werde Sonntagnachmittag am elften Platz stehen, Prost am zweiten. Das soll die für mich wichtigste Qualifikation des ganzen Jahres sein? Nix Besseres als ein elfter Platz — auf einer unberechenbaren neuen Rennstrecke?

Die Situation ist derart beschissen, daß es sinnlos ist, sich große Sorgen zu machen. Willy kocht, Willy massiert. Es gibt Fixpunkte im Leben, auf die du dich verlassen kannst. Willy ist gigantisch. Ich schlafe tadellos.

Beim Aufwachen erkläre ich mir folgendes: Alle anderen sind nervös. Selbst auch noch nervös zu sein ist völlig unnötig, bringt nix. Ich sage mir das Programm des Tages vor: Das-Beste-Geben, Konzentriert-Sein, Fehlerlos-Sein, und das alles so schnell wie möglich. Alles andere ist außerhalb meines Bereichs, daher im Moment zu vernachlässigen. Meine Gedanken kreisen das Target des Tages noch einmal ein: Die optimale eigene Leistung, vergiß das Drumherum, laß dich von dem Druck, eine Weltmeisterschaft zu gewinnen oder zu verlieren, nicht unterjochen. Sei du selber, so gut du es nur zuwege bringst.

Meinem Hirn gelingt es, mich zum Entspanntsein zu überreden. Ich bin locker, und Prost ist es nicht, das sehe ich mit dem ersten Blick. Er beißt dauernd Nägel, ist bleich und schaut übernächtig aus. Er sagt auch sofort, daß er eine schwierige Nacht hinter sich habe, daß er wenig oder nichts geschlafen habe, es ist ihm leicht zu glauben. Er geht oft aufs Klo.

Sein Verhalten bestärkt mich, die morgendliche Programmierung zu wiederholen und weiter auszubauen: Die Wichtigkeit der Weltmeisterschaft zu leugnen, sie weit weg zu schieben und nur an eines zu denken — die eigene Leistung.

Im Morgentraining bin ich drei Zehntel schneller als Prost. Trotzdem habe ich kein besonders gutes Gefühl mit dem Motor, es ist der Siegermotor von Brands Hatch. Ich lasse statt dessen den Motor von Dijon einbauen, auch ein Sieger.

Zwei Stunden vor dem Start kommt Marlene. Es ist eine ihrer seltsamen, unerklärlichen Aktionen: Sie haßt Rennen, ist nie dabei, auch die Weltmeisterschaft ist ihr egal, aber trotzdem hat sie diesmal gesagt, sie möchte kommen. Das volle Wochenende wäre ihr nicht zuzumuten gewesen, außerdem konnte sie wegen der Kinder nur eine Nacht wegbleiben, ihre Schwester Renate würde inzwischen babysitten. Da ich keinen Piloten für meinen Learjet auftreiben konnte, habe ich Nelson Piquet gebeten, die Crew seiner Citation nach Ibiza zu schicken. Marlene kommt am mittleren Vormittag zur Rennstrecke. Sie flattert, aber macht mich nicht nervös.

Um die Mittagszeit baut sich meine innere Anspannung noch einmal auf. Ich setze den Helm auf, es treibt mir die Tränen in die Augen, aus Freude, oder aus einer unbeschreiblichen Kraft, die ich in mir spüre. Ich fühle mich stärker als irgend jemals zuvor in meinem Leben und fahre aus den Boxen raus zur Start-aufstellung. Ich bin ganz, ganz ruhig und weiß, ich werde keine Blödheiten machen.

Ich habe mich drauf programmiert, die ersten paar Runden auf Abwarten zu fahren, mich aus heftigem Verkehr rauszuhalten. In der ersten Kurve bleibe ich in der Fahrbahnmitte, damit mich keiner rempeln kann. Vor mir sind die Alfa von Cheever und Patrese, hinter mir die Arrows von Boutsen und Surer.

Ich sehe, wie sich Piquet von der Piste kreiselt und werde wütend: Warum paßt er nicht besser auf? Warum muß er gerade heute einen solchen Blödsinn machen? – Er weiß doch, wie ich ihn brauche. Nelson ist mein einziger echter Freund in diesem ganzen Haufen, und es war klar, daß er versuchen würde, Prost zu schlagen und mir damit zu helfen. Jetzt ist er weit hinten, und ich hab jene Art von Gefühl, die du eben hast, wenn dein einziger Freund plötzlich nicht mehr da ist.

Mein erstes Signal von den Boxen: Ich bin Zwölfter. Das ist okay, hat nichts zu bedeuten. Ich überhole die beiden Alfa, dann Tambay. Die Tafeln sind schwierig abzulesen, weil die Zielgerade so holprig ist und dir alles vor den Augen verschwimmt. Außer-dem ist die Zielkurve eine der wenigen Stellen, wo du Chancen zum Überholen hast, und ich bin bald an einer Fünfergruppe, die ich rasch auflösen sollte, um Prost nicht in abstrakte Distanzen wegfahren zu lassen. Er ist Zweiter, dann kriege ich in einem günstigen Moment von den zittrigen Tafeln mit, daß er in Führung gegangen ist. Ich kann mir vorstellen, wie er vorn wegbläst. Ich picke an neunter Stelle, und nichts bewegt sich. Vor mir Johansson, und kein Vorbeikommen. Der Toleman ist auf der Geraden schneller als mein Auto.

Ich bin noch immer ganz ruhig, kann daher auch klar denken: Daß ich an Johansson nicht vorbeikomme, kann nur bedeuten, daß mein Motor nicht die volle Leistung hat. Es geht schon auf die Halbzeit zu, ich picke noch immer hinter Johansson. Natürlich kapiere ich, warum er sich so verbissen wehrt: Die Fernsehkameras sind auf unserem Zweikampf, der junge Mann ist drauf und dran, die Weltmeisterschaft zu entscheiden. Kein Fahrer würde an seiner Stelle anders handeln.

Mir rennt die Zeit davon, und da ich jetzt weiß, daß mit meiner Motorleistung was nicht stimmt, muß ich den Ladedruck erhöhen – von 2,2 auf 2,5. Das Risiko ist enorm – bei 2,5 ist der Spritverbrauch viel zu hoch, du darfst dich nur kurzzeitig drauf einlassen, sonst hast du keine Chance, die ganze Distanz zu packen.

Endlich macht Johansson einen Fehler, ich fahr auf der Zielgeraden vor, er rempelt mich beim Anbremsen der nächsten Kurve, stößt mit seinem Flügel gegen mein linkes Hinterrad, natürlich unabsichtlich, aber trotzdem ist es ein blödes, völlig unnötiges Manöver. Warum verpaßt er gerade jetzt den richtigen Bremszeitpunkt und kommt mit rauchenden Rädern an, wie ich später im Fernsehen gesehen habe?

Jetzt geht es flott, ich fighte jede zweite Runde einen Wagen nieder. Endlich auch Senna, ich glaube, Zweiter zu sein, und das ist alles, was ich für die Weltmeisterschaft brauche. Das Boxensignal, sobald ich es endlich einmal ablesen kann, ist eine Ohrfeige: Ich bin Dritter. Zwischen Prost und mir liegt noch Mansell auf dem Lotus. Er ist satte 39 Sekunden vorn, drum konnte ich ihn auch nicht sehen oder spüren.

Ich fahre, so hart ich nur kann. Das ergibt laufend Rundenrekorde, die gegenüber Mansells Zeiten jeweils eine bis andert-

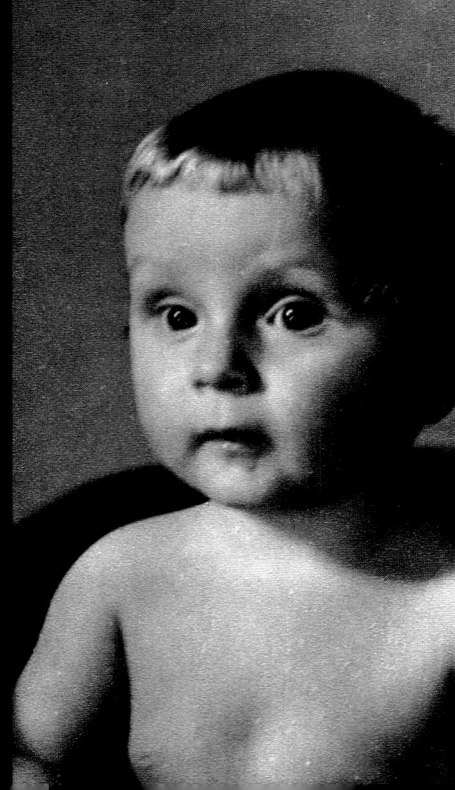

Mit Bruder Florian

Die Karriere begann
mit 15 auf dem Gut
der Großeltern:
VW Käfer von 1949

Mit Bruder Florian,
Elternhaus in Wien-Pötzleinsdorf

Im vierten Rennsportjahr, 1971:
Formel 2 mit Gegenverkehr

Mythos Jochen Rin
Der 1970 tödli
verunglückte Weltmeist
war Auslöser eir
gewaltigen Motorspo
Booms in Österrei

Erstes Formel-1-Jahr 1972 im March Fo
mit Mariella Reiningha

Die alte und die neue Zeit:
24-jähriger Aufsteiger, BRM-Formel-1 1973,
Teamchef Louis Stanley

halb Sekunden Gewinn bedeuten. Es müßte sich ausgehen, aber knapp.

Ich fighte, komme auch programmgemäß näher, aber dann laufe ich auf eine schrecklich zähe Gruppe von überrundeten Fahrern auf, nur Berger geht zur Seite, alle anderen machen sich wichtig und profilieren sich, indem sie in die Weltmeisterschaft eingreifen. Ich muß immer wieder von der Ideallinie runter, verliere sechs Sekunden und habe eine Riesenwut. Ich fahre jetzt aggressiver und härter, als ich es vorhatte.

Plötzlich sehe ich einen Lotus vor mir, halte ihn für den überrundeten de Angelis, weil mir Mansell gar nicht in den Sinn kommt, der muß doch viel weiter vorn sein, aber dann sehe ich ein blockierendes Vorderrad beim Bremsen, kapiere, daß da einer Probleme hat und daß es Mansell ist, und bin auch schon an ihm vorbei.

Ich bin Zweiter, Zweiter, Zweiter, mehr brauch ich nicht, mehr will ich nicht, ich muß nur noch ins Ziel. Das Wissen um die zeitweilige Ladedruck-Erhöhung sitzt mir dauernd im Hinterkopf, ich weiß, daß ich zuviel Sprit verbraucht habe*.

Ich drehe sofort runter auf 1,8 bar, muß aber dann wieder auf die Normaleinstellung von 2,2 gehen, weil Senna von hinten Druck macht. Ich stimme mein Tempo auf Senna ab – was Prost vorn macht, ist mir egal.

Mir fällt auf, daß der überrundete Piquet dauernd hinter mir bleibt, auch bei gedrosseltem Tempo, irgendwie ist das rührend, als ob er mich notfalls ins Ziel schieben würde, obwohl es eh nix nützen würde, weil es verboten ist. Aber allein seine Beglei-

---

* Wie sich nachher herausstellte, war das nicht der Fall gewesen. Ich hatte einen Schaden am linken Turbolader, was man sich auf drastische Art so vorstellen kann, daß sich die Schaufeln langsam auflösen. Das bedeutet einen Verlust von 100 bis 120 PS, den ich im direkten Zweikampf etwa mit Johansson spürte, der auf meinen Instrumenten aber nirgendwo aufschien. Die Daten über das Turbo-Funktionieren bezogen sich in diesem Fall nur auf den fehlerfreien der beiden Lader, das war der rechte. Durch das Hinaufdrehen des Ladedrucks stellte ich nur annähernd die Grundverhältnisse wieder her, verbrauchte daher auch nicht mehr Sprit als vorgesehen. Während des Rennens waren diese Zusammenhänge aber unmöglich herzustellen.

tung ist wohltuend. Mein Auto ist süß und lieb und brav, es verläßt mich nicht, bitte, bitte, bitte, nur noch ein paar Kurven, und dann beschleunige ich aus dem letzten Eck heraus und weiß, daß ich in jedem Fall über die Ziellinie rollen werde, notfalls ohne Sprit.

Ziel.

Während ich hinter der Linie mit dem Ausrollen beginne, schließt Piquet zu mir auf, macht eine fragende Geste, er weiß ja nicht genau, ob ich Zweiter bin und damit Weltmeister, ich deute ihm, daß ich's geschafft habe, er reißt vor Freude die Faust hoch, dann rollt Laffite hinter mir, macht die gleiche fragende Geste, ich deute ihm die Antwort, aber dazu fällt ihm nichts ein, keine Geste. Er beschleunigt und fährt weg, natürlich weiß ich, daß Prost und er gute Freunde sind. Ich winke den Zuschauern und kriege Riesenjubel zurück, irgendwie hatte ich die ganze Zeit das Gefühl gehabt, daß die Portugiesen pro Lauda sind, und jetzt scheint es ihnen zu gefallen, daß ich Weltmeister bin.

Riesenhektik, als ich zum Stehen komme. Sie wollen mich so schnell wie möglich zum Podium zerren, ohne Rücksicht auf Verluste, aber ich lasse mich nicht hetzen, nehme den Helm in Ruhe ab. Durchatmen.

Dann zum Podium, Alain Prost steht schon oben. An seiner Miene sehe ich, wie nahe es ihm geht, er kämpft mit den Tränen. Ich sage, vergiß es, vergiß es so schnell wie möglich, ich sag dir, das war mein Jahr, nächstes wird dein Jahr. Vergiß alles andere, freu dich auf nächstes Jahr. Er hört ganz gierig zu, ist dankbar für alle diese Phrasen (die ich aber ehrlich meine; wirklich), und ich merke, wie sein Gesichtsausdruck wieder ein bisserl lockerer wird.

Ich kann mit Siegerehrungen wenig anfangen. Du wirst brutal herausgerissen aus einer anderen, weit entfernten Welt, in der du zwei Stunden lang gelebt hast. Das plötzliche Ende der totalen Konzentration und Ichbezogenheit kann vom Hirn nicht rasch genug verarbeitet werde – plötzlich gehörst du allen, und sie zupfen an dir rum, schlagen dir auf die Schultern, irgendwelche Weiber schnuddeln dich ab, und ein Mann mit Krawatte gibt dir einen Pokal, den du dir nicht einmal aufs Klo stellen wirst.

Die Freude über einen Sieg würde gerade in dem Moment, wo du ihn errungen hast, Stille brauchen. Ich stelle es mir phantastisch vor, ein Rennen zu gewinnen oder Weltmeister zu werden, in Ruhe aussteigen und mich irgendwohin setzen zu können, wo kein Mensch ist. Statt dessen tut dir alles weh, du schwitzt wie ein Schwein, die Leute bedrängen dich körperlich, du wirst aufs Podium geschubst, wie wenn sie das Vieh auf die Alm treiben. Und wenn sie dann die Bundeshymne spielen, bin ich noch überhaupt nicht vorbereitet, irgendwas zu empfinden, ich stehe dort wie eine Marionette, die nichts im Hirn und nichts im Herzen hat. Zur Ablenkung rede ich mit einem von den beiden anderen, die da oben stehen, die leben noch in deiner Welt, sind auf deiner Wellenlänge.

Drum ist nach jedem Rennen der Zwang zum Abhauen, zum Davonrennen so riesengroß. Zum Helikopter, dann zum eigenen Flieger, und nichts wie weg. Und am nächsten Morgen wachst du auf und freust dich über was Wunderschönes, das du jetzt empfinden darfst, ohne daß dich irgendwer drängt und rempelt. Jeder Sieg wird erst am Morgen danach wirklich wahr.

In Estoril ist alles besonders arg, aber ich weiß, daß es diesmal sein muß, weil es zum Job gehört. Ich bin dreieinhalb Stunden lang für Interviews an der Rennstrecke festgenagelt. Der Trubel ist pervers: Wenn sich der Turbolader völlig und nicht bloß halb aufgelöst hätte, säße ich jetzt irgendwo allein herum.

Dann rasch ins Hotel, umziehen und zur Dinner-Einladung des Mansour Ojjeh, er hat ein ganzes Restaurant gechartert. Keine Reden, keine Förmlichkeiten. Der Schmäh rennt gut, auch Prost wird wieder locker, er ist mit Stephanie von Monaco aufgekreuzt. Willy Dungl hat das Gelübde abgelegt, sich anzusaufen, falls ich Weltmeister werde. Alle wollen sehen, welches Gesicht der Fitness-Guru beim Whisky-Trinken macht. Er trinkt wie *ein Held, aber mehr als drei Whisky sind trotzdem nicht drin. Wir übersiedeln in eine Disco, die zur Gänze von McLaren gemietet wurde, trotzdem brechend voll ist. Ich habe Geschenke für meine acht Mechaniker vorbereitet – egal ob ich Weltmeister werde oder nicht. Großes Hallo bei der Übergabe.*

Marlene kriegt irgendwann Magenschmerzen, und so ziehen wir schon um halb eins ab. Ich komme noch ziemlich nüchtern ins Hotel und denke: Gut so, morgen mußt du fliegen, und am Abend wollen sie dich im Fernsehen haben.

So geht der Tag ganz brav und ruhig zu Ende.

Als Überbrückung zwischen null Flugbetrieb (abgesehen vom Handling der Executive Jets) und der Ära 737 hatte Otmar Lenz mittlerweile einen Lease-Vertrag für zwei BAC 1-11 ausgehandelt, der für die Saison 1985 wirksam werden sollte.

Noch aber hatten wir bloß die Lizenz für 44-sitzige Propellermaschinen. Unser Ansuchen um Lizenzerweiterung auf Jets ruhte in Frieden in den Tiefen des Verkehrsministeriums. Nach dem Rennen von Estoril machte ich den Höflichkeitsbesuch des frischen, dreifachen Weltmeisters bei Bundeskanzler Sinowatz. Ich nützte die Gelegenheit, ihm zu sagen, daß ich *wirklich* aktiv werden würde, wenn man meine Lizenz weiter verschleppte. Die Regierung war sowieso schwer im Verschiß, weil sich in den Donau-Auen unterhalb Wiens der Streit zwischen Kraftwerkbauern und Grünen zu einer politischen und gesellschaftlichen Nagelprobe aufgeschaukelt hatte. Ich bin zwar nicht unbedingt der Prototyp eines Grünen, aber in der Au ging es ja längst auch schon um allgemeine Staatsverdrossenheit. Ich war finster entschlossen, mein rotes Kappl inmitten der Au-Besetzer in die Fernsehkameras zu stecken, wenn man mich weiter ärgerte.

Gerade noch im rechten Moment kam ein Anruf des Herrn Verkehrsministers. Er erwischte mich in Paris, wo ich zur Siegerehrung der Formel-1-Weltmeisterschaft angetanzt war:

„Sie kriegen Ihre Lizenz, Herr Lauda."

Natürlich sagte er dazu, daß das nichts mit meinem Lobbying zu tun hatte, sondern daß man aus rein sachlichen Erwägungen zu diesem Ergebnis gekommen sei.

„Klar, Herr Minister."

KAPITEL 4
Durchgestartet

Trotz des WM-Titels, trotz der neuen Lauda-Air-Perspektive: Ich wollte weiter rennfahren. Der nächste Rücktritt würde ein endgültiger sein, und er mußte eindeutig aus einem großen Gefühl und nicht aus irgendwelchen praktischen Erwägungen kommen. Noch war ich nicht reif dafür, also verlängerte ich meinen McLaren-Vertrag auch für 1985, mußte allerdings auf ein Drittel meiner Supergage verzichten. Die volle Länge war einfach nicht mehr durchzusetzen, jedenfalls nicht nach dem Scheitern eines geheimen Vorvertrags mit Renault („die Gewerkschaften würden Feuer schreien").

Also blieb ich bei McLaren, machte mir allerdings keine Illusionen über meine Chancen gegen Alain Prost. Sein Durchmarsch würde nicht aufzuhalten sein, so wie eben nach der Ära Prost eine nächste Ära kommen würde (Senna), und danach die Ära Schumacher. Es war alles ganz logisch, und ich wollte die Ära Lauda noch mit Stil ausklingen lassen. Insofern war die kleinere Gage (nunmehr der des Alain Prost entsprechend) zwar ärgerlich, aber eben auch logisch.

Es gab also eine weitere Saison mit Kombinationswertung Fliegerei und Rennsport.

Den Leasingvertrag über zwei BAC 1-11 hatten wir mit der rumänischen Airline TAROM abgeschlossen. Natürlich war Rumänien nicht unbedingt die erste Adresse für fortschrittliches Fluggerät, aber im Westen war kurzfristig nichts Passendes aufzutreiben gewesen, außerdem war der Bukarest-Deal durchaus seriös und okay.

Das Fluggerät war ein britisches Produkt (nicht zu verwechseln mit dem Lizenzerzeugnis ROM-BAC) und eine tadellose Konstruktion, der DC-9 recht ähnlich. Sie hatte einen makellosen Ruf, was Sicherheit und Verläßlichkeit betraf. Bezüglich Spritverbrauch und Lärmentwicklung war sie nicht auf allermodernstem Stand, aber es ging uns ja nur um eine Überbrückung von anderthalb Jahren.

AUA was watching. Es war uns völlig klar, daß wir uns keine Schwäche leisten durften. Kurz vor dem Eröffnungsflug unserer ersten BAC war die Maschine noch nicht umlackiert, und dann stellte sich raus, daß es die Rumänen nicht hinkriegten, weil der Hangar nicht beheizt war. Die Heizkanonen waren nur am oberen Teil der Fläche wirksam, unten bröckelte der Lack weg. Wir trieben noch eine englische Werft auf, schafften die Maschine rüber, in zwei Tagen und einer Nacht wurde der ganze Flieger frisch lackiert. Als er dann zum festlichen Empfang in Wien einschwebte, sah er hübsch und appetitlich aus.

Wir traten also sicher nicht als die abgefackten Ostflieger auf, als die uns die AUA gern zu unterschätzen beliebte. Logistik und Wartung durch die Rumänen war so gut wie irgendwo auf der Welt, und wir konnten einen ordentlichen Betrieb aufbauen. Varvaressos zog mit einem Schlag seine 40 000 ITAS-Kunden von der AUA ab. Natürlich wollte er bei der Lauda Air keinesfalls schlechtere Konditionen als zuvor, also waren wir gezwungen, vom ersten Moment an effizient zu agieren.

Die ganze Lauda Air bestand 1985 aus 67 Personen. Wir bezogen eine Baracke auf dem Gelände des Wiener Flughafens. Bei aller Bescheidenheit des Auftretens wollten wir schon einen gewissen Stil ausdrücken. Unsere Stewardessen wurden von jenen aus der Fokker-Zeit ausgebildet, und sie hatten allesamt das gewisse Etwas, das jedem Fluggast eine Idee vom Anderssein der Lauda Air gab. Konsequent verfolgten wir unser Corporate Design, und es wurde auch wahrgenommen.

Die Bordverpflegung war indes eher traurig: Kaum hatten

wir uns aus der Monopol-Beglückung des Wiener Flughafens befreien können, fühlte sich unser Partner Nouza fürs Catering berufen. Irgendwie hatte er eine bessere Hand für Sprit als fürs Menü. Wir wurden in unserer BAC-Zeit also sicher nicht berühmt für unsere Verpflegung, machten aber insgesamt schon ein recht properes Bild. Wir flogen ausschließlich Charter nach Griechenland, die Dimensionen stimmten, das Geschäft ging nicht schlecht, und wir verdienten ein bißchen Geld.

Mit meinen Idealen von einer Airline, die besser war als alle anderen, hatte die Lauda Air der BAC-1-11-Zeit allerdings noch nichts zu tun, insofern war ich nicht wirklich glücklich.

Umso wichtiger war es, die Finanzierung unseres ersten Wunsch-Fliegers durchzukriegen. Das war die Boeing 737 in ihrer aktuellsten Version, also 737-300 mit vollelektronischem Cockpit, Kostenpunkt rund 20 Millionen Dollar.

Zuerst probierten wir es natürlich über unsere Hausbank, die Erste Österreichische. Es tauchte wieder der lange Schatten meines treuen Feindes Anton Heschgl auf. Wie durch Zufall fanden sich die wesentlichen Kreditgremien des Landes mit Kalkulationen versorgt, aus denen hervorging, daß man sich mit der Anschaffung einer Boeing 737 nur Verluste einhandeln könne. Wie auch immer: Unserer Hausbank war die Sache zu steil, damit konnten wir den österreichischen Finanzierungsmarkt vergessen.

Als nächstes redeten wir direkt mit Boeing, auf die Art von, wir könnten neue Kunden von euch werden, aber ihr müßt uns helfen. Eine Firma wie Boeing hat da schon ziemlich viel Phantasie, die haben ja schon ihre Wunder erlebt. Das beste Beispiel ist Singapore Airlines: Die fingen aus dem Nichts mit einem Jumbo an, jetzt haben sie bald hundert Flieger.

Jedenfalls hatte Boeing nicht nur Vorstellungskraft, sondern auch die entsprechenden Bankenverbindungen. Als erstes kamen ein paar Boeing-Finanzmenschen nach Wien. Die führten wir nicht in die Lauda-Air-Baracke, sondern in das Büro des Basile Varvaressos, das einem Stadtpalais gleicht. Damit hatten sie schon einmal eine gute Idee von unserem *Standing*. Das wichtigste, was wir unseren Gästen vorführen konnten, war der Nachweis unseres Marktes: Wir hatten ganz automatisch die 40 000 Varvaressos-(ITAS)-Kunden, die nach Griechenland wollten, Tendenz dramatisch steigend. Die Herren waren zufrieden mit dem, was sie sahen und sagten, sie würden was für uns tun.

Tatsächlich kam eine Einladung, unser Projekt in London bei der Barclays Bank zu präsentieren.

Wir stellten uns als moderne junge Airline dar, die mit zwei BAC One-Eleven ihr Geschäft mustergültig abwickelt, dabei Erfahrungen sammelt und den gewaltigen Vorteil einer fixen Auslastung hat. Diese Grundlagen wollten wir nun auf einen wirtschaftlicheren Flugzeugtyp umlegen, Ende.

Barclays gab eine rasche Antwort: Ja. Wir fanden, es sei smart, nun zusätzlich ein österreichisches Institut einzubinden, was auch den Engländern gefiel. Bei der Ersten Österreichischen waren sie ziemlich platt, als wir Barclays – die absolute Numer-eins-Adresse für Flugzeugfinanzierungen – aus dem Hut zogen. Unter diesen Umständen stieg dann auch unsere Hausbank mit ein. Der wesentlichste Aspekt an dem ganzen Deal war die Haltung der Boeing-Leute gewesen: Wie sie an etwas glaubten, sich was trauten und es durchzogen. Nur so funktioniert's.

Nach dem Finanzierungsrahmen ging es um den echten Preis. Flugzeuge werden nicht sehr viel anders verkauft als Autos. Zufällig war ich im gleichen Jahr bei einer Veranstaltung des Salzburger Flughafens gewesen. Man hatte den Eröffnungsflug der englischen Chartergesellschaft Orion gefeiert. Das interessierte mich deshalb, weil Orion der *Launch Carrier* genau jenes Typs 737-300 war, auf den wir hinarbeiteten. *Launch Carrier* bedeutet, daß eine Fluglinie die allerersten Flugzeuge eines neuen Typs in Betrieb nimmt und sozusagen gemeinsam mit dem Werk die ersten Praxis-Erfahrungen sammelt. Natürlich kann sich das nie auf Sicherheits-Features beziehen, sondern nur auf Kleinigkeiten der täglichen Routine. Immerhin ist es üblich, daß ein *Launch Carrier* als Anerkennung seiner Pionierrolle einen Rabatt auf den Kaufpreis bekommt. Jedenfalls kam ich durch die Salzburger Veranstaltung in Kontakt mit den Orion-Leuten und besuchte kurz darauf deren Chef in East Midlands.

Ich fragte ihn ganz direkt nach dem Rabatt, den er erzielt hatte. Der Mann war entsetzt, redete von Betriebsgeheimnis. Ich setzte ihm zu, auf die Art von: Je mehr wir wissen, umso stärker sind wir, und auf Revanche; schließlich rückte er damit raus. Es waren rund 500 000 Dollar.

Als es dann ernst wurde mit unserem eigenen 737-300-Kauf, fragte ich als allererstes nach dem Discount.

„Hunderttausend Dollar", unter Schmerzen.

„Lächerlich. Was ist der größte Discount, den es je bei euch gegeben hat?"

Der Verkäufer wand sich hin und her und sagte, daß es eben Sonderfälle von höheren Stückzahlen und Launch-Carrier-Bonus gebe, aber ich kaufte ja nur eine Maschine mit Option auf eine zweite.

„Aber ich bin der Lauda, der Weltmeister, den jeder kennt, und dafür muß es einen Lauda-Bonus geben."

Der sollte einfach soviel wert sein wie der Launch-Carrier-Rabatt.

Die Sache zog sich über Wochen hin, bis ich andeutete, sie sollten sich einmal die Orion-Verträge anschauen. Wieder Geheul und Zähneknirschen, wieder ein paar Wochen Hin und Her, aber am Ende kriegte ich den Discount in der vollen Länge, plus ein paar Goodies. Ich habe seitdem ein ganz gutes Gefühl dafür entwickelt, was machbar ist und was die einseitige Ausrufung eines Lauda-Bonus wert sein kann.

Trotz allem: Dies war nur die Nebenfront. Hauptberuflich war ich noch Rennfahrer.

Monaco 1985, der Abend nach dem ersten Training. Morgen ist frei (in Monte Carlo gibt es immer einen trainingsfreien Zwischentag), also kann ich heute länger aufbleiben. Ich stelle mich an die Tip-Top-Bar, bestelle einen Whisky, Keke Rosberg kommt anmarschiert. Er sagt aus heiterem Himmel:

„Kommt dir das ganze hier nicht blöd vor?"

„Warum?"

„Es ist pervers, wie wir mit unseren Schüsseln hier herumfahren, es ist zum Kotzen. Ich wäre heute am liebsten ausgestiegen."

„Ich war auch schon knapp dran", sage ich und freue mich, daß gerade er davon zu reden angefangen hat. Keke ist der wildeste Hund in der Formel 1, Weltmeister 1982, fährt, daß die Fetzen fliegen, schert sich um nichts – und plötzlich kommt ihm was pervers vor. Ich hatte schon geglaubt, ich sei übersensibel und weichgeklopft von den vielen Jahren im Zirkus, weil mir plötzlich alles so irrsinnig vorgekommen war. Ich hatte die erste Trainingsrunde hinter mir, gab dann halbwegs Gas, zielte ins Nadelöhr hinter Sainte Dévote und hatte plötzlich das Gefühl, mit dem falschen Gerät am falschen Platz zu sein. Darf doch nicht wahr sein, daß wir wie die Affen in den Kisten hocken und hier herumturnen. Tausend PS auf einer solchen Strecke! Zum ersten Mal in meinem Rennfahrerleben kommen mir Zweifel, ob ich in die nächste Ecke überhaupt hineinfinden werde, alles ist zu eng, zu schnell, zu irr, es ergibt keinen Sinn mehr. Ich denke: Mir reicht's, ich will jetzt nur aussteigen, weggehen, heimfahren. Dann reiß ich mich zusammen: Du hast schon einmal aus einer solchen Stimmung heraus Schluß gemacht, bist wiedergekommen, mach den gleichen Fehler nicht wieder. Probier, ob's nicht doch geht. Auf diese Art habe ich den ganzen Tag gefightet, und am Ende jenes Tages sagt gerade Keke, daß er das alles pervers findet.

Das war schon mittendrin in meiner Serie von Ausfällen. Kein Rennen war glatt gegangen, Computerschaden, Kolben durchgebrannt, kein Strom. In Monaco drehte es mich auf der Ölspur nach einer Kollision von Piquet mit Patrese.

Dann Montreal, auch so eine ungeliebte Strecke. Als ich mich in meine ernstgemeinteste Qualifikationsrunde stürze, sehe ich auf der rechten Straßenseite einen Biber. Ich gehe vom Gas, er schaut mir scharf in die Augen, ich denke, *bitte bring dich nicht um, bleib, wo du bist.* Er ist tatsächlich sitzengeblieben, und ich bin zwanzig Zentimeter an ihm vorbeigeraspelt. Es reicht nur für den 17. Startplatz, und als ich Ron Dennis von dem Biber erzähle, lächelt er mich mitleidig an. Auf die Art von: Der gute alte Niki, jetzt muß er schon Viecher erfinden, um sein langsames Fahren zu entschuldigen.

Es ging weiter mit Defekten in unglaublicher kunterbunter Vielfalt: In Montreal war es ein Bolzen der Aufhängung des Ladeluftkühlers, in Detroit die Bremse, in Le Castellet das Differential, in Silverstone die Elektrik. Am Nürburgring war ein Rad locker, am Österreichring ging der Turbo ein.

Soviel Pech in ununterbrochener Folge, das nimmt man doch keinem Fahrer der Welt ab. Normalerweise würde man sagen: Da muß schon auch der Fahrer mit schuld sein. Spürte dieses komische Auto, daß ich nicht mehr mit ganzem Herzen bei der Sache war, spürten's die Mechaniker? Gibt es da eine Art von Funken, der laufend überspringen muß, damit die Dinge funktionieren?

Wahrscheinlich ist es so, daß man kein großartiger Rennfahrer sein kann, wenn man zusehr ans Überleben denkt. Ich hatte damals ein Gespräch mit Nelson Piquet, der mir erzählte, daß er sich damit abgefunden habe, im Rennauto zu sterben, und daß seine Mutter das auch wisse.

Diese Einstellung hatte ich nie gehabt, und 1985 war ich davon noch weiter weg als je zuvor. Ich merkte, wie sehr ich ans Überleben dachte, wie wichtig es mir geworden war, meine Haut zu retten. Ich stand nicht mehr auf der Piquet-Seite, sondern bei denen, die glaubten, es eigentlich schon geschafft zu haben. Ich mußte nur noch den Sturzhelm abnehmen und heimgehen, rechtzeitig.

Ich kapierte, daß es falsch war, sozusagen mit eingeschalteter Vernunft Rennen zu fahren. Anders als vor sechs Jahren sah ich aber keine Schwierigkeit darin, meinen Rücktritt zu bestimmen, ihn auch öffentlich zu erklären, aber trotzdem die Saison zu Ende zu fahren. Meine antrainierte Motivationsfähigkeit sollte mich doch in gutem Stil über die Runden bringen.

Eines dieser letzten Rennen mit dem Lauda-Auslaufmodell war der Große Preis von Holland in Zandvoort.

In der Weltmeisterschaft war ich nirgendwo, und Prost würde sie ganz locker gewinnen. Klare Perspektive: Einen ehrenvollen Abgang bauen, ohne sich noch einmal ins Feuer zu schmeißen. Und mein Rang für die Startaufstellung von Zandvoort entsprach der allgemeinen Lage: zehnter Platz.

Was immer du früher in den Nächten vor einem Grand Prix geträumt haben magst, in *solchen* Nächten träumst du von einer verbrannten Kupplung am Start, daß dir keiner hintenraufdonnert, daß du eine Stunde später im Lear Jet sitzt und heimfliegst.

In dieser Stimmung war ich auch am Morgen des Renntags in Zandvoort, als Herbert Völker in den McLaren-Wohnwagen kam. Er war ausgeschlafen, frischfröhlich und voller Begeisterung: *„Heute gwinnst, Niki"*, sagte er, *„heute packst sie alle."*

Bei dieser maßlosen Naivität schlief mir das Gesicht ein: Jetzt kennt er mich schon so lang und hat noch immer nichts kapiert von Motivation und Nicht-Motivation, von Gewinnen und Heimfahren. Es war schrecklich störend, seine Begeisterung zu ertragen, es war eine total depperte Einstellung, vor einem solchen Rennen von einem Sieg zu reden, und ich dachte mir, jetzt will er mich noch in den Tod treiben, völlig unnötig. Ich war verärgert und irritiert.

Am Start ergibt es sich, daß Piquet einen Hund baut, und ich komm besonders gut weg und bin sofort Fünfter, hab also auf Anhieb fünf Plätze gutgemacht. Kaum komme ich zum Denken, schießt mir der Blödsinn vom Herbert ein: Du gewinnst heut, Niki, gell. Und ich muß dran denken, wie er draußen hockt und ganz geil drauf ist, daß ich jetzt alle niedermach.

Diese Kombination von Superstart und dem Gedanken an die Sieg-Parole löst bei mir plötzlich einen Motivationsschub aus: Jetzt mußt' angasen, jetzt mußt' es probieren.

Diese Stimmung hat sich im weiteren Rennverlauf gesteigert, plötzlich war das ganze Rennen hochinteressant, ich hab zu fighten begonnen wie in den besten Tagen, auf einmal war ich an der Spitze, und wenn du einmal vorn bist, brauchst du keine Motivation und keine Tips von guten Freunden, da kämpfst du wie ein Geier, und da war ich eben: An der Spitze im Grand Prix von Holland.

Es gab einiges Drama rund um meinen Reifenwechsel, Ron Dennis hatte natürlich schon voll auf Prost gesetzt und überhaupt kein Interesse, daß ich ihm ein paar WM-Punkte wegnehmen könnte, jedenfalls wurde ich beim Boxenstop nicht optimal bedient und kriegte links hinten einen härteren Reifen, obwohl ich ihn genauso weich gewollt hatte wie die drei anderen.

Erstens weil er die richtige Garnitur Reifen ausgefaßt hatte, und zweitens weil er in der Form seines Lebens war, kam Prost in der zweiten Rennhälfte unerhört stark auf.

Ich hab alle Tricks, die nur möglich waren, ausgepackt, hab ihn gesperrt, bin Kampflinie gefahren, und als er mir innen vorfahren wollte, drängte ich ihn auf die Wiese, alles ganz normal wie bei jedem Duell um den Sieg. Ich mußte mich vor allem drauf konzentrieren, mit optimalem Hammer auf die lange Gerade herauszubeschleunigen, damit er mich dort nicht aus dem Windschatten kriegen konnte. Bei den Schlänglern im hinteren Teil der Strecke konnte ich ihn ruhig kommen lassen, denn dort gibt's kein Überholen, solang der Vordermann es nicht zuläßt.

Weitere zehn Runden hätte ich das zwar nicht mehr ausgehalten, denn er war mit seinen besseren Reifen auf jeden Fall schneller als ich, und irgendwann hätte er mich überrumpelt, aber so lang hat das Rennen nicht mehr gedauert.

Ich gewann den Grand Prix von Holland mit zwei Zehntelsekunden Vorsprung auf Alain Prost. Ayrton Senna auf

Lotus-Renault war mit 48 Sekunden Rückstand Dritter. Es war mein fünfundzwanzigster und letzter Sieg in einem Weltmeisterschaftslauf.

Drei Rennen später war dann endgültig Schluß, auf seltsame Weise: Grand Prix von Australien, Adelaide. Alles, was ich mir wünschte, war ein ödes Rennen, das die ganze Frustration dieser verkorksten Saison zusammenfassen und die Erkenntnis vertiefen sollte, daß ich wirklich froh sein konnte, nimmer Rennen fahren zu müssen. Der Anfang war auch programmgemäß: Im Training ein Defekt nach dem anderen, Elektrikprobleme, Motorschaden, vier Sekunden langsamer als Pole-Mann Ayrton Senna.

Sechzehnter Startplatz, herrlich frustrierend. Aaah, der Abschied wird leicht fallen!

Doch dann das Rennen: Ich will bloß meinen Hals unbeschädigt nach Hause tragen, finde mich aber plötzlich in der Rolle des *brillanten Taktikers,* der seine Reifen geschont hat und nun das Feld von hinten aufrollt. In der 56. Runde überhole ich sogar Senna, bin in Führung und geil wie ein Bock aufs Gewinnen, aber – ich sage ehrlich: *zum Glück* – habe ich totales Bremsversagen und lasse den Wagen an der Mauer abschmirgeln bis zum Stillstand.

Ende einer Karriere, und nicht das schlechteste.

Wir hatten inzwischen Wege gesucht, die Übergangslösung BAC 1-11 noch weiter abzukürzen. Es ergab sich eine: Lease-Vertrag für eine 737-200 der holländischen Gesellschaft Transavia. Der Flieger stand ab Spätherbst 1985 zur Verfügung, und wir konnten eine der beiden BAC 1-11 zurückgeben.

Ich hatte nun nichts anderes im Kopf, als die Dinge bei Lauda Air auch selber in den Griff zu kriegen und den ganzen Betrieb nach meinen Vorstellungen zu führen. Als erstes machte ich das Type-Rating für die 737-200 und war sodann einer von vorerst 15 Lauda-Air-Piloten.

Eines Tages im Winter 1985/86 wollte Varvaressos den Branchenvertretern das ITAS-Ferienangebot für die kommende Saison präsentieren und lud sie nach Athen ein. Ich war Kapitän und schon zwei Stunden vor dem Rückflug wieder in der Maschine. Ich schaute mich um, ganz allein. Ich sah Brösel auf den Sitzen, Papierln und Servietten in den Sitztaschen, zerknautschte Zeitungen und erkennbar benützte Toiletten. Ich war völlig fertig. Es paßte so überhaupt nicht zu meinen persönlichen Vorstellungen und Gewohnheiten. Ich vertrage einfach keine Schlamperei, das war immer so und wird wohl so bleiben.

Aufgeräumte Wohnung, ordentlicher Schreibtisch, gewaschenes Auto, sauberes Boot, blitzblanker Flieger: Es muß einfach so sein, anders kriege ich komische Zustände. Das war schon im Elternhaus so, so hab ich mir's angewöhnt, und so paßt es mir. Einen Flieger, der meinen Namen trägt, in diesem schlampigen Zustand zu sehen war unerträglich.

Als die Crew gemütlich eintraf und zum üblichen Small-Talk ansetzte, explodierte ich:

„Seid's ihr verrückt? Was ist da los?"

Was sollte denn los sein?

Die paar Bröseln?

Die Papierln in den Sitztaschen?

Die Toiletten?

Erstens sei es eh nicht so arg, zweitens habe sich nie jemand drum gekümmert, drittens sei das Aufräumen nicht Sache des Kabinenpersonals, sondern der jeweiligen Flughafenputzbrigade.

Ich sagte ungefähr, daß es mir völlig wurscht sei, was bisher war und ob man sich anderswo komplett auf die Putzkolonnen verlasse: Die Lauda Air fliegt nur blitzsauber, das Kabinenpersonal hat die Verantwortung: „Und wenn jemand nicht weiß, wie man ein Häusl putzt, dann zeige ich es ihm."

Ich habe tatsächlich kein Problem damit, selbst das Putzzeug in die Hand zu nehmen und eine Toilette in den Zustand zu bringen, wie er in einer ordentlichen Airline zu sein hat. Ich räume auch Papierln weg und wische Brösel auf, wenn es sein soll.

Diese Aktion war glücklicherweise zu einem Zeitpunkt, als die Lauda Air noch ganze 15 Flugbegleiter hatte. Die waren zwar keineswegs happy über die neue Ordnung, übernahmen sie aber, teilweise knurrend. Von jenem Tag an wurde kein Flugbegleitungspersonal mehr eingestellt, das nicht von vornherein diese Vorschrift akzeptierte.

Natürlich ist das grundsätzliche Saubermachen eines Fliegers Job der Putzbrigade des jeweiligen Flughafens. Aber es ist einfach zuwenig, das eigene Personal muß laufend mitmachen.

Ein gutes Beispiel ist der Zustand von Toiletten während eines Langstreckenflugs. Wenn sich das Kabinenpersonal dafür nicht zuständig fühlt, schaut es in der zehnten Stunde eben so aus, wie man es leider von manchen Fliegern kennt: Unakzeptabel, und sicher nicht in einem Lauda-Flieger denkbar.

Um nicht falsch verstanden zu werden: Es geht hier nicht darum, daß der Herr Lauda seinen persönlichen Sauberkeitswahn auslebt und dafür sein hochqualifiziertes Personal schikaniert. Punkt A: Ich halte Sauberkeit für selbstverständlich. Punkt B: Ich glaube, daß diese Kompromißlosigkeit unentbehrlich für das Gesamtbild ist, das wir uns als Fluglinie schaffen wollen und schon geschaffen haben. Es gibt eben noch immer Airlines mit nicht so perfekten Fliegern. Denen gegenüber ist unser Tip-Top-Auftreten ein Wettbewerbsvorteil und somit Teil unseres wirtschaftlichen Überlebens.

Heute, zehn Jahre nach diesem Vorfall, haben wir 400 Flugbegleiter(innen), und alle können mit meiner Vorgabe leben, manche besser, manche schlechter. Zwischendurch hat es immer wieder Aufstände gegeben und Diskussionen mit dem Betriebsrat. An der „Lizenz zum Saubermachen" hat sich nichts geändert.

Juli 1986. Ein Jahr nach Abschluß des Kaufvertrags wurde unsere Boeing 737-300 ausgeliefert. Das erste wirklich ideale Gerät für eine moderne Airline, der erste Wunschflieger!

Wir hatten sechs Monate Verzögerung akzeptiert, um auf die brandneue Version mit vollautomatischem Cockpit zu warten. Alles andere, vor allem die DC-9, war dagegen Niveau „Zweiter Weltkrieg". Wenn man bislang für jeden kleinen Richtungswechsel die Zeiger manuell einstellen mußte, flog man nun vollautomatisch die gesamte, im Computer programmierte Strecke ab. Wir hatten den ersten Flieger, der bis Kategorie 3a (*sehr* lausige Sichtverhältnisse) automatisch landen konnte.

Erstmals – acht Jahre nach dem ersten Propeller-Rumpeln der braven Fokker – konnten wir auch wirklich ausdrücken, was wir uns unter Lauda Air vorstellten, und das Design des Hannes Rausch, innen wie außen, hatte wesentlichen Anteil.

Varvaressos und ich waren selbst nach Seattle geflogen, um die erste 737-300 zu übernehmen. Zufällig stand neben unserem Flieger ein Prototyp der 767. Einer der Boeing-Leute sagte, ich sollte doch raufkraxeln und mich umschauen. Im Runterschauen wurde die eigene 737 – mein ganzer Stolz! – plötzlich ganz klein und mickrig, und ich turnte wieder aus dem 767-Cockpit, um diese Relationen rasch zu vergessen. Die 737-300 war unser Nunplusultra, und daß es noch irgendwas Tolleres geben könnte, wollte ich gar nicht wahrhaben.

Wir flogen im Charterbereich nonstop auf die Kanaren und konnten der AUA gegenüber erstmals einen echten Vorteil ausspielen. AUA mußte in Madrid zwischenlanden, was ziemlich fad war, und hatte nicht die Phantasie, daß man auch im Charter Video und Audio anbieten könne, was wir selbstverständlich taten. Und dann, 1987, hatten wir von einem Tag auf den anderen auch bessere Bordverpflegung. Was heißt Verpflegung, wir präsentierten *hervorragendes Essen* an Bord. Lauda Air hatte Attila Dogudan gefunden.

Einen Typ wie Attila hatte ich mir als Ergänzung meiner selbst sehnlichst gewünscht. Drum erkannte ich ihn sofort, als ich ihn zum ersten Mal traf. Es war vielleicht drei Uhr früh in einem Nachtlokal, ein gemeinsamer Freund machte uns bekannt und sagte: Der hat ein tolles kleines Restaurant. Der weiß, wie's geht. Der könnte dir auf deinen Fliegern helfen.

Am nächsten Vormittag stand ich in dem *tollen kleinen Lokal* und zeigte dem Attila Dogudan einen Lauda-Air-Folder mit Szenen an Bord, inklusive Verpflegung.

„Können S' das?" fragte ich ihn.

Er mißverstand mich zuerst in Richtung Beratertätigkeit, und gute Dienstleister sagen immer ja. Somit hatten wir einen kleinen Umweg. Ich brauchte keine Berater, sondern Leute, die was durchziehen. „Nein", sagte ich, „Sie sollen das Essen liefern. Sagen wir in zwei Wochen."

Er hatte eher an ein halbes Jahr Vorlauf gedacht, sagte aber, vier Wochen, und wir einigten uns auf drei.

Unsere Chemie stimmte vom ersten Moment an. Wir haben die gleiche Art im Erkennen von Problemen, in der kurzen Verständigung, in der raschen Entscheidung und im Fanatismus für essentielle Qualität.

Nebenbei paßte es damals für mich wunderbar ins Bild, daß er der AUA seine Dienste angeboten hatte, aber abgelehnt worden war. Das war einfach nett. (Dogudan: „Ich sagte, ich könne der AUA zu einem besseren Essen verhelfen. Ich sei kreativ. ‚Okay', sagten sie, als ich endlich vorsprechen durfte, ‚wenn Sie so kreativ sind, dann erfinden Sie uns ein Mousse au Chocolat, das sich zwei Monate ohne Kühlung im Hat Rack hält. Wenn uns einmal das Dessert ausgeht, haben wir das in Reserve.' Das klingt wie ein Scherz, aber so war es wirklich.")

Attila ist zehn Jahre jünger als ich, damals war er also 28. Er ist in Istanbul geboren, Vater Türke, Mutter Wienerin. Mit zehn Jahren kam er nach Wien, ging aufs Gymnasium, sagt aber von sich, er sei im Kochtopf aufgewachsen. Seine Eltern hatten immer Restaurants gehabt, und vom Vater hatte er den unheimlich hohen Anspruch an alles, was mit Gastronomie zu tun hatte. Er ist ein mediterraner Typ im Sinn der unverfälschten Produkte wie auch der ganz natürlichen Gast-freundschaft.

Er begann mit seiner Arbeit für uns, indem er sich einmal in den Flieger hockte und beobachtete, was da oben passierte, was den Menschen gefiel und was ihnen nicht gefiel. So wußte er, was sich der österreichische Charter-Passagier erhofft, wenn er nach zwei Wochen Melanzani und Retsina in Zakynthos in den Flieger steigt: Zum Beispiel einen G'spritzten, so kalt, daß das Glas anläuft, und ein eben aufgebackenes Wachauer Weckerl. Er war nicht betriebsblind, sondern hatte ein ganz natürliches Gespür für's Richtige, und so betrieb er das Catering für Lauda Air vom ersten Tag an. Am Anfang war sagenhafte Improvisation nötig, um aus seinem kleinen Restaurant und Partyservice den Flieger zu beliefern. Zuerst eine Maschine, dann auch die zweite, und dann wuchs die Lauda Air, und Dogudans Betrieb wurde größer, und im Gleichklang wuchsen unsere beiden Unternehmen.

Hannes Nouza war nicht begeistert, als wir ihm in aller Freundschaft erklärten, einen besseren Caterer gefunden zu haben. Dazu kam, daß die interne Kommunikation zwischen Varvaressos und Nouza immer schwierig gewesen war. Die beiden hatten einfach nicht die gleiche Chemie, und ich mußte immer wieder Spannungen abbauen oder gar Streit schlichten. So schied Hannes Nouza aus unserer Touristik AG. Er verlagerte seine Interessen und wurde ein noch erfolgreicherer Geschäftsmann, als er es ohnedies schon war.

Die Partnerschaft mit Varvaressos funktionierte weiterhin gut. Er war ein sehr emotioneller Mensch, und ich konnte mich gut auf ihn einstellen. Da wir einander auf unseren jeweiligen Gebieten respektierten, kamen wir trotz unserer konträren Anlagen kaum wirklich zum Streiten. Er führte seine Geschäfte aus dem Bauch heraus, und er machte es gut, obwohl er eine Neigung dazu hatte, sich im Tagesgeschäft totzulaufen. Dadurch schwächte er sein strategisches Talent, aus meiner Sicht. Aber wir kamen gut und erfolgreich voran.

Meine wichtigste Rolle in den ersten Boeing-Jahren der Lauda Air war die eines Frontmannes. Ich war draußen, ich war vorn im Cockpit, ich flog selber und zog meine Standards ein. Wie es im Zusammenspiel zwischen Technik und Abwicklung zu laufen hatte, was im Cockpit vor sich ging und hinten in der Kabine, wie die Gäste behandelt wurden. Ich kämpfte mit Klauen und Zähnen um jedes Detail, und weil ich überall auftauchte, setzte ich das meiste auch durch.

Ein Problem wurde aber immer deutlicher: Lauda Air durfte nicht allein abhängig bleiben von der Charter-Konjunktur, vom Griechenland-Ferienboom und den (mittlerweile mehrere Hunderttausend) Kunden des Basile Varvaressos.

KAPITEL 5

Australien

Australien hat mir immer getaugt. Ich mag das Land, komme mit den Menschen gut zurecht. Allein die Erinnerung an die Rennen ist herzerwärmend: Nirgendwo auf der Welt hat ein Grand Prix eine derart dichte, begeisterte Atmosphäre erreicht wie in Adelaide.

1984, nach meiner dritten Weltmeisterschaft, gab es ein Einladungsrennen in Melbourne, wo ich mich als Weltmeister den aufstrebenden Jungstars Australiens zu stellen hatte. Das Rennen, mit Formel Ford, war entsprechend mühsam, aber Australien war toll wie immer, und ich hängte noch einen Tag in Sydney an. In bester Stimmung hockten Hannes Rausch und ich irgendwo am Hafen und dachten das gleiche:

„Wui, da müßte man herfliegen", (als Lauda Air, natürlich).

Wir dachten nicht nur daran, sondern redeten auch darüber, und zwar so ernsthaft, daß ich gleich den österreichischen Handelsdelegierten in Sydney anrief und nach den Chancen für eine Linie Wien–Sydney fragte.

Der Mann muß sich weißgottwas gedacht haben (damals war die Lauda Air gerade zwischen Fokker und BAC 1-11), aber er sagte immerhin, daß es ein bilaterales Abkommen für Verkehrsrechte zwischen Österreich und Australien gebe. Da es nicht genutzt wurde, war wenigstens die theoretische Chance für uns intakt.

Ich flog damals von Sydney nach Tucson, holte meinen neuen Lear Jet ab und hatte andere Sorgen als das in jeder Beziehung unendlich weit entfernte Australien.

Als ich dann fulltime in der Airline arbeitete und alles zu funktionieren begann, die technische Aufrüstung ebenso wie das Geldverdienen und Schulden-Zurückzahlen, stellte sich die Frage nach einer zeitgemäßen Strategie. Der „freie Himmel" des Jimmy Carter würde irgendwann auch über Europa aufziehen, und man konnte spüren, daß das ganze Fluggeschäft bald in Bewegung geraten würde. Dafür mußte man flexibel und schlagkräftig sein. Flexibel kann eine Airline nur auf der Linie sein; allein mit Charter bist du dem Spiel der Märkte und Mächte viel zu sehr ausgeliefert.

1986 begannen wir den Kampf um die Linie. Noch waren wir aber nicht unter „freiem Himmel", sondern im AUA-Land. Alles war vorsehbar: Unser tapferer Monopolist wird seine Privilegien wütend verteidigen, Politiker und Beamte werden die Mauer machen, nach dem Motto: „Da könnt' ja jeder kommen." Alles wird auf den stehenden Satz zustreben: „Wir haben eh die AUA".

Aus dieser mittlerweile intimen Kenntnis der Zustände war klar, daß wir auf normalem Wege keine Linienkonzession kriegen konnten. Wir mußten der AUA derartig großräumig aus dem Weg gehen, daß sie gar keine Chance hatte, auf Interessenskonflikt zu plädieren.

So kam ich auf Australien zurück, nun ernsthaft. Für logische Stutzpunkte einer Fernost-Route mußte man nur auf den Atlas schauen: Bangkok, Hongkong, Singapur.

Die AUA war dort noch nie gewesen und hatte auch erklärtermaßen keine Absichten in diesem Teil der Welt.

Dennoch war der Verkehrsminister nicht bereit, auf pragmatischem Weg die Linienkonzession zu erteilen. Ich sprach direkt mit ihm, und er sagte einfach nein.

„Warum? Ist die AUA gefährdet? Fliegt sie nach Australien?"

„Nein, so einen Blödsinn macht kein Mensch."

„Warum kriege ich dann keine Lizenz?"

„So einfach ist das nicht."

Nicht nur ich war unbequem. In Innsbruck wurden die Tyrolean Airways (vier Dash-Maschinen) rührig und machten das Manko unserer „Staats-Airline" deutlich, was die Verbindung der Bundesländer mit dem Ausland betraf. Der Verkehrsminister hatte das Schlagwort von der „österreichischen Luftfahrtlösung" geboren und fühlte sich dazu berufen, den Protektionismus zwar zu lockern, aber bei einer neuen Ordnung Regie zu führen.

Während dieses Taktierens konnte sich das Verkehrsministerium bequem hinter dem Standpunkt verbarrikadieren, daß ein Lizenzwerber erst einmal das geeignete Fluggerät für die gewünschte Strecke vorweisen müsse. Für Sydney also einen Großraumflieger, wobei für uns immer nur Boeing 767 zur Debatte stand (richtige Größe, letzter Stand der Technik, vernünftige Betriebskosten; und als Firma war Boeing sowieso der logische Partner auch für den nächsten Schritt).

Somit blieb auch außerhalb der AUA-Schutzzone ein Riesenproblem, das sich als Ringelspiel darstellte, auf das du von außen kaum aufspringen kannst. Höchstens mit einem Gewaltsprung:

Um die (damals) 70 Millionen Dollar für eine 767 aufzustellen, mußt du Finanzierungsgesellschaften für dein Projekt gewinnen.

Um die Banken überzeugen zu können, mußt du die Verkehrsrechte auf der angestrebten Route nachweisen.

In die Verhandlungen um Verkehrsrechte mit Australien und den anderen Ländern kannst du aber erst eintreten, wenn du eine Linienkonzession hast.

Der einzige Punkt dieses Ringelspiels, an dem man wenigstens versuchen konnte, zu diesem Gewaltsprung anzusetzen, war die Finanzierung. Wir mußten zuerst kaufen, danach um die Konzession streiten und schließlich die Verkehrsrechte aushandeln.

Banken sind für solche Deals kaum zu gewinnen: Zuviele Fragezeichen in der Rechnung.

Immerhin war auch unsere erste 737-Finanzierung den „normalen" Banken zu steil gewesen, und wir hatten sie trotzdem geschafft – mit Boeings Hilfe. Inzwischen hatten wir auf dem gleichen Weg auch die zweite 737-300 finanziert (Auslieferung 1988, gleichzeitig Rückgabe der geleasten Maschine an Transavia). Wir hatten brav gewirtschaftet und waren mit allen unseren Zahlen geradezu mustergültig im Plan. Wir hatten zweifellos ein gewisses Standing bei Boeing.

Also fuhr ich nach St. Anton, wo Boeing-Mogul Dick Albrecht gerade Urlaub machte, und trug ihm die Situation vor, auf die Art von:

„Ich will Langstrecke fliegen. Wenn ich zu einer Bank gehe und sage, bitte finanziert mir eine Boeing 767 um 70 Millionen Dollar, ich hab' alles, bloß kein Geld, keine Konzession und keinen Markt, dann sagen die, schleichen Sie sich, Herr Lauda. Der einzige Weg, damit es doch klappen könnte, führt über Boeing."

Dick Albrecht verstand das.

Er meinte, Pratt & Whitney (der Triebwerkshersteller) sollte mitmachen, gemeinsam werde man ein Konsortium aufstellen, das eine Finanzierung über zehn Jahre garantieren sollte.

So geschah es auch, aber zehn Jahre waren keineswegs nötig. Sobald die Sache lief, erreichten wir eine Umfinanzierung auf die üblichen Banken. Boeing und Pratt & Whitney waren damit aus dem Schneider, und Boeing war recht stolz auf uns. Wieder hatte sich die mutige Geschäftspolitik der Amerikaner bezahlt gemacht.

Vorsorglich hatten wir schon im Mai 1986 das Ansuchen um „Erweiterung des Unternehmensgegenstandes von Bedarfsflugunternehmen auf Fluglinienunternehmen" eingebracht. Eine erste Antwort kam rasch, aber nicht von der Behörde. Die AUA brachte beim Handelsgericht einen „Rekurs" ein, in dem es hieß: „Die Rekurswerberin leitet ihre Rechtsmittelbefugnis daraus her, daß sie ... als einziges nationales Luftlinienunternehmen eingerichtet worden sei, durch die ... Änderung des Gesellschaftsvertrages ... in ihrer eigenen wirtschaftlichen Existenz aufs höchste gefährdet sei."

Ein Drei-Richter-Senat des Oberlandesgerichts war zum Glück nicht dieser Meinung: Der Rekurs wurde abgewiesen.

Der Wahn vom „einzigen nationalen Luftlinienunternehmen" war Herrn Heschgl und seinen Mitstreitern aber nicht so schnell auszutreiben. Im Juli 1987 bezog sich die Wiener „Wochenpresse" in ihrer Titelstory („Luftschlacht um Österreich") auf ein offizielles Schreiben der AUA an den Verkehrsminister:

„Sie (die AUA-Geschäftsführer) urgierten eine Änderung des Luftfahrtgesetzes, mit deren Hilfe lästige Konkurrenten wie Lauda vom Himmel geholt werden sollten. Dabei wollte die AUA dem Gesetzgeber eine Menge Arbeit abnehmen und ließ hauseigene Legisten gleich einen Gesetzesvorschlag basteln. Ein neuer Paragraph 102 Absatz 3 des Luftfahrtgesetzes in Verfassungsrang soll jetzt alle Konkurrenzprobleme ein für alle Mal aus der Welt schaffen: ‚Der Fluglinienverkehr auf grenzüberschreitenden Strecken ist Austrian Airlines vorbehalten.‘ Und um die ‚Lex Lauda‘ wasserdicht zu machen, schlägt die AUA gar eine zusätzliche Österreicher-Klausel vor. Flugunternehmen müßten mehrheitlich in österreichischem Eigentum stehen. Ausländischem Eigentum werden Kredite, Leasingfinanzierungsverträge, Miet- und Überlassungsverträge gleichgestellt."

Im Mai 1987 hatten wir unsere prachtvolle Boeing 767 auf dem Wiener Flughafen vorgeführt, damit sie jeder auch tatsächlich sehen konnte, anschließend mußte sie fürs Testprogramm und für die US-Zulassungsprozedur wieder zurück nach Seattle.

Trotzdem: Keine Erledigung der Linienkonzession.

Auch ein Regierungsgipfel zwei Monate später, typischerweise unter Beiziehung der AUA-Bosse, brachte keine Klärung. Jetzt waren 14 Monate seit Einbringen des Ansuchens vergangen und mir platzte der Kragen. Am Tag nach der Regierungssitzung brachte mein Anwalt Sporn Säumnisbeschwerde beim Verwaltungsgerichtshof ein, gleich darauf

Dringlichkeitsantrag. Wir forderten ein Erlassen des Bescheides innerhalb von drei Monaten.

Drei Tage vor dem Ablauf dieser Frist kam dem Herrn Verkehrsminister die Erleuchtung. Er erteilte Lauda Air die Linienlizenz.

Das war im Oktober 1987, und wir mußten sofort die Verkehrsrechte-Verhandlungen mit Australien, Hongkong und Thailand aufnehmen, um bis zum Eröffnungsflug alles durchzukriegen. Die große Premiere war für Mai 1988 vorgesehen.

Die langen Monate unseres Konzessionsgeplänkels waren auch ein idealer Zeitpunkt gewesen, die Lauda Air gewerkschaftlich unter Druck zu setzen. Der Verkehrsminister wünschte, wir sollten den gleichen Kollektivvertrag wie die AUA abschließen.

Wir hatten einen Kollektivvertrag nur für die Büroangestellten, nicht für das fliegende Personal. Ich war zum Verhandeln bereit, marschierte mit Otmar Lenz zum Termin.

Es begann damit, daß mir die Delegationen zweier Gewerkschaften gegenübersaßen, von HTV (Handel und Transport) und GPA (Privatangestellte). Ich stellte die Frage, wer nun für das heutige Thema zuständig sei, doch nicht alle beide? Sie mauschelten untereinander und sagten, HTV. Die GPA-Dame sei nur zur Unterstützung da.

Wenn ich nur eine Verhandlungspartei brauche, möchte ich auch nur eine sehen. Ich ersuchte, die GPA-Dame zu verabschieden, was unter Zornesausbrüchen auch geschah. Somit war die Atmosphäre von Anfang an leicht irritiert.

Nun saßen Lenz und ich dem Herrn Mara (Vorsitzender Fachgruppe Luftfahrt und zugleich AUA-Betriebsrat und -Pilot), dem Mann von der Kammer und deren Entourage gegenüber.

Erster Punkt, salopp gesagt: Ich muß höhere Gehälter zahlen als Tyrolean Airways, weil die haben nur Propellermaschinen, wir hingegen Jets. Da war ich noch ein bissl mehr irritiert. Man möge mir bitte erklären, wo die höhere Leistung liege: Bei einem Piloten, der in einer Dash durch die Gegend rumpelt, von jedem Gewitter durchgewalkt wird und dauernd Kopfhörer tragen muß, um den Wirbel der Propeller zu ertragen, oder bei einem Piloten, der das modernste vollautomatische Flugzeug bei leisem Zischen unter angenehmsten Bedingungen kontrolliert?

Die Gegenseite kam in Argumentationsnotstand, wechselte zum Thema Langstrecke. Die maximal zumutbare Arbeitszeit eines Piloten sei zehn Stunden. Bangkok–Wien sei daher nicht zumutbar, es müsse in Istanbul zwischengelandet und ein Crew-Wechsel durchgeführt werden.

Nun hat aber die Boeing 767 zufällig eine Reichweite von 13 Stunden, und alle Airlines, gegen die ich antrete, fliegen diese 13 Stunden, wenn es Sinn ergibt. Ich werde ganz sicher nicht wegen der österreichischen Gewerkschaft einen Zwischenstop in Istanbul einlegen, sagte ich.

Man werde mich aber dazu zwingen, war die Antwort, denn „der Mineralhaushalt eines Piloten gerät nach zehn Stunden derart aus dem Lot, daß ein Weiterfliegen nicht verantwortlich ist."

Ich sagte, da könne der Herr Dungl behilflich sein, „er stellt für unsere Piloten ein Getränk zusammen, das den Mineralhaushalt auch nach zehn Stunden in Ordnung hält. Ich werde sicher keinem Passagier erklären, meine Damen und Herren, wir begrüßen Sie nun in Istanbul, weil es uns ein Vergnügen ist, hier Crew zu wechseln. – Und außerdem, was ist mit dem Mineralhaushalt der Piloten von Thai und Cathay Pacific, die natürlich nonstop fliegen?"

Der Herr von der Gewerkschaft sagte: „Das sind andere Völker. Das kann man nicht vergleichen."

Ich sagte, so kämen wir nicht weiter. Ich stand auf und ging heim, ohne Kollektivvertrag.

Der Background dieser Farce war wieder einmal bei meinen Freunden von der AUA zu suchen. Deren Airbus, dessen Betrieb ab 1989 vorgesehen war, hatte bloß zehn Stunden

Reichweite, darum konnten dort ruhig auch zehn Stunden im Kollektivvertrag stehen.

Am nächsten Morgen wetzte ich sofort ins Verkehrsministerium. Ministerialrat Poinstingl hatte gerade meinen gestrigen Gegner am Apparat, den Gewerkschafts- plus-AUA-Mann. Der verlangte, daß mir der 13-Stunden-Flug über das Arbeitsinspektorat verboten werde. Poinstingl sagte, der Herr Lauda ist gerade bei mir, wir werden das besprechen.

Das taten wir. Es gibt sehr wohl, sogar in Österreich, Möglichkeiten, daß ein Mensch 13 Stunden an seinem Job sitzen darf, falls die Rahmenbedingungen okay sind und irgendwelche Erleichterungen und Kompensationen eingebaut sind. Ich lud die Herren vom Arbeitsinspektorat ins Lauda-Air-Cockpit und zeigte ihnen die segensreiche Einrichtung des Autopiloten. Einer der Beamten flog nach Athen, überzeugte sich in der Praxis. Wir handelten dann die de facto sowieso existierenden Erleichterungen aus (relaxen zwischendurch, umlegbarer Pilotensitz für 15 Minuten Pause, lange Ruhezeit nach Dienstschluß, und so weiter).

Das war mein erster intensiver Kontakt mit der Gewerkschaft, und wir haben bis heute keinen speziellen Kollektivvertrag für das fliegende Personal. Dadurch werden auch unsere Flugbegleiter nicht dran gehindert, Kabine und Toiletten zwischendurch sauberzuhalten.

Wann immer es Probleme gibt, löse ich sie direkt mit unserem Betriebsrat. Wenn einer von draußen mit Gewerkschaftsforderungen kommt und mir die AUA-Regeln aufs Aug' drücken will, sitze ich nicht am Verhandlungstisch.

Die Boeing 767 war „mein" Flugzeug, in jeder Phase. Ich hatte mich für diesen Typ entschieden, hatte die Finanzierung durchgeboxt, freute mich aufs Fliegen und wollte mich um alles kümmern, wirklich um alles. Im Jänner 1988 übersiedelte ich für mehrere Wochen nach Seattle, um einerseits die Einschulung auf diesem Typ zu machen und anderseits die allerletzten Arbeiten am Flieger zu überprüfen. Hannes

Rausch hatte schon Monate mit Entwurf, Bestellung und Kontrolle aller Design-Details zugebracht.

Am 3. Mai 1988 war es soweit. Wir flogen die Maschine von Seattle nach Wien, und es gab einen großen Bahnhof mit Minister und Botschafter. Der Flieger wurde auf den Namen „Johann Strauß" getauft. Boeing-Präsident Dean Thornton hatte sich persönlich nach Wien bemüht, und in seiner Rede sagte er, „Niki Lauda ist wahrscheinlich der beste Pilot, der je durch unser Trainingsprogramm gegangen ist". Das würde er sicherlich über jeden Menschen sagen, der zugleich Pilot ist und um 70 Mio $ einen Boeing-Flieger kauft, aber es war trotzdem nett.

Vier Tage nach der Überstellung nach Wien erfolgte der Eröffnungsflug auf der Strecke Wien–Bangkok–Sydney.

Eine Vorgeschichte voller Schwierigkeiten ließ nicht erwarten, daß nun etwa der Premierenflug ohne Hindernisse vor sich gehen würde.

Unsere Maschine war die erste, die mit den großen P & W-Triebwerken ausgerüstet war, und der Papierkrieg der amerikanischen Zulassungsbehörde hatte bis zum letzten Moment gedauert. Es ging sich alles wunderbar aus, bloß war da eine Forderung der australischen Behörde: Eine neu nach Australien kommende Airline muß alle Betriebsanleitungen und Manuals des von ihr verwendeten Flugzeugs den australischen Behörden zum Studium vorlegen, auch dann, wenn der Flugzeugtyp selbst dort bereits bestens eingeführt ist.

Natürlich waren diese Unterlagen längst fertig, aber Boeing konnte sie aus formalen Gründen nicht vor dem letzten Stempel der Zulassungsbehörde rausrücken. So wurde es also ziemlich spät, als diese Bücher per Luftfracht von Seattle nach Canberra abgingen. Spät, aber nicht zu spät.

Am Vortag des großen Flugs rief ein australischer Beamter bei mir an. Er hieß Moss, wie Stirling Moss, aber es war leider nicht Stirling.

„Herr Lauda, Sie können morgen nicht fliegen. Ihre Unterlagen sind erst jetzt angekommen. Es ist nicht genug Zeit, die Unterlagen zu prüfen." (Das Flugzeug mit der Frachtsendung war wegen eines Wirbelsturms umgeleitet worden und hatte den Anschluß nach Canberra verpaßt.)

Nun wußte der Beamte natürlich genauso gut wie ich, daß es sich hier um keine *Prüfung*, sondern einen rein formalen Akt handelte. Auch die QUANTAS flog damals schon den Typ 767. Trotzdem: Es täte ihm sehr leid, aber ich könne nicht fliegen.

„Und was soll ich mit meinen Passagieren machen?"

„Das ist Ihr Problem."

„Hören Sie, ich komme morgen. *And if you want you can shoot me down.*"

Ich war nicht bereit, wegen dieses lächerlichen Blödsinns eine unübersehbare Kette von Ärgernissen in Kauf zu nehmen. Wir flogen programmgemäß von Wien ab, landeten in Bangkok. Vor dem Weiterflug hatte ich ein paar mulmige Minuten. Was war, wenn die Australier die Thais von der Aussetzung der Verkehrsrechte informiert hatten? Das hatten sie aber nicht, und wir kriegten die Startfreigabe in Bangkok, nahmen Kurs auf Sydney.

Zum Glück wußten wir, daß all diese zusätzlichen australischen Auflagen für den gewerblichen Flugbetrieb galten. Also stellten wir auf Privatflug um. Ich meldete mich über die Bordanlage und sagte:

„Herzlichen Glückwunsch. Auf der Strecke Bangkok–Sydney sind Sie heute Gäste der Lauda Air. *This is no commercial flight.* Unsere hübschen Damen werden Ihnen jetzt Vouchers übergeben, die Sie jederzeit für einen vergleichbaren Flug der Lauda Air einlösen können."

Die Fluggäste waren höchst angetan.

Großer Flughafen in Sydney, alles Tamtam eines Inauguration Flights, Musikkapellen, Parade und Bürgermeister. Der hielt eine herzliche, geradezu begeisterte Ansprache, denn die australischen Restriktionen waren damals noch ziemlich hart, und man freute sich wirklich, wenn eine neue Airline ins Land kam. Noch dazu war ich bei den rennsportbegeisterten Australiern sehr populär, und die ganze Stimmung war einfach super.

Dann wurde auch ich um eine Rede gebeten.

„Dies ist die erste Boeing, die als Privatflugzeug nach Australien kommt. Es ist einfacher, dreimal Weltmeister zu werden, als nach Sydney zu fliegen. Weil wir das aber sehr gerne tun und weil wir begeistert davon sind, diese beiden wunderbaren Länder miteinander zu verbinden, verschenken wir alle restlichen Plätze für den morgigen Flug nach Bangkok. Jeder Australier, der gratis mitfliegen will, soll morgen um 14.00 Uhr am Flughafen sein."

Es gab unvorstellbare Publicity in ganz Australien, es war die Topmeldung der Abendsendungen und der Zeitungen des folgenden Morgens, und siebenhundert Menschen drängten sich um einen Platz für den Bangkok-Flug. Lauda Air war mit einem Schlag in Australien bekannt, und zwar auf die positivste Weise. Alle fanden unsere Aktion toll und waren begeistert.

Da rief auch Mister Moss aus Canberra an. Er hatte inzwischen Zeit gehabt, die Unterlagen zu studieren. Es sei alles in Ordnung. *Welcome to Australia.*

Die 767 bewährte sich in jeder Beziehung. Für uns Piloten war sie wunderbar zu fliegen. Das Windgeräusch ist praktisch null, wie wenn du mit einem Rolls-Royce dahinrollst. Ein großes Cockpit, alles auf dem letzten Stand der Elektronik, bis zur letzten Konsequenz durchdacht und harmonisch aufeinander abgestimmt, *smooth* und ruckfrei.

Auch die Passagiere erleben diese Harmonie eines perfekten Flugzustands und profitieren von einer Klimatisierung, deren Qualität bei einem 13-Stunden-Flug einen Riesenunterschied ausmachen kann.

In einem ersten Versuch, die Luft weiter zu verbessern, verzichteten wir auf eine Rauchersektion bei den Sitzen und

Ferrari-Jahre:
1974 und 1975
Startnummer 12,
1976 Startnummer 1,
1977 Startnummer 11

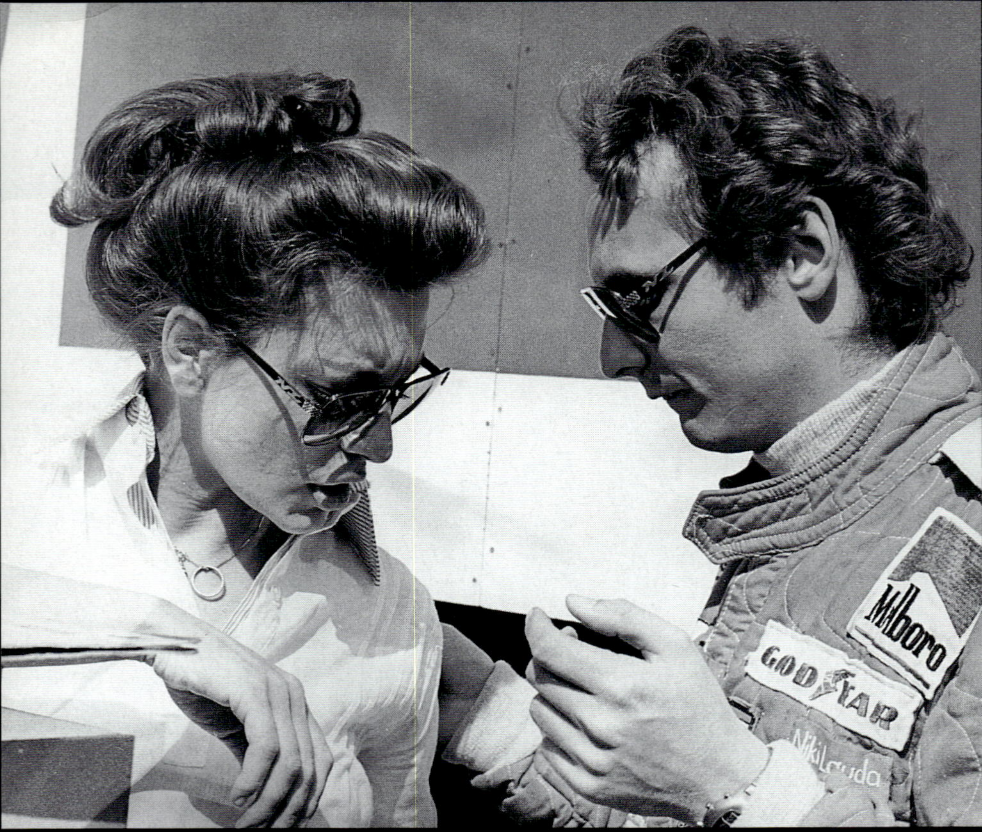

Mit Marlene 1976

Enzo Ferrari

Ferrari-Rennleiter
Luca Montezemolo

1. August 1976, Nürburgring

Der Ferrari folgt nicht der Linkskurve, prallt gegen die Böschung, wird auf die Fahrbahn zurückgeworfen und fängt Feuer. Niki, dem der Sturzhelm vom Kopf geschlagen wurde, sitzt bewußtlos im Auto

Brett Lungers Wagen („Campari") hat den Ferrari gerammt, Arturo Merzario springt mitten in die Flammen und kann den Gurt lösen, daraufhin wird Niki herausgezogen

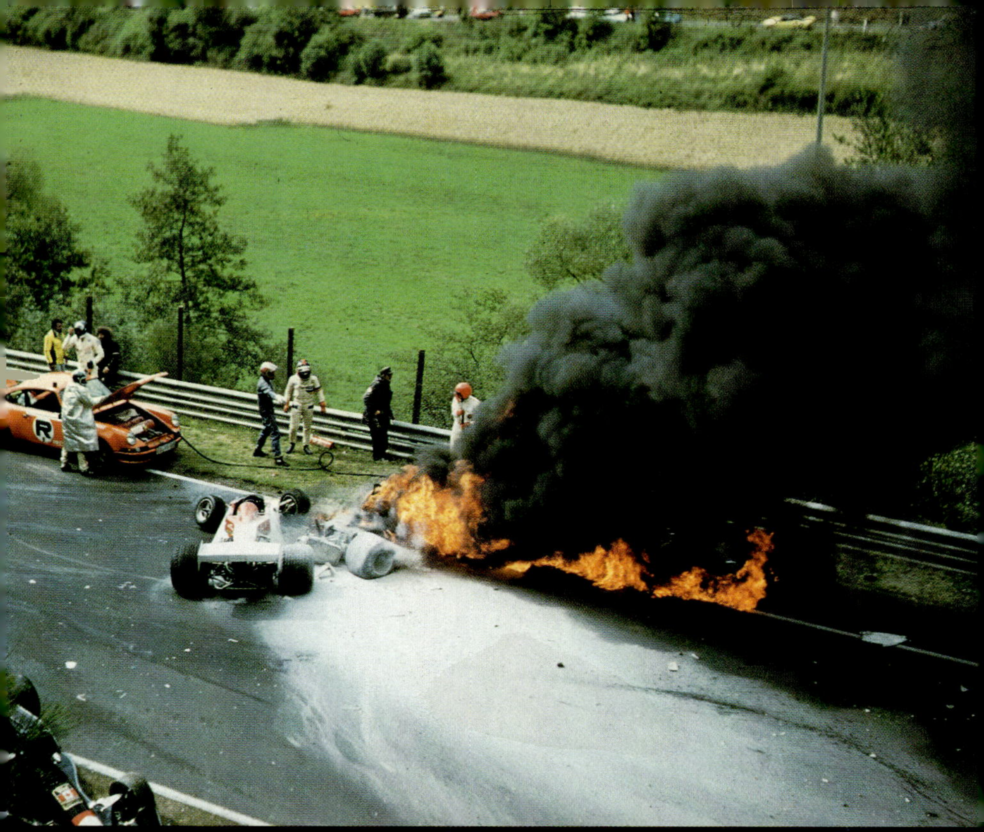

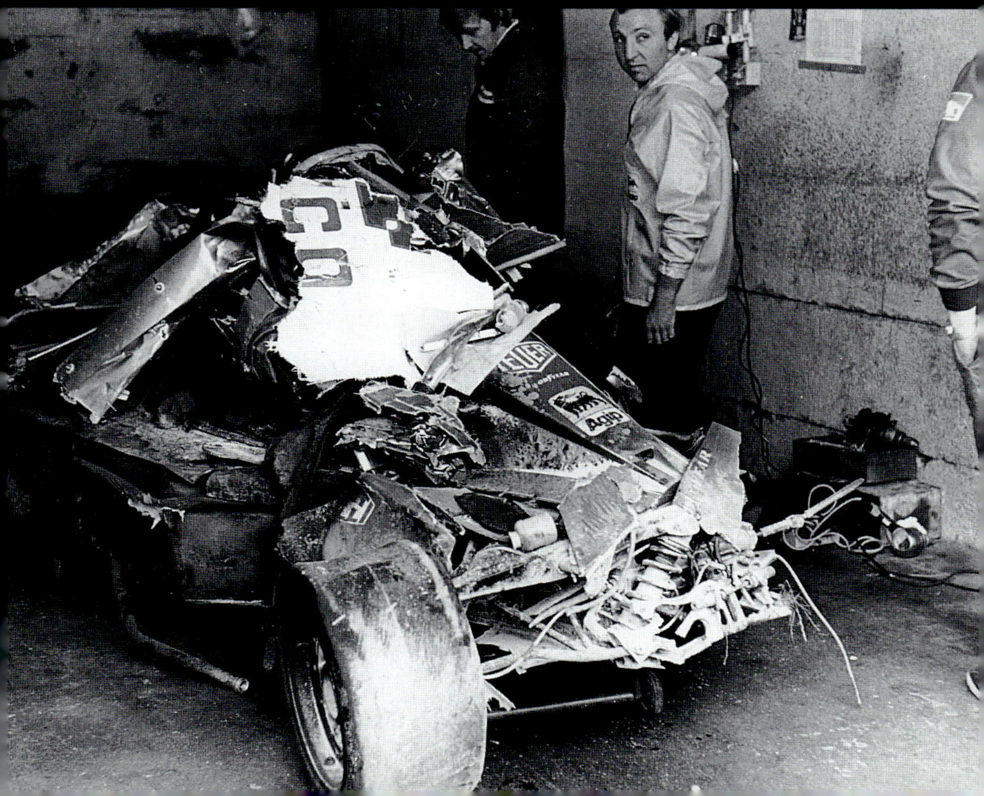
Agip

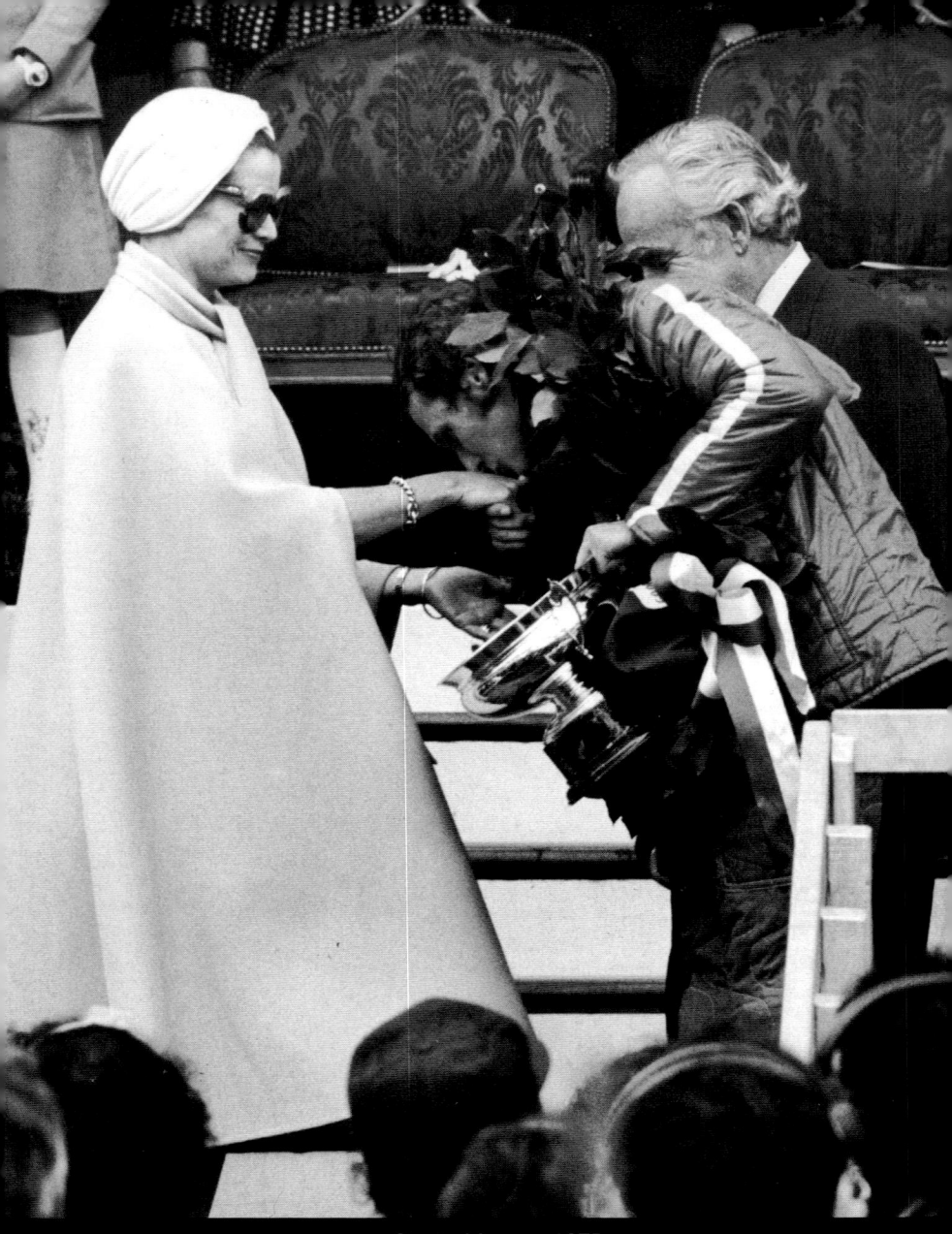

Sieg in Monaco, 1975

Ab 1978 mit Citation, Lear oder Falcon zu praktisch allen Rennen

Mit Regazzoni in der Golden-Eagle-Urzeit

Einladung zum Überschallflug

Fokker-Jahre 1978 bis 1983

Frank Sinatra
in Wien

richteten statt dessen bloß eine Raucherbar ein. Unser Slogan kam bestens an: *Non Smoking to Australia. And if you have to, we have a smoking bar.* Das gefiel den Nichtrauchern und wurde auch von den Rauchern gut angenommen. Wir hatten die mittlere Galley ein wenig adaptiert, was einen sehr beliebten Treffpunkt ergab. Die Leute quatschten und rauchten und waren happy. Soweit wäre ja alles bestens gewesen, allerdings hatten wir die Hongkong- und Bangkok-Destinationen unterschätzt, dort ist der Raucheranteil offensichtlich höher als irgendwo sonst auf der Welt. Da drängten sich bis zu 40 Menschen in dem engen Geviert und bliesen derart viel Rauch in die Luft, daß man glauben konnte, die Küche brennt. Es qualmte zum Gotterbarmen, war optisch und atmosphärisch unerträglich.

So mußten wir wieder zur konventionellen Raumordnung von Raucher- und Nichtraucherplätzen übergehen. Im Grund glaube ich ja, daß das Problem nur durch strikte Nichtraucherflüge gelöst werden kann, denn es gibt keine genügend wirksame Trennung zwischen Raucher- und Nichtrauchersektionen. Der Luftumsatz auch im modernsten Flugzeug ist einfach zu gering, um den Rauch wirklich zu neutralisieren. Außerdem habe ich im Unterbewußtsein immer die Sorge, daß ein alkoholisierter oder allzu sorgloser Raucher irgendeinen Unfug anstellen könnte, der den ganzen Flieger in Gefahr bringt. Insofern hoffe ich auf ein generelles Rauchverbot weltweit in allen Passagierflugzeugen. Lauda Air hat jetzt wenigstens alle Europaflüge zu Nichtraucherflügen erklärt, auch wenn mir meine Marketingleute sagen, daß wir vor allem nach Barcelona, Madrid und Lissabon einige Passagiere verlieren.

Großen Erfolg hatten wir mit der nun auf der Langstrecke möglichen Entfaltung unseres Caterings. Den Service an Bord wollte ich ja ganz bewußt als Wettbewerbsvorteil der Lauda Air darstellen. Als Grundlinie setzten wir uns in Economy Class etwa jenen Standard, den andere Airlines in Business Class erreichen; und unsere Business („Amadeus")

Class sollte sich mit jeder First Class der Welt messen können, inclusive Cathay und Singapore.

Attila Dogudan hatte mittlerweile ein gutes Jahr Zeit gehabt, sich bei der 737 auf die ganz speziellen Umstände einzulernen, die für Catering in der Luft nun einmal gegeben sind. Ich glaube, er hat in dem einen Jahr mehr gelernt, als ganze Airlines je über Küche und Service kapieren werden. Dazu hat er die nötige Intelligenz, den Fanatismus für die Qualität und die Rahmenbedingungen innerhalb von Lauda Air. Wir waren (und sind) klein genug, um keine Verluste bei der Umsetzung hinnehmen zu müssen. Keinen Menschen, am allerwenigsten mich, interessiert, warum ein Schnitzel leider nur matschig schmeckt, ob der Fehler in der Vorbereitung oder in der Mangelhaftigkeit einer Zwei-Quadratmeter-Bordküche liegt. Attila gibt seine Nahrungskette in keiner Phase aus der Hand. Wenn er unseren Flugbegleitern zumutet, die tatsächliche Garung eines Steaks an Bord hinzukriegen (anstatt das vorher gegarte Fleisch zu wärmen und damit zu zerkochen), dann ist er für den entsprechenden Ofen an Bord genauso verantwortlich wie für das Schulungsprogramm der Hostess.

Es klingt wie ein Reklame-Spruch, aber ich weiß aus dem ganzen Background des Attila, aus seinem Wesen, daß es die simple Wahrheit ist, wenn er sagt: „Woanders ist die Bordverpflegung eine Serviceleistung, die sie dazugeben. Bei uns dreht sich alles um die Gastfreundschaft."

Nun, auf den 13-Stunden-Flügen der 767, konnte Attila seine ganze Phantasie in die kleine Dramaturgie der Genüsse fließen lassen, ideal ergänzt von der Optik des Gebotenen, wofür Hannes Rausch mit gleichem Fanatismus kämpfte. Und von den Flugbegleitern verlangte ich im Rüberbringen dieser Goodies einen differenzierten Umgang mit ihrem Job: Mitdenken und Mitgestalten unserer Mehrleistung. Aufmerksamkeit und Freundlichkeit habe ich immer als Selbstverständlichkeit angesehen, auf die Art von guten Manieren, die man einfach hat. Wer sie nicht hat, braucht einen andern Job.

Die 767 bewährte sich auch in ihrer Verläßlichkeit. Wir flogen neben der Grundauslastung noch Charter, kamen auf 5300 Flugstunden im Jahr. Es dauerte anderthalb Jahre bis zur Auslieferung der zweiten 767 (die „Mozart" im Oktober 1989), und es gab bis dahin keine einzige Situation, wo uns das Fehlen einer Backup-Maschine in Schwierigkeiten hätte bringen können. Und was die Größenverhältnisse von Fluggerät zu Leistung und Reichweite betraf, hatte die Rechnung ja von der ersten Sekunde an gestimmt: 230 bis 245 Sessel paßten zu unserer Auslastung, und kein Airbus hätte Bangkok–Wien nonstop fliegen können.

Langsam dämmerte auch den Strategen unseres Landes, daß sich Österreich in Richtung EU bewegte und daß wir uns fitmachen mußten für einen Wettbewerb, der nicht länger mit Protektionismus zu verzerren war. Die Linienlizenz, die wir vorerst nur Strecke für Strecke bekommen hatten, wurde am 23. August 1990 in eine generelle Linienlizenz umgewandelt. Wir konnten endlich das tun, was der Markt erlaubte.

Wir versuchten, unsere Fernost-Routen aufzufächern (Phuket, Taipei, Seoul) und einen täglichen London-Dienst als Zubringer zu etablieren. Für Charter stellten wir eine dritte 737 in den Dienst (nun in der modernsten Version als 737-400). Unsere Charter-Stärke lag nach wie vor auf einem Dutzend griechischen Destinationen, die von ITAS gut ausgelastet wurden, aber wir flogen auch nach Zypern, Spanien, Kanaren, Mexiko und Jamaica.

Um bei dieser Expansion nicht auf wackeligen Füßen zu stehen, gingen wir 1990 an die Wiener Börse. Ein Nominale von 50 Mio Schilling an Stammaktien und 250 Mio Partizipationskapital wurden emittiert. Mit fünf Flugzeugen hatten wir uns als kleine, kompakte, außergewöhnlich schlank strukturierte Airline etabliert. Die Kenndaten des Unternehmens waren tief im positiven Bereich, wir hatten einen guten Ruf erkämpft und waren strategisch flexibler als die Monopolisten mit ihren brav erworbenen Fetträndern.

KAPITEL 6

Absturz

Sonntag, halb elf am Abend. Ich war eben nach Haus gekommen und wollte mich schlafen legen, morgen würde die ganz normale Bürowoche anfangen. Es war der 26. Mai 1991.

Das Telefon läutete, es war Frau Dr. Spera vom Aktuellen Dienst des ORF. Sie habe eine Meldung vorliegen, wonach die Lauda Air 767 des Fluges NG 4 von Bangkok nach Wien abgestürzt und eine größere Katastrophe zu befürchten sei.

„Das ist wieder einer dieser Irrtümer", sagte ich. „Es kann nicht sein, es ist nicht möglich."

Nichts anderes kam mir in den Sinn.

Wieder so ein unnötiges Drama, wie ein paar Jahre zuvor, als mich beim Abendessen auch ein Nachrichtenmensch aufgestöbert hatte, weil die Meldung hereingekommen war, ich sei mit dem Auto tödlich verunglückt. Bevor er die Nachricht tatsächlich verlas, rief er rasch noch alle Restaurants durch, in denen ich vielleicht stecken konnte. Daran dachte ich sofort: Es mußte wieder etwas auf diese Art sein.

Danielle Spera bat um einen Rückruf vor den 23-Uhr-Nachrichten. Ich rief bei uns im Büro an, ob die LAV normal unterwegs sei. LAV ist das amtliche Kennzeichen jener Boeing 767-300-ER, die wir auf den Namen „Mozart" getauft haben. Unser Dispatcher sagte, nichts Gegenteiliges sei ihm bekannt, aber ich bat ihn zur Sicherheit, über Radio Bern mit dem Flugzeug Kontakt aufzunehmen. Diese HF-Verbindung ist normalerweise der schnellste Weg zu einem Flieger irgendwo auf der Welt. Es klappte nicht, aber es klappt oft nicht wegen atmosphärischer Störungen.

Statt dessen kam der nächste Anruf der Frau Spera. Neue Meldung aus Thailand:

„Ein Flugzeugabsturz ist bestätigt, auch die Identität ist confirmed: Lauda Air NG 4, sie ist nordwestlich von Bangkok auf thailändischem Gebiet abgestürzt, an der Grenze zu Burma."

Ich rief noch einmal im Büro an, dort hatten sie nun auch schon eine Meldung aus Bangkok. Ich zog mich sofort an, fuhr zum Flughafen raus.

Warum, wieso, wie, was, wo, war das einzige, was ich denken konnte. Die Wucht der Fragen erdrückte jede andere Regung. Otmar Lenz war schon da, und Attila Dogudan, und laufend kamen mehr Lauda Air-Leute an, ganz automatisch waren da zehn bis fünfzehn Leute im Büro.

In irgendeinem Moment muß uns klargeworden sein, daß es WIRKLICH passiert war.

Keiner soll überlebt haben. 223 Opfer, 213 Passagiere, 10 Crew.

Von einem Augenblick auf den anderen kriegte alles enorme Beschleunigung. Bevor wir noch ernsthaft diskutieren konnten, was als erstes zu tun sei, und als zweites und drittes, kamen Leute vom Flughafen und sagten, ein anonymer Anrufer habe behauptet, es war ein Irrtum.

„Eine Maschine von United Airlines hätte gesprengt werden sollen. Die beiden Maschinen sind in Bangkok verwechselt worden."

Jetzt waren auch schon Journalisten am Flughafen, die bekannten österreichischen Gesichter und Mitarbeiter von Fernsehstationen. Ich empfand es irgendwie normal, wie in Trance zu reagieren. Daneben konnten wir immerhin eine Organisation für die Vorgänge der nächsten Stunden aufbauen, und sobald die irgendwie stand, war für mich klar: Als allererstes mußte ich runter nach Bangkok. Ich mußte begreifen, was tatsächlich passiert war. Dieses Begreifen war für mich der einzige Schlüssel, um die Katastrophe in irgendeiner Weise fassen zu können und zu jener Besinnung zu kommen, aus der sich dann alles weitere logisch ergeben würde.

Lenz sollte hier bleiben, um alles so weit wie möglich zu organisieren. Inzwischen war aber schon längst Chaos ausgebrochen, denn der Horror, den wir jede Minute am Teletext ablesen konnten, war durch diesen ersten Bombenalarm noch irrationaler geworden, hatte sich verselbständigt. Inzwischen waren die Angehörigen aufgeschreckt worden, riefen natürlich an, alle Leitungen waren hoffnungslos überlastet, die planmäßige Ankunftszeit der Maschine kam näher, irgendwer von uns mußte rübergehen in die Ankunfthalle, dazwischen aber warteten schon Dutzende Journalisten, ein Problem stürzte über das andere.

Ich zog einen Fixpunkt ein: Ich würde definitiv noch am Vormittag nach Bangkok fliegen. Die rascheste Verbindung war mit KLM über Amsterdam, ab Wien um 10.00 Uhr am Vormittag.

So fuhr ich etwa um fünf in der Früh rasch heim, packte mein Zeug und fuhr wieder raus, da war es etwa halb sieben. Ich spürte geradezu körperlich diesen ungeheuren Druck, der auf allen lastete. Wir mußten uns zusätzliche Telefonleitungen verschaffen, um überhaupt mit allen reden zu können, die das wollten.

Den Journalisten sagte ich das Wenige, das wir wußten, Absturz, praktisch keine Chance auf Überlebende, also 223 Todesopfer zu befürchten, keine Ahnung von der Ursache. Alle Gerüchte waren völlig sinnlos, aber natürlich verhedderte man sich in welchen, etwa in der abstrusen Bombenmeldung. Es kamen neue Gerüchte auf, auch schon erste Anschuldigungen, zu laxe Kontrollen und was weiß der Teufel. Es war schwierig, in einem Strudel von Irrationalitäten klaren Kopf zu bewahren und nicht genauso irrational zu reagieren. Abgesehen von ganz kurzen Momenten gelang es mir, die Grundlinie nicht zu verlassen. Die war: Gerüchte und Thesen nicht mit Fakten zu vermischen, und es gab nur ein einziges Faktum zu diesem Moment. Die Maschine war abgestürzt.

Nun also: Der Flug nach Amsterdam, dann Bangkok. Beim

Abflug kriegte ich noch die korrigierte Fassung der Bomben-geschichte mit, inzwischen war die Flughafen-Telefonistin von der Kripo einvernommen worden. Jetzt klang es schon sehr viel differenzierter, viel verwaschener, eigentlich un-brauchbar: Ein Deutscher, der auf Urlaub war, hatte irgend-wen was sagen hören, und deswegen meinte er … undso-weiter. Der „anonyme Anruf" war also bloß das Geschwafel eines Wichtigmachers gewesen.

Es war ein ganzer Trupp Journalisten auf dem Flieger, die meisten kannte ich, und ein paar Männer vom Innenministe-rium mit dem Oberstleutnant Rupf. Für die Journalisten war es ein „Fall", sie quatschten und rätselten und spielten mit irren Ideen herum. Ich hab dann einmal kurz aufgebrüllt und klargestellt, daß das ganze Herumraten nichts bringt und überhaupt lächerlich ist, weil wir eben nichts wissen. Dann mußte ich ihnen noch erklären, daß das für mich keine Presse-reise war, wie ich schon so oft mit Journalisten irgendwohin geflogen bin. Man möge sich doch bitte meinen Seelen-zustand ausmalen und versuchen, aufeinander Rücksicht zu nehmen, so gut es eben ginge. Das hat gewirkt. Bis Bangkok.

Wir landeten um etwa 5.00 Uhr früh.
Ich hatte nicht mit diesem Medienrummel gerechnet, nicht in Bangkok, nicht zu dieser Stunde. Es waren gut 50 Journali-sten da, jede Menge Fernsehkameras, als sollte jetzt die ganze Tragweite der Katastrophe vor mir ausgebreitet wer-den. Ich war so unglaublich mittendrin, auf nie gekannte Weise, die nichts mit all dem Rummel zu tun hatte, den ich schon oft erlebt hatte, Sieg oder Niederlage. Im fremden Land, wo mich die Menschen nicht kennen und ich normal meine Ruhe hätte, wurde das noch viel deutlicher: Lauda, der Katastrophenmensch. Ich war Mittelpunkt, weil 223 Men-schen zu Tode gekommen waren.

Ich war auch deshalb Mittelpunkt, weil ich es immer so gewollt hatte, weil ich in jedem Detail meiner Airline invol-viert war und daher auch eine direkte Verantwortung spürte für das, was hier passiert war. Jeder Schmarrn in diesem Unternehmen wird so umgesetzt, wie ich mir das vorstelle, also war ich auch jetzt der Hauptakteur, ganz automatisch.

Außerdem habe ich einen irren Glauben an die Technik. Ich glaube daran, daß solche Flugzeuge nicht abstürzen. Die Boeing 767 war ein seit neun Jahren bewährter Flugzeugtyp, in mehr als 350 Exemplaren gebaut, ohne ein einziges Unglück. Die „Mozart" war vor anderthalb Jahren ausgeliefert worden.

Bis zu diesem Zeitpunkt war meine These, daß der Absturz einer modernen Passagiermaschine eigentlich nur durch menschliches Fehlverhalten zustandekommen kann. Ich glaubte an die Philosophie der einander überlappenden Sicherheitssysteme, bei denen jede mögliche Fehlfunktion durch eine übergelagerte Funktion korrigiert wird. Und jede Überlagerung hat wieder ihre eigene Kontrolle, bis rechnerisch praktisch keine Möglichkeit des Totalversagens übrigbleibt.

Aus der einleuchtenden Logik dieser Sicherheitssysteme zog ich die Überzeugung, daß ein Flugzeug nicht runterfliegt, solang der Mensch da oben genau das tut, was er gelernt hat.

Aber warum sollte gerade meine Crew etwas anderes getan haben? Thomas Welch war ein 48jähriger Amerikaner mit 11 750 Stunden Flugerfahrung, davon 1 150 auf der Boeing 767. Und der 41jährige österreichische Copilot Josef Thurner hatte 6 500 Flugstunden, davon allein 1 200 auf 767.

Sollte es wirklich Verschulden einer meiner Leute sein, so hatte ich nicht den Funken einer Idee, wie die ganze Katastrophe zu bewältigen sei.

Vorerst ging es darum, so schnell wie möglich zur Unfallstelle zu kommen. Ich war einfach getrieben, ich mußte verzweifelt zu der Stelle, egal wie. Es gab in mir noch keinen Platz für differenziertere Gefühle, alles war zugeschüttet von diesem Nichtverstehen.

Der Chef des Thai Aviation Departments hieß Sisruk Chamkarangsuk, mit ihm und noch zwei Thais flog ich im

Hubschrauber voraus. Wir landeten in einem Ort in der Nähe der Unglücksstelle in der Provinz Suphan Buri. In einer Lehmhütte von einem Polizeiquartier präsentierte man dem General Sisruk den Cockpit Voice Recorder und Flight Data Recorder unserer Maschine. Da hat es mich irrsinnig gerissen, als ich plötzlich konfrontiert war mit diesen Trümmern, das eine total verbrannt, das andere halb zerstört. Jetzt war der Absturz zum ersten Mal körperlich konkret.

Meine innere Unruhe steigerte sich bis zur Wut durch die vielen Journalisten, die zum Beispiel Fotos von mir und den Recordern stellen wollten, als hielte ich Trophäen in der Hand. Überhaupt waren die Journalisten eine Plage, die mich dran hinderte, so schnell wie möglich weiterzukommen. Ich ging nach draußen, bis der General, der absolut okay war, seine Amtshandlung fertig hatte. Dann stiegen wir endlich in ein Auto und fuhren zur konkreten Absturzstelle.

Die Fahrt dauerte drei mühsame Stunden, auf unbefestigten Wegen durch ebenes Gebiet mit Reisfeldern. Irgendwann tauchten am Horizont Hügel mit extrem dichtem Dschungel auf. Diese Erhebungen, von den Einheimischen „Rastplatz der Elefanten" genannt, waren deshalb auffallend, weil sie aus völlig flachem Gebiet sprangen, vielleicht 200 bis 300 Meter hoch. Immerhin: Hügel, die gleich wieder die Gedanken kreisen lassen. Technischer Defekt? Gewitter? Niedrige Flughöhe? ... und so weiter, aber ich bemühte mich, nicht gleich jedem einschießenden Gedanken nachzurennen.

Als wir den Anstieg erreichten, sah ich die ersten Gegenstände aus der Maschine: Teile vom Catering, Besteck, und Pölster. Ein unbeschreibliches Gefühl, das vertraute Kleinzeug am Rand des Urwalds verstreut zu finden. Es waren nur kleine, leichte Gegenstände. Mit Dauer der Fahrt wurden sie größer, jetzt wurde diese unheimliche Gewalt spürbar, die ein Flugzeug derart zerrissen hatte, daß Zehn-Zentimeter-Gegenstände über Kilometer verstreut werden konnten.

Was hatte ich zu sehen erwartet? Ich wußte es nicht, hatte mir keine Vorstellung gemacht.

Kleine Blechteile, Decken, Container, die Teile wurden größer. Wir kamen zu einem Camp, dem provisorischen Headquarter der Such- und Aufräummannschaften. Ich hatte mich inzwischen mit zwei Experten zusammengetan, sie würden aus Gegenständen oder Anhaltspunkten vielleicht raschere Schlüsse ziehen als ich. Der eine war Elmar Shor, der Boeing-Mann in Wien, der andere Cecil Sheppard, der sich am Flug nach Bangkok bei mir vorgestellt hatte: Er war von Lloyd's geschickt, um schnell eine Idee zu kriegen, ob es sich um „Kriegsrisiko" handeln könnte. Er war auch in Lockerbie 1988 dabei gewesen.

General Sisruk blieb bei uns, ein Mann aus dem Camp führte uns im Jeep.

Der erste große Teil war der Schwanz des Flugzeugs, wo man einen Teil des Heckruders sah und einen Haufen Blech. Sheppard und Shor stiegen im Gebüsch herum und fotografierten, ich stand an der Straße, wo ein Fernsehteam nach dem andern antanzte und völlig sinnlose Interviews wollte, denn es gab einfach nichts zu sagen. Ich knurrte sie nur an und verweigerte.

Die Thais führten uns herum, stundenlang. Je näher wir zu den großen Teilen vordrangen, umso ungeheuerlicher wurde das Ausmaß der Katastrophe. Ich versuchte, mich innerhalb des Wirrwarrs von einem Fixpunkt zum anderen weiterzuarbeiten, aber es gab nur wenige: Da war das vordere Cargo-Compartment, die Tür war verschlossen. Cargo-Tür konnte man also abhaken, aber daran hatte ich ohnedies nie gedacht.

Ich wurde weitergeführt durch nun immer dichteren Wald. Ich stieg auf was Weiches, sprang erschrocken zurück. Es war die Leiche eines chinesischen Passagiers. Die Arme fehlten, und ein Teil der Beine. Der Kopf war intakt, aber schon stark aufgebläht, mit halbgeschlossenen Augen, die Zunge hing aus dem Mund.

Die Thais versuchten, mit irgendwelchen Fetzen die Leichen aus dem Urwald zu zerren.

Man führte mich dann zu Flugzeugteilen, die relativ leicht zu identifizieren waren, ein Teil des Flügels, ein Teil eines Triebwerkes, wo man eigentlich nur erkennen konnte, daß praktisch nichts übriggeblieben ist. Zum Beispiel das riesige Federbein des Fahrwerks: Von dem Zwei-Meter-Ding waren vielleicht noch zwanzig Zentimeter da. Das eine Triebwerk, das ich sah, hatte ein etwa acht bis zehn Meter tiefes Loch in die Erde geschlagen, war wieder hochgeschleudert worden und einen Hang hinuntergerollt, als Triebwerk war es nur an ein paar Kleinteilen zu erkennen.

Es gab einen Blechteil der Außenhaut, der ursprünglich drei bis vier Meter lang und etwa drei Meter hoch war, mit Fenstern, das war das einzige Stück, an dem ich noch die Farbe des Flugzeugs erkennen konnte, das Grau mit den rot-weiß-roten Strichen. Neben dem Kleinzeug wie Löffeln und Sitzüberzügen war dies der einzige Teil, woraus man klar schließen konnte: Lauda Air.

Es begann zu regnen. Wir waren jetzt mitten im Dickicht, auf aufgeweichtem Boden, der immer schlammiger wurde. Zwei Reporter vom „Stern", die sich genauso durchwühlten wie ich, fragten, ob ich schon das Cockpit gesehen hätte. Nein, also gingen sie voran, eine halbe Stunde quer über die Hänge, durchs Buschwerk. Ich hatte überhaupt keine Orientierung, der Dschungel war nun völlig dicht und verwachsen, hatte sich über den Flugzeugtrümmern schon wieder geschlossen. Es konnte auch nur wenig gebrannt haben, jedenfalls nicht in einer zusammenhängenden Fläche. Der süßliche Leichengeruch wurde immer intensiver, die Männer hatten Schutzmasken, ich natürlich nicht, ich war nicht im geringsten auf die Situation vorbereitet, hatte noch die Kleidung vom Flieger an.

In einem Bachbett lag ein Teil des Cockpits, kaum als solches auszumachen, aber an der Hose war ein Pilot zu erkennen. Die Thais versuchten ihn zu bergen. Sie wickelten ihn in ein Tuch, das sie an einen dicken Ast knüpften. Mit dem Ast auf den Schultern kletterten sie die Böschung rauf, verloren die Leiche auf halbem Weg, sie kollerte wieder hinunter. Eine Alptraum-Situation nach der anderen, unaufhörlich.

Daneben Kinder und Frauen, die nichts anderes dort zu tun hatten, als diese Sensation zu nützen. Sie nahmen alles, was ihnen von Wert schien, Uhren, Ringe, Schuhe, Bekleidungsstücke, Koffer, es herrschte Regsamkeit wie auf einem Flohmarkt. Zu Hunderten schwärmten sie mitten durch die Bergungsaktion. Das Gebiet war in keiner Weise abgeriegelt, jedenfalls nicht am Dienstag. Sicherlich war das Gebiet denkbar ungünstig für eine wirksame Sperre, aber es waren immerhin dreißig Stunden vergangen, seit die Größenordnung der Katastrophe erkennbar war.

Die Diskrepanz zwischen der eigenen, ans Unerträgliche grenzenden Betroffenheit und der erwartungsfrohen Sammelleidenschaft der Bevölkerung hätte größer nicht sein können. Zu diesem Zeitpunkt wurde noch gar kein Versuch gemacht, die Fledderer und Neugierigen aus dem Arbeitsbereich der Bergungsmannschaften zu bringen. Und die Helfer waren auch in keiner Weise gerüstet. Wichtigster Behelf waren Fetzen, in die die Leichen eingewickelt und zum Abtransport durch Jeeps nebeneinander gelegt wurden. Solche Zwischenstationen wurden an mehreren Stellen der unbefestigten Wege angelegt.

Ich war dabei, als Helfer das Cockpit durchsuchten und Dinge sicherstellten, die Bücher der Piloten, persönliche Kleinigkeiten wie Autoschlüssel und die Handtasche der Hostess. Mit jedem dieser persönlichen Gegenstände kriegte die Katastrophe noch einen zusätzlichen, ganz privaten Blitzschlag, der mich durchzuckte und beutelte.

Nach vier oder fünf Stunden des Suchens und Prüfens wurde ich von einem Leichenjeep zurück ins Lager gebracht. Jetzt sah ich zum ersten Mal ordentliche Säcke, die mit einem Zipp zu verschließen waren und einen halbwegs ordentlichen Abtransport der Leichen zuließen.

Als ich im Lager ankam, traf gerade der Trupp ein, der das Cockpit durchsucht hatte. Die Handtasche wurde geöffnet, der Inhalt war völlig intakt, Lippenstift und so weiter. Der Paß wurde aufgemacht, ich kannte das Mädchen, sie war Purser auf dem Flug. Der österreichische Paß, ein vertrautes Gesicht lächelt dir entgegen.

Man hatte auch die Tasche des Copiloten Josef Thurner gefunden. Es gab ein Papier mit Diagrammen und einer Notiz, die irgendwas mit „engine" und „fire" zu tun hatte. Sofort entstand das Gerücht, dies sei ein in letzter Sekunde gekritzelter Hinweis auf die Absturzursache. Mir war aber klar, wo das Papier hingehörte: Es stammte sozusagen aus dem Hausaufgabenheft, etwa vor einem Simulator-Check. Jeder Pilot macht sich persönliche Anmerkungen, die sich bis zu einem privaten Informationshandbuch auswachsen können. Somit gab es eine zusätzliche falsche Spur, aber längst nicht den kleinsten seriösen Anhaltspunkt für den Auslöser der Katastrophe.

Mit Sisruk flog ich im Hubschrauber zurück nach Bangkok. Wir hatten absolut null Hinweise auf die Ursache des Absturzes. Keine Spuren von Explosion oder Feuer an Bord. Der War Risk-Experte der Versicherung hatte auch nichts gefunden.

Sicher indes war, daß das Flugzeug in der Luft auseinandergebrochen war. Die Trümmer waren noch weiter verteilt als in Lockerbie, sagte Sheppard (stimmte allerdings nicht, stellte sich nachher raus), und bei den Aussagen der Bauern waren „mehrere Explosionen" und auch ein „Feuerball" vorgekommen. Die Medien waren gern bereit, sich auf eine Explosion festzulegen, nicht aber die Thais. Explosion würde Bombe bedeuten, und die würde die Sicherheitsvorkehrungen des Flughafens Bangkok ins schiefe Licht rücken. Sisruks Formulierung gegenüber den Journalisten war:

„Please do not use the word explosion. Please write, the plane disintegrated."

Ich fragte den General, wie es nun weiterginge. In drei bis vier Wochen würden Flight Data Recorder und Voice Recorder ausgewertet sein, sagte er.

133

Warum das so lang dauern muß?

Das sei eben die normale Zeit.

„Ist Ihnen klar, daß mittlerweile soundsoviele 767 auf der ganzen Welt herumdüsen und möglicherweise von dem gleichen Defekt bedroht sind, der unsere Maschine runtergebracht hat? Übernehmen Sie die Verantwortung? Warum schicken Sie das Zeug nicht blitzartig dorthin, wo es untersucht werden kann?"

Sisruk kapierte das, und tatsächlich lagen die beiden Geräte drei Tage später dort, wo sie hingehörten: In den Labors des NTSB (National Transportation Safety Board) in Washington.

In Bangkok fuhr ich ins Hotel zurück, um zu duschen und mich umzuziehen. Ich traf eine Lauda-Air-Crew und holte die beiden Piloten zu mir aufs Zimmer, um gemeinsam das Band von der Radarkontrolle in Bangkok abzuhören, das man mir kopiert hatte.

Das Band war kaum zu verstehen, aber es gab auch einen Ausdruck davon.

Zuerst war alles ganz normal. Freigabe-Anfrage für 31 000 Fuß, Freigabe, Rückmeldung, dann lange nichts.

Dann ruft die Radarkontrolle Bangkok den Flieger: *Lauda Four.*

Keine Antwort. Ruft wieder, nichts.

Lauda Four, read again. Lauda four, Lauda four.

Dann ruft Bangkok die nächste Kontrolle, Rangun, und fragt, ob Lauda Four schon drüben ist. Negativ. Dann zehnmal:

Lauda Four, Lauda Four …

Vor uns also das Dokument des Verschwindens von Lauda 4 vom Radarschirm der Bangkok Control. Nicht der kleinste Hinweis auf irgendwas. Man weiß bloß: Was auch immer passierte, es muß sich blitzartig ereignet und keinen Spielraum für irgendwelche Aktionen gelassen haben.

Das paßte wieder gut in die Bombengeschichte. Die Journalisten, die mich schon den ganzen Tag gepeinigt hatten, waren nun auch im Hotel und wollten nur Bombe, Explosion, wumm, hören. Drum verkrallten sie sich ins Thema Gepäckkontrolle, ob wir zu lasch waren, ob die Bangkok Airport Authorities zu lasch waren undsoweiter. Ich konnte nur sagen, daß Lauda Air nicht anders gecheckt wird als irgendeine andere Airline, daß für Bangkok dieselben Sicherheitsnormen gelten wie für jeden anderen Airport der Welt und daß eine Bombe die reinste Spekulation ist, durch nichts erhärtet.

Für mich persönlich waren Schmerz und Trauer in dieser Phase überhaupt nur zu ertragen, indem ich mich mit jeder Faser für die rascheste Aufklärung einsetzte. Es konnte 223 Menschen nicht mehr lebendig machen, konnte auch den Schmerz der Angehörigen nicht lindern, aber zumindest für mein Leben und für die Zukunft der Lauda Air machte es den ganzen Unterschied: Zu wissen, ob wir den Unfall verschuldet hatten oder ob er uns nur zufällig getroffen hatte, aus höherer Macht.

Der Bangkok-Trip hatte mich, was Informationen betraf, nicht weitergebracht. Er hatte mir nur das Ausmaß der Katastrophe mit einer unvorstellbaren Intensität eingebrannt. Der „Spiegel" schrieb in seinem Bericht von der Absturzstelle:

„Der erschöpfte Niki Lauda ... wirkte mit seiner schmutzverschmierten Kleidung und seinen von einem Rennunfall herrührenden Brandnarben am Kopf fast wie der einzige Überlebende des Unglücks."

Es traf mich unvergleichlich tiefer als mein eigener Unfall 15 Jahre zuvor. Der Nürburgring hatte in keiner Phase das Erdrückende dieser Katastrophe gehabt.

Beim Einchecken in Bangkok traf ich die Lufthansa-Crew, mit der ich nach Frankfurt fliegen würde. Der Captain erzählte, wie er die „Mozart" gesehen hatte, als er zum Gate rollte. Die Lufthansa-Leute hatten noch unsere Crew getroffen, hatten unseren Flieger noch wegrollen sehen, mir kam das Heulen hoch. Die Menschen dieser Lufthansa-Crew waren außerordentlich. Wie sie den richtigen Ton fanden und mir als Kollegen ihre Betroffenheit ausdrückten, war unendlich wohltuend zum Ende dieses Alptraum-Tages. Kleinigkeiten, Worte, Gesten kriegen in solchen Momenten immense Bedeutung, die zwei Rosen, die mir die Purserette schenkte.

Aber das Erwachen in Frankfurt! Am Flughafen kam ich beim Zeitungsstand vorbei. Unübersehbar: „Bild" mit dem Aufmacher „Lauda – zieht dieser Mann das Unglück an?" Der Artikel im Innenteil war überschrieben mit „Niki Lauda, er kann sich nicht bremsen, er ist ein Abenteurer." Ich war fassungslos, wie man in einem einzigen Artikel soviel Schmarrn und Unwahrheiten unterbringen konnte. Bombe, natürlich, und eine Diplom Psychologin beurteilte mich anhand von „Facts" aus meinem Leben. Zum Beispiel:

Dann 1985: Beim Großen Preis von Australien setzte er seinen Lotus gegen eine Mauer. Beim nächsten Rennen ist Lauda wieder dabei. Psychologin Brauer: „Typisch für einen Mann, der immer Nr. 1 sein will."

Erstens bin ich nie Lotus gefahren, zweitens hatte ich in Australien 1985 einen Bremsdefekt, drittens war es zufällig das letzte Rennen meines Lebens gewesen.

Ich war aber gar nicht in der Lage, mir solchen Schwachsinn nahegehen zu lassen. Ahnungslosigkeit, Gerüchtemacherei und Böswilligkeit würden in den kommenden Tagen die wahre Katastrophe bis zur Unkenntlichkeit überdecken, und ich mußte einfach mittendurch, so geradlinig es nur gehen konnte.

Auf dem Flug von Frankfurt nach Wien saß ein deutscher Geschäftsmann neben mir. Er schaute mich an und sagte:

„Was Ihnen widerfahren ist, ist sicher nicht lustig, aber irgendwie kommen Sie da schon durch." Das hat er einfach so gesagt, nach keinen Details gefragt, mich nicht belästigt, sondern einfach ganz trocken diesen einen Satz gesagt und dann Zeitung gelesen. Nach der Lufthansa-Crew von Bangkok war das der zweite Lichtblick in dem ganzen Desaster.

Es war Mittwoch, rund 60 Stunden nach dem Absturz. In Wien versuchte ich, mich allem zu stellen.

Ich stellte mich auch den Journalisten, soweit es machbar war. Denen schien unverändert die Bombengeschichte am liebsten zu sein, und so suchten sie nach Motiven und Hintermännern.

„Bild" wiederholte auf der Titelseite die Zeichnung einer in der Luft explodierenden Lauda Air-Maschine. Explosion im hinteren Drittel, detailgenau fliegen Menschen durch die Luft. Bildunterschrift: „So sieht BILD-Zeichner Alexander Hess den Augenblick der Explosion: Eine gewaltige Detonation zerreißt die Boeing 767-300, Trümmerteile schießen in den Nachthimmel. Sekunden später zerbricht die Maschine."

Im Innenteil stand: „Vieles, so vieles spricht für Drogen und Mafia-Methoden."

Immerhin mußte man jedem kleinsten Hinweis nachgehen, also auch vagen Andeutungen in Richtung Drogenszene. Angeblich sei ein berühmter amerikanischer Drogenfahnder an Bord gewesen, vielleicht hatte man seinetwegen die ganze Maschine runtergeholt. In anderen Versionen war die Wiener Polizei bereitgestanden, um einen mit unserer Maschine ankommenden Dealer zu verhaften, angeblich sei an der Absturzstelle Heroin gefunden worden, angeblich dies, angeblich das.

Die Interviews waren entsprechend mühsam, weil man mir nur ungern zurück zur Grundlinie folgen wollte: Wir müssen die Facts finden, dürfen uns nicht in Gerüchten verheddern.

Daneben wurde es kritisch für die Firma. In der Größenordnung der damaligen Lauda Air warf das Fehlen eines Großfliegers den halben Betrieb über den Haufen. Es war Hochsaison für Fernreisen, und offensichtlich dachte kaum jemand daran, wegen des Unglücks den nächsten Lauda-Flug zu stornieren. Um schweres Geld kauften wir Subcharter bei anderen Firmen ein, etwa bei „Monarch", um die voll ausgebuchten Charters nach Jamaica fliegen zu können. Bei der regulären Bestellung einer neuen 767 bei Boeing wäre die Wartezeit rund ein Jahr gewesen.

Ich erinnerte mich an einen Besuch in der Redaktion von „L'Equipe" vor zwei Monaten. Da hatte ich in Le Bourget eine 767 der UTA gesehen, offensichtlich als Langzeitparker. Otmar Lenz rief in Paris an, ja, die Maschine sei frei, man könne über Leasing verhandeln.

Also mußte ich nach Paris, von dort würde ich gleich weiter nach Washington fliegen, wo bereits für Samstag die Untersuchung von Voice- und Flight-Data-Recorder angesetzt war. Das war innerhalb einer Woche seit dem Absturz, also sehr viel schneller als nach dem ursprünglichen Zeitplan der Thai-Behörden. Mein Anschieben in Bangkok dürfte die Dinge beschleunigt haben.

Die UTA-Leute holten uns in Paris ab, wir schauten uns die Maschine an. Tatsächlich: Da stand eine funkelnagelneue 767-300, Pratt & Whitney-getrieben. UTA hätte mit dieser Maschine für Air France fliegen sollen, aber es hatte sich ein Streit über die Kollektivverträge ergeben, der letztlich den Flieger lahmlegte.

Die UTA-Leute hatten eine gute Wellenlänge für unsere Sorgen, ihnen war eine DC-10 in Algerien gesprengt worden. Sie wußten, was ein *Notfall* ist.

Jedenfalls kamen wir mit den Franzosen rasch klar, konnten sogar eine weitere 767, deren Auslieferung an UTA bevorstand, in unseren Farben lackieren lassen und dann gegen die erste Maschine austauschen. Und diesen ersten Flieger bekamen wir in sagenhaft rascher Zeit: Innerhalb einer Woche hatten wir die französische Zulassung, wurden alle Pilotenlizenzen umgeschrieben, und wir konnten das Ding in Betrieb nehmen. Das war unglaubliches Glück, und wenigstens vom täglichen Ablauf her konnte die Firma wieder halbwegs funktionieren.

Ich selbst flog von Paris gleich nach Amerika weiter. Es war Freitag, sechs Tage nach dem Absturz. Die ununterbrochene Anspannung mit immer neuen Aufregungen hatte mich fürs erste über das riesenhafte schwarze Loch getragen, hatte Schlafmangel und Erschöpfung überspielt. Jetzt wurde es kritisch.

Alle Umstände des Flugs nach New York waren gräßlich. Der Nachbar, der ganze Airbus, die Lieblosigkeit des Personals. Vielleicht kam ich auch zum ersten Mal dazu, mich meinem namenlosen Zustand wirklich auszuliefern. Bisher hatte ich das Erdrückende der ganzen Katastrophe einfach wie in Trance mit mir herumgeschleppt, jetzt, beim Stillsitzen im Flieger, sickerte es in mich ein. Trauer, Sorge, Wut und die brennende Ungewißheit, natürlich auch Selbstmitleid: Was hatte ich denn getan, daß gerade ich im Mittelpunkt eines derart überdimensionalen Desasters stehen mußte?

In Kennedy war ich fertig, körperlich und seelisch. Ich trottete zum PanAm-Schalter, gab mein Ticket her. Der Mann schaute es an, schaute mich an, machte zwei Striche durch, gab mir das Ticket und sagte „Stand By".

Ich hatte mich zuvor nicht um das Ticket gekümmert, keine Ahnung gehabt, daß ich Stand By nach Washington war.

Als der PanAm-Mann „Stand By" sagte, war mir zum ersten Mal seit sechs Tagen alles wurscht. Ich dachte, habt's mich gern. Aus. Tilt.

Dann wieder: Ich muß nach Washington. Aber wie? Soll ich heulen? Soll ich nicht heulen? Ich war ferngesteuert, aber der Steuermann war nicht am Posten.

Ich drehte mich um, ging in die Halle zurück und hockte mich hin. Zu mehr war ich nicht imstande. Wie wenn ich Prügel gekriegt hätte und nicht mehr zurückhauen kann. Ich starrte auf das Ticket ohne irgendeine Erkenntnis. Ich war nahezu ohnmächtig, es war mir alles egal, ich konnte nicht mehr. Ich würde hier sitzen bleiben, einfach sitzen bleiben.

Ich konnte auch nicht schlafen. Außer Race Fans kennt mich normal kein Hund in Amerika, aber jetzt war alles anders. Das Fernsehen hatte den Crash über mehrere Tage in den Headline News gehabt. Jeder fünfte oder sechste, der vorbeikam, hielt inne, starrte mich an und mußte unweigerlich was sagen. Eigentlich sagten sie alle:

„Oh. – Niki Lauda. Airplane Crash", und warteten darauf, daß ich auch was sagte, zum Beispiel:

„Yes. Airplane Crash."

So ging es etwa eine Stunde lang. Alle paar Minuten:

„Oh. – Niki Lauda."

„Yes."

Nach einer Stunde ungefähr kam irgendein fetter Ami, sagte den üblichen Spruch, ich sagte Yes, dann fragte er, was ich hier täte.

„Ich sitze hier. Stand-By-Ticket."

Es war ein PanAm-Mann. Er führte mich rauf in die Lounge. Der Raum war völlig finster, nur an der Reception saß ein Mann hinter einer Lampe. Wir müssen Strom sparen, erklärte mein Helfer. Irgendwie fand ich das in meinem Zustand beeindruckend, daß die Leute im Finstern sitzen, weil PanAm Strom spart. Auch die Air Condition lief sparsam, es war stickig heiß.

Sie schafften es, ein brauchbares Ticket aufzustellen. Flug in einer Stunde, vielleicht, denn dauernd wurden Flüge wegen Thunderstorms gecancelt. Aber es war mir vollkommen egal.

Nach insgesamt etwa vier Stunden wurde mein Flug aufgerufen. Rein in den Bus, der fuhr zu einer Dash 7, ließ uns aussteigen. Falscher Flieger. „Wrong, folks! Wrong, folks!"

Der nächste Versuch klappte, 40 Leute wurden in die Dash gepfercht, neben mir eine Hundert-Kilo-Lady, schweißüberströmt, es hatte 50 Grad im Flieger. Der Captain meldete sich mit „Good evening. First the bad news."

Wir waren Nummer 19 oder irgendso in der Take-Off-Reihenfolge. Die Nachbarin schwitzte, die Hostess rannte mit Peanuts herum. Mir war alles recht.

Um drei Uhr früh kamen wir in Washington an. Taxi, Hotel, Bett, tot.

Netterweise weckte mich ein Mann der FAA (Federal

140

Aviation Authority) um 9 Uhr, er wußte von Boeing, daß ich kommen würde. Er erwartete mich um elf im NTSB-Building.

So war es auch. Er führte mich in einen eher kleinen Raum, in dem nur Flugzeugtrümmer herumlagen: Hydraulikleitungen, Glumpert, ausgebrochene Flächen, wie in einer Rumpelwerkstatt.

Wir warteten. Es kamen drei Thais und ein Mann von unserer Botschaft. Es sollte noch auf Beamte der österreichischen Flugbehörde gewartet werden, aber ich hielt das nicht mehr aus, machte Dampf. Ich wollte in zwei Stunden wissen, was los war.

Es gab zwei Experten für das Handwerkliche, jeder nahm sich einen der beiden Recorder vor. Gott sei Dank. Wenn zwei arbeiten, geht es schneller.

Der Flight Data Recorder war eine verbogene Kiste. Der Mann schaute prüfend, zog sich langsam Handschuhe an und begann an dem Blechtrumm zu sägen. Der Voice-Recorder-Mann kam rüber und quatschte und half dem anderen beim Sägen. Mühsam, dachte ich: Bitte, geh doch rüber und mach da drüben weiter, damit was geschieht. In der Zwischenzeit hatten sich die Thais und unser Mann von der Botschaft verkrümelt, ich schaute beim Sägen zu.

Endlich kam aus der dicken Ummantelung der wirkliche Flight Data Recorder zum Vorschein, er sah etwa aus wie ein Taschen-Recorder, einen Hauch größer. Er müsse 1100 Grad aushalten, sagte der Sägemeister, und die neunzigfache Erdbeschleunigung.

Schon beim Aufschrauben sagte er: „Das schaut nicht gut aus.“

Als er dann endlich den Deckel runternehmen konnte, sahen wir die Bescherung: Das ganze Innere, ein Eisenband, war total aufgelöst, verschmort, jedenfalls unbrauchbar. Eigentlich seltsam für ein Ding, das ausschließlich dafür konstruiert wurde, um Katastrophen zu überdauern.

Alle Chancen lagen nur noch beim Voice Recorder. Jedes

Passagierflugzeug hat ein solches Gerät, das auf einem Endlos-Tonband die Cockpit-Geräusche der jeweils letzten dreißig Minuten aufnimmt.

Der Bearbeiter hatte es nicht im geringsten eilig, quatschte lieber mit dem Data-Mann. Ich hielt es nimmer aus:

„Can you please ... "

Dem war das ganze völlig wurscht. Er holte was zum Essen. Dann begann er den Voice Recorder umständlich zu fotografieren. Ich war am äußersten Limit von Wut und Verzweiflung.

Nach einer Ewigkeit begannen beide mit dem Zersägen des Voice Recorders, gingen dann ins Laboratorium und fischten tatsächlich ein Band raus, ein ganz normales schmales Magnetband.

Alles geschah in Zeitlupe. Die Verlängerung des Bandes, das Kleben, das Aufrollen und Umspulen, es war nicht auszuhalten. Ich marschierte eine Runde durch das Gebäude.

Das Band war fertig eingespannt, parat zum Abspielen. Nun fehlten die anderen, die beim ersten Abhören dabeisein sollten: Die Thais, ein Mann von Boeing, der Mann von unserer Botschaft. Sie machten Sightseeing durch das weitläufige Gebäude. Ich wetzte über die Feuerstiegen, rannte durch jedes Stockwerk, fand sie, scheuchte sie runter zu uns.

Mit der Zeit waren alle da, faßten Kopfhörer aus. Unser Mann hielt eine Einleitung, erklärte die Knöpfe. *Bitte, tu weiter!*

Haben alle verstanden?

Ja, *bitte.*

Er schaltete ein.

Ich hörte unseren Copiloten, Thurner: „Do you want me to delete this speed restriction?" – was sich auf das Aufheben des Limits im Airport-Bereich bezieht, der Flieger ist also schon ein paar Minuten in der Luft.

Captain Welch: „Yeah."

Der Beamte vom NTSB schaltete das Band aus.

Hey, laß das, wir sind ja richtig.

„Nein, wir müssen zurück an den Anfang."

Zurück also. Voice Recorder:

Das Log Sheet wird ins Cockpit gereicht. Der Pilot rechnet das Log Sheet. Die Hostess, die arme Wiesinger, sagt: „May I close doors?"

Tür zu. „Push back." Zurückschieben, anlassen, alles ist klar hörbar.

Ich saß wie auf Nadeln. Noch 25 endlose Minuten. 16 Minuten nach dem tatsächlichen Take Off war der Flieger vom Radarschirm verschwunden, das wußte ich ja seit Bangkok.

Das Herumschieben am Boden, Warten. Die Checklists werden gelesen, haarscharf nach Vorschrift, der Boeing-Mann mit den Kopfhörern nickte immer zustimmend.

Man hörte, wie der Flieger auf der Runway Position bezieht, wie das Gas reingeschoben wird, das Abheben. Lauter knappe Ansagen im Cockpit, die beiden sprechen nicht ein einziges privates Wort. Jeder vorgesehene Check wird getan, bestätigt, alles genau nach *procedure*.

Dann hörten wir die „Mozart" fliegen. Das reine Gruselkabinett für uns, die mit übergestülpten Kopfhörern im NTSB-Building hockten. Man hört es rauschen, das gleichmäßige, unverdächtige Rauschen eines Steigflugs. Dann eben die Stelle, die wir schon vorher hatten.

Thurner: „Do you want me to delete …", und das Yeah des Captains.

Wieder hörten wir es rauschen. Ich schaute dauernd auf die Uhr. Ich wußte: 16 Minuten nach Take Off ist alles vorbei.

Minutenlang war nichts zu hören.

Dann sagt Thurner: *Shit.*

Pause. Dann wieder Thurners Stimme, vorlesend:

Additional system failures may cause in-flight deployment. Expect normal reverse operation after landing.

(Weitere Systemfehler könnten Auslösung – der Schubumkehr – in der Luft verursachen. Erwarten Sie am Boden normalen Schubumkehr-Vorgang.)

Dann die Stimme von Captain Welch. *Just, ah, let's see.* Offensichtlich liest er denselben Text noch einmal.

Dann fragt Thurner seinen Captain, ob er unten in Bangkok, bei unserer Technik, anfragen solle. Der Captain sagt nein, denn in der Checklist stünde ohnedies alles klar genug.

Dann: ... *moisture or something* ... kaum verständlich ... *it's coming on and off.*

Pause. Schweigen.

Geringfügiges Nachjustieren der Trimmung wird besprochen.

Schweigen auf dem Band. Dann eine Litanei auf deutsch.

Meine Mithörer schauten mich fragend an. „Der Copilot rechnet den Flugplan auf deutsch", sagte ich.

„Ah, reverser's deployed."

Das war Copilot Thurner, *Schubumkehr hat ausgelöst.*

Schweres Atmen, ein Klappern im Cockpit, noch schwereres Atmen, lautes Scheppern, der ganze Geräuschpegel wird lauter, drei, vier Sekunden lang, ein SNAPP-Geräusch, noch lauterer Pegel.

„Halt", rief ich. „Kann ich das noch einmal hören?"

Unser Mann spulte das Band zurück, ließ es noch einmal ablaufen. Es passierte nichts mehr. Der hohe Geräuschpegel von Rauschen und Scheppern hielt etwa 20 Sekunden, dann war alles aus. Wie wenn ein ganz normales Band sein Ende erreicht.

Ich hatte die einzige Information erhalten, der ich seit einer Woche nachgejagt war, und wollte nichts anderes als wieder heim. Ich fragte den Mann vom NTSB nach einer 767-Check List. Er hatte keine. Ich schrieb mir den Wortlaut der letzten Sprachaufnahme auf und haute ab Richtung Washington Airport.

Fest stand also: Die Schubumkehr war ausgefahren.

Stürzt deswegen ein Flugzeug ab?

Nach allem, was die Behörden und der Hersteller sagten, somit auch nach allem, was wir Piloten gelernt hatten: Nein.

Neben den normalen Scheibenbremsen an den Rädern ist die Schubumkehr das sekundäre Bremssystem der modernen Flugzeuge, die bei der Landung in wenigen Sekunden von Tempo 250 auf Schrittgeschwindigkeit gestaucht werden. Man könnte auch ohne Schubumkehr sicher landen, allerdings verkürzt diese „Luftbremse" die Rollstrecke eines gelandeten Fliegers um 10 bis 20 % und schont die Bremsen. Man verzichtet also nicht ohne Not auf dieses Hilfsmittel.

Prinzipiell besteht die Schubumkehr aus Absperrplatten und Umlenkblechen am Triebwerk, die sich in den Schubstrahl der Maschine schieben und somit eine Gegenkraft erzeugen. Das Ausfahren der Platten erfolgt durch ein hydraulisch oder pneumatisch betätigtes Gestänge, der Befehl zum Ausfahren wird vom Kapitän nach dem Aufsetzen am Boden über kleine Hebel ausgelöst.

Der Gedanke, daß die Schubumkehr fehlerhafterweise in der Luft aufgehen könnte, ist natürlich nicht sehr angenehm, hatte bisher aber niemanden dramatisch aufgeregt. Die Zulassungsbehörden verlangen bei jedem Flugzeugtyp den Nachweis, daß die dann eintretende Situation beherrschbar ist, und die Ergebnisse hatten daran noch nie einen Zweifel gelassen.

Somit war meine, wie mir schien logische Schlußfolgerung: Im Fall der „Mozart" mußte durch das Ausfahren der Schubumkehr blitzartig ein Folgeschaden passiert sein, so dramatisch, daß die Situation nicht mehr zu bewältigen war. Hätte die Crew noch irgendeine Chance zum Kämpfen gehabt, dann wären Schreie und Befehle geflogen, aber hier war nicht ein einziges Wort gefallen. Es konnte nur eine Katastrophensituation ohne den geringsten Handlungsspielraum bedeuten.

Sofort bei der Ankunft in Wien wurde ich mit einer Masse von Journalisten konfrontiert, die bereits das Protokoll des Voice Recorders kannten, obwohl die Teilnehmer an der Washingtoner Untersuchung bis zur Freigabe durch die thailändischen Behörden zu Stillschweigen verpflichtet waren. Aber die Thais hatten offensichtlich direkt aus Washington die Presse verständigt, was natürlich auch okay war, aber zu erheblichen Ungenauigkeiten und Mißverständnissen führte.

Der Zeitfaktor hatte für mich wenig Bedeutung, da eine kürzere oder längere Zeitspanne nichts an der Tatsache des Unfalls geändert hätte. Die Piloten hatten nach dem ersten Signal das einzig Richtige getan, nämlich die dazugehörige Erklärung abzurufen, worin nicht einmal die Andeutung eines möglichen Notfalls enthalten war. So konnte es passieren, daß ich die Zeitspanne zwischen Erkennen und Absturz ungenau einschätzte (kürzer als die tatsächlichen neun Minuten), weil beim erstmaligen Anhören meine ganze Konzentration den Worten und Geräuschen gegolten hatte.

Diese Ungenauigkeit war „verdächtig" und führte dazu, daß obergescheite Kollegen, vor allem in der deutschen „Vereinigung Cockpit", das ganze Absturzthema am Zeitfaktor aufhängten. Sie erweckten den Eindruck, als hätten Laudas Piloten eine Absturzwarnung gekriegt und neun Minuten fröhlich drauf gewartet, bis es den Flieger runterhaut. Im Umkehrschluß sollte die Öffentlichkeit zur Meinung kommen, daß die Piloten der „Vereinigung Cockpit" irgendwelche schlauen Dinge getan und dadurch den Unfall verhindert hätten.

Ein Nährboden für Mißverständnisse war auch die Zeitspanne von „reverser's deployed" bis zum Ende des Bandes. Sie sagte nichts anderes aus, als daß der Recorder noch 29 Sekunden lang funktionsfähig war.

Meine persönliche Überzeugung festigte sich immer mehr: Daß ein monströser Schubumkehr-Folgeschaden den Piloten keinerlei Reaktionszeit gelassen hatte.

Sonntag abend kam ich zu meinem ersten langen Schlaf. Es war genau eine Woche nach diesem unfaßbaren Anruf der Frau Spera, nach dem nichts mehr war wie zuvor.

Montag im Büro. Ich war seit einer Woche von einem Ereignis ins andere gestolpert, in Wien, Thailand und Washington, ein einziger Alptraum. Die Journalisten erschwerten die

Situation. Es war mühsam, in jedem Moment möglichst sinnvoll zu reagieren, vor allem, wenn zusätzlich Blödheit und Sensationsgeilheit im Spiel waren. Trotzdem hielt ich es für besser, mich so oft wie möglich zu stellen.

Das schwierigste war, in Nachrichtensendungen live auf irgendwelche Einspielungen zu reagieren, die eine neue „Entdeckung" oder überraschende These betrafen. Zu hören waren beispielsweise *uncontained engine failure* (interner Triebwerksfehler mit Teileaustritt, extrem selten), Dekompression durch starke Zerstörungen der Struktur (was sollte man darauf sagen?) oder gar „wildgewordene Computer-Viren".

Die Thais machten jetzt eher auf Pilotenfehler, andere gingen auf den Flugzeugtyp – Boeing 767 – los oder spielten noch mit der Rauschgift-Variante („5 Kilo Heroin im Flieger"), dazu wurden Bilder von weißen Fetzen an der Unglücksstelle gezeigt. Immer neue Sensations-Flashes von irgendwo, auf die ich reagieren mußte. Durch die Bangkok- und Washington-Reise war ich direkter und besser informiert als irgendein anderer. Ich konnte mit vernünftigen Argumenten gegenhalten, wenn nicht pure Böswilligkeit im Spiel war.

Nun kamen die Gespräche mit den Angehörigen. Ich war für jeden erreichbar. Ich schätze, daß etwa dreißig den Wunsch hatten, mit mir zu reden. Kein einziger war feindselig, es war immer nur von der unendlichen Trauer die Rede, von der Trostlosigkeit des Verlusts. Manche Gespräche waren in ihrer Intensität kaum zu ertragen. Ein wesentlich älterer Freund einer Hostess hatte seine gesamte Lebensperspektive verloren. Er wisse keine andere Lösung, als sich umzubringen. Ich telefonierte öfter mit ihm, schlug ihm vor, nach Wien zu kommen, versuchte, ihn im Gespräch zu halten, ihm meine Situation und meine demolierten Erwartungen vom Leben zu erklären, was Gemeinsames zu finden.

Man merkte nun langsam, wie unsere Mitarbeiter an die Grenze des Menschenmöglichen stießen. Einige kriegten alle paar Minuten Weinkrämpfe, weil sie vom Stress einfach gefressen wurden. Es hatte begonnen mit dieser Selbstverständlichkeit, mit der die Leute damals um Mitternacht in die Firma geströmt waren, daraus hatten sich unglaubliche Kräfte entwickelt, die tage- und nächtelang anhielten, aber natürlich nicht über mehrere Wochen. Sie waren mit jeder Menge an organisatorischen Details überschüttet, und ich stand vorn, draußen, in der Schußlinie des Sensationsgewerbes.

Zusammen mit den Angehörigen machten wir ein Kommunikationszentrum auf, um jeden auf dem letzten Stand der eingeleiteten Aktionen zu halten.

Abgesehen von der zusammenbruchartigen Phase in Kennedy Airport hatte ich zwischendurch nie resigniert. Der kritischeste Moment war, als ich nach der Bangkok-Reise ins Büro kam und Varvaressos, Lenz und die wichtigsten Mitarbeiter traf. Ich stand derart unter dem Eindruck dessen, was ich da unten gesehen und erlebt hatte, daß ich sagte, ich würde nicht eine Minute in dieser Firma weiterarbeiten, wenn sich rausstellen sollte, daß wir für dieses Unglück verantwortlich sind. Da haben mich einige überhaupt nicht verstanden:

„So kannst du das nicht sagen. Das darfst du nicht. Es geht um die Zukunft, was wir aufgebaut haben ...", undsoweiter, teilweise wie aus einer anderen Welt. Ich mußte ihnen klarmachen, daß ich es wirklich ernst meinte:

„Wenn wir dran schuld sind, dann können wir keine Airline führen und müssen aufhören. Ich mach' da sicher nicht weiter."

Das war zu einem Zeitpunkt gewesen, als wir praktisch gar nichts wußten, jedenfalls den Inhalt des Voice Recorders noch nicht kannten. Ich drückte das auch gegenüber den Medien aus, ich mußte mir die Latte freiwillig so hoch legen, anders hätte ich gar nicht die Kraft gehabt, alles durchzustehen. Daß einige meiner eigenen Leute das nicht kapierten, war ein überraschender Rückschlag.

Der nächste Schritt, den ich selber setzen konnte, betraf die Simulation des Vorgangs genau nach der Abfolge des

Voice Recorders. Ich flog mit unserem Chefpiloten Jörg Stöckl nach London.

Vom Simulator war nichts Verbindliches zu erwarten, da das Gerät ja nur Dinge reproduzieren kann, die es kennt, die also innerhalb des Systems schon vorgekommen sind. Vieles deutete drauf hin, daß ein völlig neues, vorerst unbegreifliches Problem die „Mozart" vom Himmel geholt hatte. Wenn niemand es kannte, konnte es natürlich auch vom Simulator nicht dargestellt werden. Trotzdem mußte man die Möglichkeit nutzen, durfte keinen Check auslassen.

Wir programmierten das Gerät mit allen Unterlagen, die wir aus Bangkok und vom Voice Recorder hatten: Volltanken, Take-Off in Bangkok, ich als Kapitän, Linkskurve, das ist alles reproduzierbar. Autopilot eingeschaltet, Blinklicht simuliert, Checklist gelesen, auf 26 000 Fuß gestiegen, Steigflug gehalten, Schubumkehr wird ausgelöst.

Das Ergebnis war harmlos. Die Maschinen gingen automatisch auf Leerlauf („idle"), es gab einen leichten Ruck, der problemlos zu halten war.

Dann probierten wir die gleiche Aktion bei vollem Schub. Da war der Ruck schon wesentlich ärger, aber durchaus noch im Bereich des Beherrschbaren.

Das Statement, das ich aus dieser Erfahrung filterte, besagte: Die Simulation der Umstände von Lauda-Flug 4, soweit sie mit unseren Mitteln reproduzierbar waren, haben keinen Aufschluß über die Unfallursache gegeben. Man könnte höchstens schließen, daß ein blitzartig aufgetretener Folgeschaden der Schubumkehr-Auslösung zum Absturz geführt hat.

Das war natürlich noch immer ein recht mageres Ergebnis. Ich flog von London nach Salzburg, um Marlene und die Kinder zu sehen. Marlene war noch immer komplett verstört. Die zehn Tage, die seit dem Absturz vergangen waren, hatten ihren Schock noch nicht gemildert. Lukas zeigte auch Betroffenheit, nur Mathias war ziemlich locker, hörte sich einiges an und meinte, nun ginge er Tennis spielen.

Lukas rückte dann damit raus, daß in der Schule schon entsprechende Witze kursierten. Zum Beispiel:
„Liebst du deine Frau nicht mehr,
dann schick sie mit der Lauda Air."

Die „BUNTE" erschien mit einer Lauda-Story. Der Text war durchaus okay. Auch die reichlich gestylte Schlußpassage konnte man akzeptieren, als der Autor meinte, daß selbst ein Perfektionist weit entfernt von Vollkommenheit sei und daß es nicht ausreiche, beim Kämpfen alles richtig zu machen. „Man braucht halt auch den Segen dazu. Und den bekommen nur die Demütigen."
Von mir aus. Aber die Aufmachung!
Die Story wurde angepriesen als *Portrait einer verbrannten Seele*. Titel und Untertitel:
Captain Tod
Warum immer die anderen für Niki Lauda sterben.
Ich glaube, nun gab es tatsächlich den ersten Zusammenhang zwischen meinem Nürburgring-Unfall und der Katastrophe von Thailand: Weil ich den ganzen Schund des Boulevards schon 15 Jahre zuvor erlebt und überstanden hatte, fiel es mir jetzt vielleicht leichter, diese Art von Niedertracht nicht an mein Inneres ranzulassen. Wie ein Unbeteiligter starrte ich fassungslos auf solche Zeilen: „Captain Tod".

In Paris übernahm ich die von UTA geleaste 767.
Ich war sicher fit wie irgendein Pilot, um diese Maschine zu fliegen, aber emotional schwerstens berührt. Das war doch ein absurdes, perverses System: Da waren die meisten der 223 Toten noch gar nicht begraben, die Absturzursache war ungeklärt, und schon fliegen wir mit dem nächsten Flugzeug der gleichen Type durch die Gegend, als ob nichts gewesen wäre. Daß ich da ganz automatisch mitspielte, wie alle Airlines auf der Welt, die ein paar hundert identische Flieger in Betrieb hielten, irritierte mich maßlos. Die einzige konsequente Haltung wäre gewesen, bis zur Klärung des Abstur-

zes weltweit den 767-Betrieb einzustellen. Aber daran wäre wahrscheinlich die Lauda Air eingegangen, und ein paar Linien noch dazu, also flogen wir alle munter weiter. Ich mußte mich zur Disziplin rufen, um emotionslos die technischen Vorgänge auf dieser funkelnagelneuen Maschine ablaufen zu lassen. Aber ich werde nie im Leben die Absurdität dieser Situation vergessen: Hier ist die nächste Maschine, Herr Lauda, und ich hock' mich rein und flieg' sie nach Wien.

Ich verbrachte auch den ganzen Samstag in dem neuen Flieger. Männer vom Verkehrsministerium machten ihre Checks, wir flogen nach Kreta und Rhodos, zurück nach Wien und das Ganze noch einmal. Damit war die Maschine freigegeben für den Linienflug nach Seoul. Das war Sonntag, Tag 15 nach der Katastrophe.

Der nächste markante Termin war die Air Show in Le Bourget, wo ein Treffen mit den Boeing-Oberen angesetzt war. Die Amerikaner hatten eine ganze Delegation dabei, von unserer Seite kamen Lenz und ich. Mir ging es darum, von der Schiene des Reagierens wegzukommen, wo ich in der Hauptsache irgendwelche Zeitungsmeldungen zu interpretieren hatte. Ich wollte auf höchstem Level in den aktiven Vorgang der Wahrheitsfindung eingebunden werden. Ich schlug eine Hotline zwischen Boeing und mir und völlig offene Kommunikation auf beiden Seiten vor.

Die Amerikaner sagten zu, und es funktionierte auch sofort. Ich hatte von da an täglich um 19.00 Uhr ein Telefonat mit Seattle und bekam das Gefühl, so halbwegs auf dem Stand der Erkenntnisse zu sein.

Wir vereinbarten auch eine Art Fairnessklausel im Fall einer Grauzone. Zum Glück haben wir das nie gebraucht, weil ja keine Grauzone übrigblieb, aber es hätte so funktioniert, daß wir in keine gegenseitigen Mutmaßungen eingetreten wären. Damit sollte verhindert werden, daß man bloß aus Image-Taktik einander in unbeweisbaren Dingen den Schwarzen Peter hin und her schiebt.

Als erstes kamen Informationen aus Bangkok. An der Unglücksstelle hatte man das linke Triebwerk gefunden. Die Schubumkehr war ausgefahren, was niemanden mehr überraschte.

Es gab Brandspuren an den oberen Instrumententafeln und im letzten Cargo-Bereich. Beides hatte wenig Aussagekraft, da man nicht wußte, wann es zu brennen begonnen hatte – wahrscheinlich erst nach dem Aufschlag. Immerhin konnte man die seltsame Uhren-Theorie abhaken, die einigen Boulevard-Zeitungen gut gefiel: Eine Ladung Uhren habe sich durch irgendeinen chemischen Prozeß selbst entzündet. Die Uhren waren im vordersten Cargo-Abteil gewesen, dort hatte es definitiv nicht gebrannt.

Diese Phase von Informationsfluß war zwar pragmatischer und weniger sensationsgeil als die vorige, der Wahrheitsfindung kam man aber kaum näher.

Seit der Auswertung des Voice Recorders ließ sich das Thema nun besser einkreisen, und damit rückte ein kleiner Bestandteil in den Mittelpunkt aller Mutmaßungen: das *Directional Control Valve* (Ventil der Richtungskontrolle) der Schubumkehr. Es war bislang nicht gefunden worden. Man suchte nun ganz gezielt danach, gab der Bevölkerung in der Umgebung der Absturzstelle Beschreibungen des Teils und setzte einen Finderlohn aus. Andere Teile der Schubumkehr waren bereits in Amerika und wurden im Labor von Boeing untersucht. Das Finden und Herausrücken der Teile durch die Thais funktionierte nicht ganz problemlos, auch nicht sehr flott.

Grundsätzlich war den Thais aber jede Art von Ergebnis recht, solang bloß nicht rauskommen würde, daß es vielleicht doch eine Bombe war. Das wäre ihnen peinlich gewesen und hätte sie in bezug auf ihre Sicherheits-Checks in Mißkredit gebracht. Davon war nun praktisch nicht mehr die Rede.

Während man in Seattle die kleinsten Bestandteile des Wracks zerlegte, wurde in Wien die ganze Lauda Air auseinandergenommen. Behördenvertreter aus Thailand, USA und

Österreich kontrollierten jeden denkbaren Sicherheitsaspekt in unserem technischen und menschlichen Bereich. Am wichtigsten waren natürlich unsere Wartungsprotokolle vom Tag der Flugzeugübernahme an. Besonders genau gecheckt wurden alle Wartungsdetails, die mit dem Schubumkehrsystem zusammenhingen. Ich gebe gerne zu, daß diese Protokolle nicht nur für den Laien schwer nachvollziehbar sind. Es bedarf einer sehr genauen Kenntnis des komplexen, in diverse Ebenen übergreifenden Service-Systems, für das es nur eine einzige Autorität gibt, nämlich die des Herstellers. Boeing stellte eindeutig klar, daß sich Lauda Air hundertprozentig an die bestehenden Vorschriften gehalten hatte.

Es wurden zwar Fehlerquellen an der linken Schubumkehr aufgezeigt, sie waren aber nach ihrem Prioritäts-Level von Boeing als unbedenklich eingestuft. Modernes Fliegen ist eine sehr systematische Angelegenheit, und so ist der Ablauf von Fehlersuche und -korrektur auf exakteste Weise festgelegt. Boeings Bibel für diesen Bereich ist das *Boeing Fault Isolation Manual*. Es schreibt vor, wie mit den einzelnen Fehlermeldungen – je nach Hierarchie in der Wichtigkeit des Systems – zu verfahren ist. In einem Fall sollten wir einen Fehler innerhalb der nächsten 500 Flugstunden, im anderen Fall innerhalb der nächsten 120 Tage beheben.

Das Computersystem des Triebwerks läuft in zwei unabhängigen Kanälen. Wenn beispielsweise eine (gewollte) Auslösung der Schubumkehr von Kanal A um eine Hundertstelsekunde später registriert wird als von Kanal B, sagt der Computer: Fehler!

Da diese Aufzeichnungen auf Minimum-Level beginnen, wo man noch weit entfernt von irgendeiner Sicherheitsrelevanz ist, gibt es eben gestaffelte Priorities. Wir waren tief im grünen Bereich. Man kann sich vorstellen, wie Boeing mit uns umgesprungen wäre, hätten wir uns in diesem Bereich auch nur die winzigste Nachlässigkeit geleistet.

Auch die Records der Piloten waren einwandfrei. All diese Untersuchungen regten mich nicht sehr auf, weil wir uns zuerst hausintern von jedem Detail überzeugt hatten und uns sicher fühlten.

Immerhin mußte ich wieder meinen Kopf in die diversen Fernsehsendungen stecken, um Rede und Antwort zu stehen. Nächstes Thema war die Horrormeldung: Lauda Air läßt Wartungsarbeiten in Budapest durchführen! Die Assoziation sollte wohl in Richtung Billigarbeit (= Schlamperei) laufen, die Österreicher fahren nämlich gern nach Ungarn, um sich dort ihre Zahnplomben zum halben Preis machen zu lassen. Also wieder ins Fernsehstudio: Es ging hier rein um den Hangar, alle Arbeiten wurden von Lauda-Air-Personal, das alle Prüfungen und Lizenzen für den Typ 767 hatte, durchgeführt, unter Aufsicht der österreichischen Behörde, die bei jedem Check vertreten war.

Da sich an der echten Front, also bei den harten Facts, wochenlang nichts ereignete, war es naheliegend, daß Presseleute und „Beobachter" im weiteren Umfeld stöberten. Als sparsam war ich bekannt, das war in diesem Fall schlecht: *Vielleicht spart er bei den Servicekosten.* Zum Glück hatte ich aber auch noch meine Reputation als technischer Mensch, als Tüftler, als Perfektionist, und den meisten Leuten schien es wohl nicht einleuchtend, daß gerade Niki Lauda seine Maschinen schludrig warten ließe (ganz abgesehen von den strengen Überprüfungen durch Hersteller und Behörden, die das niemals zulassen würden).

Das rote Kappl auf den Fernsehschirmen wurde prolongiert. Daß hier der Besitzer und Chef einer Airline auch die fliegerische Kompetenz hatte, jeder Art von Debatte gewachsen zu sein, war sicherlich ein Glücksfall und half, das Image der Airline vor mutwilliger Demolierung zu bewahren.

Fünf Wochen nach dem Unfall war mein Wissensstand, was die Boeing-Untersuchungen betraf, trotz allem noch recht bescheiden. Aus den regelmäßigen Telefonaten wußte ich nur, daß in den Labors in Seattle die Tests an allen Details der Schubumkehr weitergeführt wurden. *Natürlich* wurden sie weitergeführt, aber insgeheim wußte Boeing schon ganz klar, daß am Schubumkehrsystem grundsätzlich was faul war.

Irgendwann, und zwar noch im Juni, müssen die Wissenschafter und Techniker von der Erkenntnis getroffen worden sein, daß der ganze Komplex Schubumkehr mit völlig anderen Augen zu sehen war als bisher. Vorerst wurde das nur intern abgehandelt. Daß der Safety Board bereits am 3. Juli einen sehr klarsichtigen Brief an die Zulassungsbehörde gerichtet hatte, erfuhr ich erst später. Dieses Schreiben enthielt eine Sicherheitsempfehlung samt drei „Urgent Actions" für alle 767-Maschinen mit unserer Triebwerkskonfiguration (Pratt & Whitney 4000). Im Zweifelsfall wurde auch eine völlige Deaktivierung der Schubumkehr nahegelegt. Zum ersten Mal fand sich der zarte Hinweis, daß ein plötzliches Auslösen der Schubumkehr für die Piloten doch nicht so locker zu beherrschen sein mochte, wie allgemein angenommen.

Immer deutlicher rückte das Richtungskontrollventil in den Mittelpunkt der Untersuchung. Das Ventil der abgestürzten Maschine war noch immer nicht gefunden worden, aber die grundsätzlichen Tests hatten was Neues ergeben.

Erinnern wir uns vom Voice Recorder: Als der Copilot aus der Checklist vorlas („Additional system failures …"), bezog er sich auf das Lämpchen des *Reverser Isolation Valve, das* zu blinken begonnen hatte. Das konnte aus verschiedensten Gründen ausgelöst worden sein: Durch Feuchtigkeit, durch Spiel *(clearance)* eines Schalters, durch Vibrationen, oder wenn ein nachgeschaltetes Sicherheitssystem zu arbeiten anfängt.

Das Sicherheitssystem in diesem Fall ist die *Auto Stow-*Funktion (Automatisches Verstauen). Nehmen wir an, der Flieger ist in der Luft, und die Schubumkehr fährt millimeterweit aus. Der Computer weiß, daß wir in der Luft sind und die Schubumkehr daher nicht ausfahren dürfte. Er aktiviert das *Directional Control Valve*, baut Hydraulikdruck auf und schließt die Schubumkehr wieder. *Actuators* verriegeln das System, nach fünf Sekunden wird der Druck wieder abgebaut. Nun, sagen wir, fährt das Ding abermals aus, wieder nur ein Winzigstel. Das entsprechende Lämpchen fängt zu blinken an. Der Pilot weiß nicht, ob Feuchtigkeit oder ein Microswitch-Adjustment daran schuld ist oder ob ein zusätzliches Sicherheitssystem aktiviert wurde. Er kann nur nach dem Handbuch vorgehen. Im speziellen Fall gibt es nur den beratenden Hinweis: *Additional system failures may cause inflight deployment. Expect normal reverse operation after landing.*

Ich hatte die Boeing-Leute schon in einer sehr frühen Phase gefragt, wie lang das *Auto Stow* funktionieren würde.

Doch nicht ewig?

„Doch", sagte man mir, „das funktioniert immer."

Schon damals sagte ich: „Vielleicht funktioniert es genau neun Minuten, und dann meldet sich eins von beiden ab, entweder das Ventil oder das *Auto Stow*."

Nein, war damals die Antwort von Boeing. „Das System hält, solang es benötigt wird."

Nun aber hatten die Tests ergeben, daß es sehr wohl vorkommen kann, daß das Ventil irritiert wird und danach nicht mehr funktioniert. Und zwar dann, wenn irgendein Partikelchen, ein O-Ring (Dichtungsring eines Kolbens) oder sonstwas durch das System saust und ins Ventil kommt. Dadurch könnte das Ventil dermaßen gestört werden, daß es seinen Zweck (Schließen) nicht mehr erfüllt und statt dessen aufmacht.

Die Tatsache, daß der Flight Data Recorder verbrannt war, erschwerte die Untersuchungen. Man mußte alle Details, die sich in den unlöschbaren Depots diverser Bordcomputer befanden, herauskitzeln und zueinander in Relation setzen. (Im übrigen führte dies zu einer Forderung der US-Be-hörden nach neuen Kriterien für die Konstruktion von Data-Recordern. Bisher war gefordert, das Gerät müsse 30 Minuten bei 1100 Grad Celsius überstehen. In unserem Fall dürfte es so gewesen sein, daß der Recorder die ganze

Nacht in einer der kleinen Feuerstellen lag, die nach dem Aufprall der Wrackteile entstanden waren).

Die Auswertung des EEC (Electronic Engine Control), einer dieser aufgefundenen Bordcompute,r ergab, daß sich das Triebwerk automatisch auf Leerlauf gestellt hatte, als die Schubumkehr ausfuhr – wie es als Sicherheitsmaßnahme vorgesehen war. Allerdings hatte dieses Manöver acht Sekunden gedauert.

Als die Boeing-Leute nach und nach Testergebnisse bekanntgaben, versicherten sie im gleichen Atemzug, dies habe mit dem Lauda-Unfall nichts zu tun. So ein Blödsinn!

Ich kriegte einen Anfall und sagte im nächstbesten Interview, daß der Zusammenhang eindeutig sei: Boeing hätte sich etwa mit dem verdammten Ventil ja nicht einmal beschäftigt, wenn da nicht der Lauda-Flieger in tausend Stükken in Thailand am Boden verteilt gewesen wäre.

Überhaupt legte ich mir keine große Zurückhaltung gegenüber Boeing und den Behörden auf. Es war längst eindeutig, daß sich hinter den Kulissen ein politisches Gerangel abspielte. Den Beteiligten wäre es am liebsten gewesen, in Stille die Untersuchungen zu führen, sich in aller Ruhe zu arrangieren und nach vielen Monaten einen Endbericht rauszugeben. Und wenn es statt der Lauda Air eine der großen Airlines mit ihren anonymen Vorständen getroffen hätte, dann hätte sie sicher eine Informationssperre bis zum endgültigen Report verhängt. Ich hingegen wollte und konnte unbequem sein, die Dinge beschleunigen und die Öffentlichkeit auf dem laufenden halten. So handelte ich mir Kritik an meinen öffentlichen Statements ein, aber das konnte ich gut aushalten.

Ein Defekt war also nun vorstellbar geworden, trotz allem Drehen und Winden von Boeing. Aber mußte der Flieger deswegen gleich abstürzen?

Es war endlich an der Zeit, diese hundertprozentig in den Technikerhirnen sitzende Überzeugung anzuzweifeln, wonach ein Flugzeug auch bei überraschend auslösender Schubumkehr beherrschbar ist, und zwar unter allen Flugumständen.

Erste Hinweise tauchten auf, daß die Reaktion auf Schubumkehr viel stärker von Flughöhe und Geschwindigkeit abhängen konnte, als Boeing oder irgendeine Behörde dies bisher angenommen hatte. Auch die amerikanische Zulassungsbehörde hatte sich damit zufriedengegeben, die ausfahrende Schubumkehr in einer Höhe von etwa 3 000 m bei knapp 500 km/h zu testen. In aerodynamischen Modellrechnungen wurde die Harmlosigkeit auch bis zu Reisegeschwindigkeit 900 km/h ermittelt.

Am 23. August, also rund drei Monate nach dem Absturz, ließen die amerikanischen Behörden an allen Fliegern unseres Typs das gesamte Schubumkehrsystem sperren. Die Übergangslösung war sehr einfach, nämlich mechanisch: Durch Bolzen wird das komplette System lahmgelegt. Das war sicher das beste, was man im Moment machen konnte, aber ich war noch nachträglich wütend über die unnötig vergangene Zeit, in der es ja auch eine andere Maschine irgendwo auf der Welt erwischen hätte können.

Von dem Tag an, als in Washington unser Voice Recorder „Reverser's deployed" hörbar machte, hätte auf jeder 767 die Schubumkehr gesperrt werden müssen, bis zur Beseitigung der letzten Unklarheit. Ich hatte das bei Boeing immer wieder deponiert, aber es hatte keinen interessiert.

Alle zugelassenen Landevorgänge sind so berechnet, daß sie auch ohne das Hilfsmittel der Schubumkehr stattfinden können. Das bestätigte sich nun auch in der Praxis, aber sicher hatte kein Pilot das Gefühl, wir sollten nun bis in alle Ewigkeit ohne Schubumkehr auskommen. Wir erreichten sehr beachtliche Betriebstemperaturen an Bremsen und Reifen.

Jim Johnson von Boeing teilte mir mit, daß man bei ihren Jumbos weltweit 21 *Incidents* registriert habe, bei denen die Schubumkehr ausgefahren ist, ohne irgendwelchen Schaden anzurichten. Sollte das vielleicht tröstlich für mich sein?

Mich interessierte viel mehr, was da wirklich im Windkanal los war. Bis jetzt war man in den Versuchen bis Mach 0.6 (also knapp 700 km/h) gekommen, die Geschwindigkeit der „Mozart" vor dem Absturz war Mach 0.78 gewesen.

Boeing versprach mir, verläßliche Windkanalwerte zu erarbeiten, damit den Simulator in Seattle zu füttern und mir so rasch wie möglich die Möglichkeit zu geben, meine eigenen Erfahrungen zu machen.

Die Stunde der Advokaten war gekommen. Mit der Lauda Air hatte das eher am Rande zu tun. Wir waren auf gewaltige 500 Millionen Dollar versichert, was sich daraus ergeben hatte, daß auch Hongkong zu unseren Destinationen gehörte, wo eine derartige Deckungssumme Vorbedingung für die Landerechte ist. Unser Schadensfall war mit rund 130 bis 150 Millionen Dollar anzusetzen.

Auf der anderen Seite war der berühmte Mister Sterns aufgetaucht, Reisender in Sachen Produkthaftungsklagen und potentieller Anwalt von Angehörigen nach Unglücksfällen. Sein Gegner war nicht Lauda Air, sondern Boeing. Auch die Boeing-Anwälte waren schon in Wien, nahmen mit den Angehörigen Kontakt auf und sondierten in Richtung außergerichtliche Vergleiche, um sich die Mühsal der Sterns-Prozesse zu ersparen. Allein das zeigte, wie sehr sich die Herren in Seattle schon zu diesem Zeitpunkt bewußt waren, daß in ihrem Bereich etwas Gravierendes schief gelaufen war. Wir gaben Sterns zwar alle Auskünfte, die ihm (und hoffentlich den Angehörigen unserer Opfer) dienlich sein konnten, hielten aber sonst Distanz zu ihm.

Im übrigen war mir Gerald Sterns von seinen Ansichten her nicht geheuer. Er wollte die Frage Zwei-Mann- oder Drei-Mann-Cockpit zu einem Thema seines Rechtsstreits machen, eine langweilige unnötige Debatte aus meiner Sicht. Sie hat mit unserem Fall nicht das geringste zu tun. Wenn man mit zwei Mann von Wien nach Zürich fliegt, dann kann man mit zwei Mann auch nach New York fliegen. Drei Mann im Cockpit sind gut für die Gewerkschaft, aber irrelevant für die Sicherheit der Fliegerei ... immer ausgehend von Maschinen, die entsprechend konzipiert sind.

Von *back to normal* konnte aber noch längst keine Rede sein. Es waren gar nicht alle Opfer begraben, es gab immer wieder Kontakte mit Angehörigen, wo es mir das Herz umdrehte. Unsere Mitarbeiter waren erkennbar angeschlagen und entwickelten eigene Techniken des Durchtauchens, oft in Isolation, sich mit Arbeit betäubend.

Mein Empfinden gegenüber der Technik, das mich 25 Jahre meines Lebens richtig gelenkt hatte, war erstmals schwerstens gestört. Natürlich war mir die technische Ursache noch immer ungleich „lieber", als wenn sich rausgestellt hätte, daß menschliches Versagen eines der Unsrigen an der Katastrophe schuld war. Das hätte ich überhaupt nicht aushalten können, aber der Technik-Schock saß auch tief genug.

Im Rennsport genau wie in der Fliegerei hatte ich an die Unschlagbarkeit der Technik geglaubt, wenn sie auf allerhöchstem Niveau ersonnen, von den besten Fachleuten ausgeführt und von coolen Könnern umgesetzt wurde. Die Technik hatte mich zwar zuvor schon am Nürburgring im Stich gelassen, aber es hatte viel weniger Gewicht gehabt. Nicht weil es mir bloß die Ohrwascheln verbrannte, sondern weil es sich um den Extremfall eines Rennwagens gehandelt hatte, der mit einem hochbezahlten Freiwilligen in Grenzbereiche vorstoßen sollte. Es war nicht vergleichbar mit der technischen Routine der sicheren Beförderung von Reisenden. Um diese technische Routine zu gewährleisten, war eben ein System von hunderttausend ineinandergreifenden Sicherheitsdetails ersonnen worden. Dieses Netzwerk konnte nicht, durfte einfach nicht durchlässig sein für Fehler.

Und war's doch. Von den nächsten Tests war rasche Klarheit zu erwarten.

Je eindeutiger ich mir selber vor Augen führen konnte, was Schritt für Schritt passiert war und welche logische

Kette von Konsequenzen daraus folgen wird, desto größer war die Chance, daß ich mit der Technik wieder irgendwann ins reine kommen würde.

Die Überführung der identifizierten Leichen an ihre Bestimmungsorte war erst drei Monate nach dem Unfall abgeschlossen. Dann stand endgültig fest, daß 27 Leichen nicht mehr identifizierbar waren. Es war schrecklich, daß es so lang hatte dauern müssen, aber inmitten einer Gegend ohne Infrastruktur waren die Arbeiten extrem schwierig gewesen.

Das Begräbnis der 27 in Thailand war natürlich auch als Gedenkfeier für alle 223 gedacht und sollte den weitgestreuten Wurzeln dieser Schicksalsgemeinschaft gerecht werden. Lauda Air hatte eine Begräbnisstätte errichten lassen. Es war eine schöne große Anlage mit Wiesen und Blumen. Die Feierlichkeiten wurden nacheinander in katholischem, buddhistischem, jüdischem und mohammedanischem Ritus abgehalten. Für mich am berührendsten war die Begrüßung jedes einzelnen Angehörigen der Opfer.

Zu Beginn der Feier stellte ich mich hin und sagte, was in mir drin war: Die Trauer, das Mitgefühl, die Hilflosigkeit angesichts der Dimension der Katastrophe. Und daß ich alles tun würde, um die Ursache aufzuklären, wenngleich mir dämmerte, daß dies den Angehörigen sehr viel weniger bedeutete als mir.

Die Begräbnisfeier wurde verzaubert durch das Zeremoniell der Buddhisten. Die gelben Gewänder, die Kahlköpfe, die Geräuschmaschine, die Gesänge, wechselseitige Gaben und eine Schnur, die über alle Särge lief und den Priester mit den Toten und allen Anwesenden verband: Es entstand ein unglaubliches Kraftfeld, das uns nicht in der Rolle der zusehenden Trauergäste beließ, sondern mit hineinzog. Wir Europäer, überrascht und unvorbereitet, waren völlig durchlässig für die Intensität dieser Stimmung.

Die Angehörigen warfen Erde und Blumen in die Grabstätten. Ein acht- oder neunjähriger Bub trat hin und warf etwas hinunter, das mit großem Geschepper aufschlug und uns zusammenfahren ließ. Es war ein österreichischer Bub, der mit seiner Großmutter gekommen war. Er hatte bei dem Unglück seine Eltern verloren und ihnen nun die Muscheln, die er beim Tauchen mit ihnen gesammelt hatte, ins Grab geworfen.

Dinge wie diese erleben zu müssen, nun schon über viele Wochen, allein in vorderster Reihe, brachte mich eindeutig an die Grenze meiner Belastbarkeit. Ich hatte das Gefühl, vom Schicksal in Geiselhaft genommen zu sein und immer wieder vorgeführt zu werden, einer allein stellvertretend für die Gesamtheit der Katastrophe. Es war sicher richtig gewesen, bei jeder Gelegenheit in dieser ersten Reihe zu stehen und mich allem zu stellen, den Emotionen, den Fragen, den Gerüchten, den Gemeinheiten, aber ich würde es nicht sehr viel länger ertragen.

Statt klarer, ruhiger Antworten konnte man jetzt auch ganz emotionale Aussagen von mir hören, etwa nach der Begräbniszeremonie, als mich der erstbeste Journalist ansprach, ob man schon Klarheit bezüglich der Absturzursache habe. Ja, sagte ich, ich weiß es, für mich ist alles klar: „Ich bin zwar erst auf dem Weg zum Simulatortest, aber ich kann Ihnen jetzt schon sagen, daß ich abstürzen werde, genauso wie die Boeing- und FAA-Piloten abgestürzt sind, als sie den Test machten. Ich kenne schon das Resultat, bevor ich noch in Seattle bin.“

Ich flog gleich von Bangkok weiter. Bei der Zwischenlandung in Tokio traf ich, ganz zufällig, den obersten Boß der Thai-Untersuchungsbehörde, der gerade aus Seattle zurückkam. Ich fragte ihn nach dem Resultat.

„Fürchterlich. Totaler Absturz.“ Er bestätigte alles, was mir mittlerweile klar geworden war. Ich bat ihn, gleich bei seiner Rückkehr in Bangkok ein offizielles Statement zu machen, denn jetzt muß einfach die Wahrheit raus. Es konnte keinen Sinn mehr ergeben, so zu tun, als sei der ganze Absturz noch immer ein Riesenmysterium. Ja, sagte er, er würde in Bangkok eine Erklärung abgeben.

In Seattle wurde ich von einem Boeing-Mann abgeholt und ins Hotel gebracht. Dort wartete schon eine ganze Gruppe hochrangiger Boeing-Leute. Das war überraschend, denn der erste Programmpunkt war erst für den folgenden Tag angesetzt.

„We got a big problem, Mr. Lauda", war die Boeing-Eröffnung.

Wo ist das Problem?

FAA und NTSB seien stinksauer wegen meiner jüngsten Äußerungen. Vor dem Abschluß der Untersuchungen seien solche Aussagen nicht statthaft. Ich wurde also richtiggehend gemaßregelt.

„Wissen Sie, warum das Flugzeug abgestürzt ist?" fragte ich den Wortführer der Boeing-Herren.

Nein, wußte er nicht.

„Sind Sie ganz sicher, daß Sie es nicht wissen?"

Ja, ganz sicher, aber auch darüber dürfe er nicht sprechen.

„Es ist mir jetzt egal, was Sie dürfen und nicht dürfen, und wie lang Sie sich hinter Ihrer Unwissenheit verstecken wollen. Dafür sage ich Ihnen, was ich tun werde. Ich mache morgen eine Pressekonferenz, bei der ich von Boeing verlange, daß Sie mit einer 767 auf 26 000 Fuß steigen und den Defekt an der Schubumkehr nachspielen. Dann können Sie der ganzen Welt demonstrieren, ob das Ding in der Luft bleibt oder runterfliegt."

Ob ich wahnsinnig geworden sei?

„Ganz im Gegenteil. Ich habe es bloß satt, daß Sie nach monatelanger Untersuchung der Welt den Ahnungslosen vorspielen wollen. Im Interesse aller 767-Passagiere auf der ganzen Welt werde ich das nicht zulassen."

Mit einer Riesenwut im Bauch marschierte ich auf mein Zimmer. Nach einer Weile baten sie mich wieder runter. Man werde morgen alles offen darlegen: Die Ergebnisse aller Untersuchungen und alle geplanten Änderungen. Sie würden mir demonstrieren, wie in Zukunft unbeabsichtigtes Ausfahren der Schubumkehr mit absoluter Sicherheit verhindert werden könne, und ich möge doch bitte mit ihnen kooperieren.

Ich sagte okay.

Nächster Tag im Boeing-Werk in Seattle.

Bevor ich in den Simulator stieg, wollte ich den *Voice Recorder* noch einmal abhören, um mehr Einfühlung in die Situation zu kriegen. Inzwischen gab es diese Aufnahmen in wesentlich besserer Qualität. Die erste (in Washington abgehörte) Aufnahme stammte vom Mikrophon des *Overhead Panels,* aus dem oberen Armaturenbereich. Die nunmehr zugängliche zweite Version war über die *Hot Mikes* der Piloten aufgenommen worden, also viel unmittelbarer. Statt den Raumgeräuschen (mit den Piloten im Hintergrund) waren nun die Atemgeräusche und Stimmen der Piloten vorrangig zu hören.

Wir kamen wieder zu der Stelle mit dem Warnlicht und dem korrekten Abhandeln des Manuals, neun Minuten später sagte Thurner „reverser's deployed". Nun waren die Nuancen in der Stimme schon sehr viel deutlicher auszumachen. Was sich zuerst ziemlich sachlich angehört hatte, war nun eine dramatisch angehobene Stimme, weil ja im gleichen Moment das fürchterliche Gerüttel im Cockpit begann, das durch die enormen Vibrationen ausgelöst wurde.

Nun wurde auch die Stimme des Captain Welch hörbar:

„Jesus Christ!" – was für mich beim ersten Abhören in Washington hinter den stärkeren Vordergrund-Geräuschen versteckt geblieben war.

Dann, wieder Welch: „Here, wait a minute!"

Das klingt fürs erste natürlich seltsam.

Keine Stimmen, aber Höllenlärm rundum.

Fünf Sekunden später: „Damn it!"

Da wußte Captain Welch offensichtlich schon, daß es keine Chance gab, und sieben Sekunden später brach der Flieger mit einem irrsinnigen Knall auseinander.

Das war 29 Sekunden nach Auslösung der Schubumkehr,

und das Flugzeug war inzwischen von 24 800 auf 17 000 Fuß gestürzt (das war aus anderen Untersuchungen belegbar geworden).

29 Sekunden!

Eine unerträgliche Vorstellung, was sich in diesen 29 Sekunden abgespielt haben mochte, dem Knall entgegen, ohne den Funken einer Chance, anders war die schweigende Fassungslosigkeit der Piloten nicht zu erklären. Außer „Jesus Christ!" und „Damn it!" war kein Wort gefallen. Normal müßte es irgendeine Art abgehackter Kommandos geben, Zurufe. Nichts davon.

Und nun zum Simulator.

Die Daten aus den jüngsten Windkanalversuchen in Philadelphia waren gesammelt und ins Boeing-Stammwerk nach Seattle überspielt worden. Ich wollte wissen, wie die Daten erarbeitet worden waren. Windkanaltests mit Flugzeugmodellen sind unerhört kompliziert und aufwendig.

Man hatte die Daten anhand eines 777-Modells erarbeitet. Die Type 777 durchlief damals alle denkbaren Prüfungen, die Auslieferung war für 1995 vorgesehen. Aerodynamisch waren 777 und 767 durchaus vergleichbar (ein maßstabgetreues 767-Modell zu bauen hätte weitere Monate gedauert). Jedenfalls wurde während des Windkanalversuchs die Schubumkehr am linken Triebwerk ausgefahren, alle daraus folgenden Daten wurden erfaßt und im Simulator in Seattle gespeichert.

Dabei hatte sich rausgestellt, so Boeing, daß die Luftströmung an der linken Fläche zwischen 50 und 100 Prozent „abreißt" (also stall hat) und die aileron control, die Querruderkontrolle, bis zu 20 % verlorengeht. Auf meine Frage, ob man „zwischen 50 und 100 %" nicht ein bißchen exakter formulieren könne, wurde mir gesagt, das sei in der kurzen Zeit nicht möglich gewesen, aber die Wahrheit werde wohl in der Mitte liegen.

Warum wurden eigentlich nicht jene Daten verwendet,

die man seinerzeit bei der Konstruktion der 767 im Windkanal erarbeitet hatte?

Antwort: Damals waren die Windkanaldaten noch nicht so exakt, daß sie verläßliche Schlüsse zuließen. In Wirklichkeit, nehme ich an, hatte es wahrscheinlich gar keine Versuche mit der Schubumkehr bei vollem Steigflug gegeben, weil einfach kein Mensch mit dieser Möglichkeit gerechnet hatte.

Jedenfalls war dem Simulator der Wert von 50 % *stall* eingegeben worden.

Also stieg ich in den Simulator, neben mir ein Boeing-Testpilot als Co auf der rechten Seite. Es war ein *Fix Base*-Simulator, ohne Bewegung, die fand nur im Kopf und an den Instrumenten statt.

Ich hatte mir drei Sekunden Reaktionszeit verordnet, das ist etwa das Minimum, das du im Flugzeug bei einer völlig überraschenden Situation brauchst.

Also: Wir fliegen, die Schubumkehr wird ausgefahren, ich warte drei Sekunden und versuche, den Flieger in den Griff zu kriegen. Wir stürzen sofort ab, keine Chance für irgendwas.

Das war bei 50 % *stall* an der linken Flügelfläche. *Stall* bedeutet in diesem Fall ein Abreißen der Strömung an der linken Flügelfläche, wo die Maschine mit der ausgefahrenen Schubumkehr hängt. Im Moment des Auslösens („deployed") rollt das Flugzeug auf die linke Seite.

In dieser Art von Simulator bleibt immer alles ruhig. Du siehst bloß, daß sich der Horizont dreht – eins, zwei, drei Sekunden, der Flieger ist schon im Rollen, ich nehme sofort das Steuer, schalte den Autopiloten aus und versuche gegenzusteuern, aber es bewirkt nichts, denn wir sind schon im Messerflug. Das Flugzeug dreht sich weiter und liegt nach insgesamt sechs Sekunden verkehrt auf dem Dach.

Nach diesen sechs Sekunden kriegt der Flieger 30 Grad *nose down*-Neigung, geht sofort in *over speed*. Wir waren mit Mach 0.78 geflogen, Mach 0.86 ist MMO, die erlaubte Höchstgeschwindigkeit dieses Fliegers. Bei allem, was darüber ist, reißt die Strömung ab. Dann hat man auf keinem Ruder irgendwelche Wirkung und saust nur Richtung Erde. Bei Überschallgeschwindigkeit wird das Flugzeug zerrissen.

Ich probierte es dann mit 100 % *stall* an der linken Fläche, da ging alles noch ein bißchen schneller.

Dann probierte ich das ganze Manöver mit quasi null Reaktionszeit, das heißt, ich nützte mein Wissen, daß genau jetzt die Schubumkehr ausfahren würde, und handelte im absolut selben Moment des Auslösens. Ich wollte sehen, ob es auch nur irgendeine theoretische Chance gab, das Flugzeug am Himmel zu halten. Ich machte fünfzehn Versuche: Gas raus reißen und sofort gegenlenken, aber der Boeing-Mann neben mir schaute mich nur mitleidig an, auf die Art von: Das kannst du vergessen. Es geht nicht. Auch im Wissen, jetzt wird die Schubumkehr ausfahren, Achtung, los, stürzte ich unweigerlich ab, jedes Mal.

Nun ergab diese seltsame Welch-Aussage „Wait a minute!" erst Sinn. „Wait a minute" hat ja ungefähr die Bedeutung von „Wo bin ich jetzt?" Und genau das hatte ich gedacht, als im Simulator der Horizont zum ersten Mal verkehrt lag (oben braun, unten blau statt des normalen und ewig vertrauten oben blau/unten braun). Man ist angeschnallt, purzelt daher nicht aus dem Sitz, kann im besten Fall gegenlenken, schaut auf einen Horizont, wo oben unten ist, es ist Nacht, das Flugzeug liegt am Dach: „Was ist da los? *Wait a minute!*" Denn du bist mit einer Situation konfrontiert, die du nie erlebt hast und an die du in einem Verkehrsflugzeug auch niemals denkst.

In der Pilotenausbildung werden solche Situationen bloß für generelle Kaltblütigkeit-Tests dargestellt, aber sie werden nicht *geübt,* weil ein Verkehrsflugzeug einfach nie in eine Kunstflug-Situation (Messerflug oder verkehrt rum) kommen darf. Es ist nicht dafür gebaut und dann auch nicht beherrschbar.

Es folgte eine Besprechung bei Boeing. Eine Frage war noch offen: In welcher Weise hatten sich die Defekte aufgebaut?

Wo war der Beginn der Kette der technischen Fehlleistungen?

Man konnte darüber nur noch spekulieren, da sich bei den zerstörten Teilen keine konkreten Anhaltspunkte gefunden hatten.

Am Beginn könnte ein Verkabelungsproblem zwischen Triebwerk und Cockpit gestanden haben. An mehreren Flugzeugen wurde festgestellt, daß diese Verkabelung schlecht isoliert war. Dies könnte zu einer Störung im Bereich der *Actuators,* also im Verriegelungsmechanismus der Schubumkehr, geführt haben. Normalerweise sollte das noch keine Rolle spielen, denn es gibt ja die *Auto Stow*-Funktion, bei der das Richtungskontrollventil *(Directional Control Valve)* die Aufgabe hat, Hydraulikdruck aufzubauen und die Schubumkehr geschlossen zu halten.

Nun wissen wir aber aus Boeings nachträglichen Ventil-Tests, daß es O-Ringe gab, die sich unter bestimmten Umständen aus ihrer Position lösten und eine Hydraulik- oder Rückleitung verlegen konnten. Dies wieder könnte dazu geführt haben, daß das Ventil den Druck auf der falschen Seite aufbaute und die Schubumkehr hinausstieß statt sie zurückzuhalten. In Tests war diese Möglichkeit jedenfalls nachvollziehbar.

Wie es bei der „Mozart" im Detail abgelaufen war, wird nicht mehr schlüssig zu belegen sein. Damit konnte man insofern leben, als die am 11. September 1991 von der FAA vorgeschriebenen Änderungen derart umfassend und tiefgreifend waren, daß sämtliche als Auslöser in Frage kommenden Details davon betroffen waren.

In diesem FAA-Schreiben wurde in Erinnerung gerufen, daß *Inflight*-Schubumkehr-Auslösung bis zum Tag unseres Unfalls als „kontrollierbares Ereignis" *(controllable event)* angesehen worden war und daß aus dieser generellen Erkenntnis die Betriebserlaubnis auch für den Typ 767 erteilt worden war. Aber:

„Der kürzlich erfolgte Unfall stellt die Voraussetzungen

dieser Freigabe in Frage. Es ist möglich, daß moderne *high bypass engines* (Mantelstromtriebwerke unter den Tragflächen) gemeinsam mit einer effektiveren Schubumkehr zu einem Flugzeugtyp geführt haben, der eine neue Philosophie für die Freigabe von Schubumkehrsystemen erfordert. Auslösung während des Fluges mag unter gewissen Flugumständen nun ein Ereignis von vergleichbarer Größenordnung zum Defekt primärer Steuereinrichtungen sein, dem vorgebaut werden muß, um den Verlust des Flugzeuges zu vermeiden. *Inflight reversal, under certain flight conditions, may now be an event similar in magnitude to certain primary flight control failures which must be prevented to avoid loss of the aircraft."*

Weiter im FAA-Schreiben vom 11. September 1991:

„Die Boeing Company stimmt der Notwendigkeit zu, den Sicherheitsstandard von Schubumkehrsystemen anzuheben und hat gemeinsam mit der FAA eine Überprüfung all ihrer Schubumkehr-Installationen erstellt. Sie beinhaltet die Konstruktionsphilosophie des Systems und Konstruktionsdetails. Diese Überprüfung begann natürlich mit der 767 aus Anlaß des jüngsten Unfalls."

In einer Darstellung des Hamburger „SPIEGEL" wird das Problem unter dem Titel „Schock im Windkanal" solcherart auf den Punkt gebracht:

„Simulationen im Windkanal klärten die Ursache des Lauda-Air-Unglücks vom Mai: Eine tödliche Schwachstelle bei modernen Jets wurde offenbar ...

Bei den anfänglichen Analysen der Schubumkehr-Problematik, so zeigten die Experimente in Seattle, war den Ingenieuren ein fataler Fehler unterlaufen. Großflugzeuge mit zwei Mantelstromtriebwerken unter den Tragflächen verhalten sich bei hoher Geschwindigkeit anders, als aus den Modellrechnungen hervorging.

Mantelstromtriebwerke erzeugen einen Teil ihres Schubs, indem ihre Turbinenschaufeln die angesaugte Luft wie Propeller um die heiße Turbinenzelle nach hinten pressen. Öffnet sich die Schub-

umkehr, so wird dieser ‚Mantelstrom' gegen die Flugrichtung umgelenkt: Bei hohen Geschwindigkeiten können einer Tragfläche
dabei schlagartig bis zu 30 Prozent Auftrieb entzogen werden.

Zudem, so ergaben nun die Boeing-Analysen, kann in diesem
Moment auch die Luftströmung um das Leitwerk am Heck abreißen und dem Flugzeug diese lebenswichtige Steuerhilfe rau-
ben.‟

Erstes Ergebnis dieser „Überprüfung‟ durch Boeing und
FAA war ein Maßnahmenpaket auf drei Ebenen.

Alle Maschinen der Unfalltype 767 mit P&W-Triebwerken
der Serie 4 000 hatten zu diesem Zeitpunkt ihre Schubumkehr ohnedies schon fix verriegelt. Die Aufhebung dieser
Bestimmung in den folgenden Monaten war verbunden mit
aufwendigen Umbauten. Es war an jeder Maschine ein Fünf-
Tage-und-fünf-Nächte-Job für 30 Mann. Jede Schubumkehr
bekam zwei verschiedene, von einander unabhängige Über-
wachungssysteme mit separaten Verkabelungen und geän-
derten Isolierungen. Auch die Ventile selbst wurden komplett neu konstruiert. Darüberhinaus wurde eine dritte
Sperre als zusätzliches Element über die beiden vorgeschal-
teten Systeme installiert. Und alle drei Systeme sind
grundsätzlich gesperrt, sobald das Flugzeug höher als zehn
Fuß fliegt.

Für alle anderen 767er, aber auch für 757 und 737, wurden Zwischenlösungen entworfen und endgültige Modifika-
tionen in Auftrag gegeben.

Und auf der obersten Ebene wurde eine Überprüfung der
„Konstruktionsphilosophie‟ an den Schubumkehrsystemen
sämtlicher in Amerika zugelassener Passagierflugzeuge, also
auch von McDonnell-Douglas, Airbus, Lockheed etc. ange-
ordnet. Ab nun war die Schubumkehr ein Bestandteil der
Fail Safe-Pyramide, also des „Prinzips Unfehlbarkeit‟ im Flug-
wesen. Ein Verkehrsflugzeug ist so aufgebaut, daß jedes
System von einem anderen System gesichert wird und dieses von einem weiteren und so weiter, wie eine unendliche
Kette von Rückversicherungen. Die Möglichkeit eines *end-*

gültigen Defekts wird praktisch ausgeschlossen. Mathematisch ausgedrückt läge ein *catastrophic failure* bei 10^{-9}, also eins zu einer Milliarde.

Rückblickend ist es nicht nur erschütternd und tragisch im Fall unserer 223 Opfer, sondern mutet auch absurd an. Warum war bis dahin ausgerechnet die Schubumkehr nicht als Baustein dieser Pyramide, als integraler Bestandteil der Gesamtsicherheit verstanden worden? Vor allem Laien tun sich schwer, das zu kapieren. Ihnen kommt es einleuchtend vor, daß ein Flugzeug mit sagen wir, 900 km/h in 11 000 Meter Höhe durch blitzartig auftretenden einseitigen Gegendruck dramatisch destabilisiert wird. Und just die Superhirne der Flugzeugindustrie sollen das nicht einleuchtend gefunden haben?

So war es aber.

Aufbauend auf einem immer weiter vertieften Erfahrungsschatz hatte sich ein technischer Status etabliert („Schubumkehr-Defekte sind harmlos"), an dem nie wieder gerüttelt worden war. Daß man sich vor Einführung der Type 767 bei den Windkanalversuchen auf Hochrechnungen *(analytical extrapolations)* verlassen hatte und die tatsächlichen Tests nur bei weniger als 500 km/h durchgeführt hatte, mag man rückblickend als technischen Hochmut empfinden. Für mich ist diese Lockerheit unverständlich, unfaßbar.

Neun Monate nach dem Unfall wurde das Richtungskontrollventil gefunden und gegen Belohnung abgegeben. Es wurde unter allen Sicherheitsvorkehrungen nach Seattle gebracht und dort unter Aufsicht von NTSB- und FAA-Leuten untersucht. Vor dem Auseinandernehmen der Teile wurde das Ventil in Computer-Tomographie erfaßt. Der Teil, der unmittelbar die Richtung des Hydraulikflusses bestimmt, war intakt und in „Verstaut"-Position. Beim Auseinandernehmen stellte sich allerdings heraus, daß das Ding schon vorher geöffnet und daran manipuliert worden war. Es gab keine Erklärung dafür, aber keiner maß der Sache große Bedeutung zu. Ventile dieser Bauart waren ohnedies nicht mehr in Gebrauch, und niemand hatte im Februar 1992 den Ehrgeiz, die Absturz-ur-sache an einem blöden Ventil zu fokussieren. Die übergeordneten Zusammenhänge hatte man klar genug erkannt.

Die Angehörigen der Opfer wurden von Boeing auf außergerichtlichem Weg entschädigt, die Lauda Air hatte nichts damit zu tun. In den Medien wurde eine Gesamtsumme von zwei Milliarden Schilling genannt. Lauda Air konnte keine Ansprüche gegenüber Boeing geltend machen, da gibt es ein beinhart abgesichertes Vertragsverhältnis durch den Kauf der Maschine. Was immer nach dem Kauf passiert, Boeing ist gegenüber jeder Airline aus dem Schneider.

Der offizielle Bericht der thailändischen Accident Investigation Commission (mit amerikanischen, thailändischen und österreichischen Behörden) wurde im Juli 1992 abgeschlossen. Er barg keine Überraschung. Die Schlußfolgerung des dicken Akts war auf sechs Manuskriptzeilen verdichtet:

Wahrscheinliche Ursache:

Die Accident Investigation Commission der Regierung von Thailand bestimmt als wahrscheinlichen Grund des Unfalls die unbefohlene Auslösung der Schubumkehr an der linken Maschine, was zum Verlust der Steuerfähigkeit führte. Der spezifische Grund für die Auslösung der Schubumkehr wurde nicht eindeutig identifiziert.

Die wesentliche „Empfehlung" las sich so:

„Das Aircraft Accident Investigation Committee empfiehlt, das FAA der US möge die Zulassungsphilosophie all jener Flugzeuge überprüfen, für die Schubumkehrsysteme am Boden zugelassen sind, um entsprechende konstruktive Sicherheitsmaßnahmen vorzusehen, die eine Auslösung im Flugbetrieb verhindern."

Im Herbst 1992, also anderthalb Jahre nach dem Unfall,

gab die FAA eine erweiterte Liste von erforderlichen Nach-
rüstungen im Bereich der Schubumkehr heraus. Rund zwei-
tausend Flugzeuge auf der ganzen Welt waren davon betroffen.

Als selbstverständliche Routine rund um einen schweren
Unfall hatte die Staatsanwaltschaft Wien Erhebungen aufgenommen, für die Dr. Ernst Zeibig als Sachverständiger berufen wurde. Der Experte erstellte seinen Akt ohne Ge-
gencheck mit Boeing oder Lauda Air. Wie wir nachträglich
erfuhren, enthielt er Beschuldigungen gegen Lauda Air.
Da mir der Report nie zu Gesicht kam, konnte ich nicht
drauf antworten. Die Staatsanwaltschaft schien sich auch
eher vom offiziellen Unfallbericht als von den Folgerungen
Dr. Zeibigs leiten zu lassen und stellte die Erhebungen ein,
weil sich keine Verdachtsmomente für Schuld oder Fahr-
lässigkeit ergeben hatten.

Mehr als drei Jahre nach dem Unfall, im Juni 1994, wurde
in der ZDF-Sendung „Frontal" ein Report ausgestrahlt, der
selbst die seinerzeitigen „Captain Tod"-Schlagzeilen der
„Bunten" übertraf.

Als „Riesenskandal" wurde „aufgedeckt", daß ein Zeibig-
Akt existierte. Der Zuseher mußte den Eindruck gewinnen,
der Staatsanwalt habe gemeinsame Sache mit mir gemacht
und ein hochbrisantes Gutachten einfach jahrelang unter-
drückt. Jetzt hatte „Frontal" diesen Akt und zitierte Passagen
daraus genauso unreflektiert (also wieder ohne Check), wie
sie seinerzeit verfaßt worden waren.

Man mußte den Eindruck gewinnen, der Copilot des Un-
glücksflugs sei nur durch Manipulation seines Beurteilungs-
bogens zur Verlängerung des Flugscheins gekommen (beim
zweiten Bogen hatte es sich nicht um die Copiloten-
Eignung, sondern um eine unverbindliche Vorausschau auf
eine etwaige Pilotenprüfung gehandelt).

Man mußte ferner den Eindruck gewinnen, daß die „Mozart" auf Grund vorangegangener Computer-Defektmeldun-

gen gar nicht hätte starten dürfen, was nach allen Unterlagen und Boeing-Bestätigungen vollkommen absurd war. Der Darsteller aus der „Vereinigung Cockpit" fand eine ideale Bühne für seine Mutmaßungen, und der Moderator schloß mit einer Empfehlung an die Lufthansa, die mittlerweile angelaufene Zusammenarbeit mit Lauda Air zu überdenken. So konnte ich mir wenigstens zusammenreimen, aus welcher Ecke der Wind wehte, drei Jahre nach dem Unfall. Unser Expansionskurs als Lufthansa-Partner behagte natürlich nicht jedermann.

Wir hatten bloß Glück gehabt, daß der Report derart überzogen und erkennbar tendenziös war, sodaß auch die Seher ein komisches Gefühl bekamen, aber nicht wegen Lauda Air.

Die Lufthansa gab ein Statement über ihre Erfahrungen mit Lauda-Air-Technik und -Wartung ab, und die waren hervorragend.

Meine persönliche Bewältigung des Absturzes ist, wie jeder verstehen kann, ein sehr komplexer Vorgang. Er entzieht sich meiner gewohnten Art des analytischen Erledigens. Das Leben ist nie wieder dasselbe wie vor dem 26. Mai und wird es nie wieder sein, da hilft keine verstandesmäßige Erklärung.

Mein Versuch einer Annäherung sieht etwa so aus.

Ich bin ein technischer Mensch, ohne je studiert zu haben. Ich mochte die Technik, und Technik stellte sich mir als gut zugängliches Terrain dar. Ich war nie Technik-hörig. Das konnte ich schon deshalb nicht sein, weil ich viel zu viele Autos als Gurken erlebt habe, Rennautos wie auch zivile. Ich habe Räder verloren, bin in leere Bremsen gestiegen, habe nach rechts gelenkt und bin links abgebogen. Es bestand nie die Gefahr, daß ich die Technik als Götzen verehren würde. Ich benützte sie, so clever ich konnte, und die Technik belohnte mich dafür weit mehr, als sie mich enttäuschte. Eine klare Sache.

Passagierflugzeuge sind anders. Sie sind nicht auf Höchstleistung ausgelegt, sondern auf Sicherheit. Das umfassende System der Sicherheitspyramide kam mir derart überzeugend vor, daß ich ihm mit Leib und Seele vertraute. Diese Empfindung war nach dem 26. Mai natürlich schwerstens beschädigt. Allein die erste Landung, bei der wir wieder Schubumkehr verwendeten! Ich hatte mir das selber vorbehalten, ich mußte der erste sein, der nach den Umbauten eine Lauda-Air-Maschine mit freigegebener Schubumkehr pilotierte. Ich flog die 767 von London, wo die Arbeiten gemacht worden waren, heim nach Wien. Ein unglaubliches Gefühl, wieder mit diesem Ding unterwegs zu sein, da bringst ja den Gedanken nicht los, wie das gewesen sein muß, als sich die Maschine blitzschnell aufs Dach legte. Und dann, bei der Landung, wenn du erstmals wieder den Hebel aktivierst, da wird dir ganz mulmig.

Im zweiten Jahr hat sich meine Einstellung zur Technik wieder langsam normalisiert. Die Unbefangenheit gegenüber der selbstverständlichen Logik eines modernen Flugzeugs ist Schritt für Schritt zurückgekehrt. Dazu gehört eigentlich auch, daß ich das Auftauchen einer ähnlich dramatischen Schwachstelle, wie es das alte Schubumkehrsystem war, nicht in Betracht ziehe. Nein, ich glaube nicht, daß in der modernsten Passagierflugzeug-Generation etwas derart Gravierendes noch einmal passieren kann. Ich glaube an diese Pyramide der überlappenden Sicherheit, und ich gehe davon aus, daß jetzt alles drin Platz hat, was hingehört. Wenn ich nicht daran glaubte, würde ich keine Airline führen.

Um mit Boeing klarzukommen, brauchte ich länger. Damit meine ich nicht die konkrete Abwicklung von Geschäften oder den Kontakt mit einzelnen Personen, sondern die Einstellung gegenüber einem anonymen, gesichtslosen Giganten, für den 223 Tote letztlich mit Rechtsanwaltsarbeit, einem Griff in die Reservekasse und ein paar Konstruktionsänderungen bewältigt wurden. Ich habe bei Boeing niemals so etwas wie wirkliche Betroffenheit gefühlt. Klar, das sind andere Größenordnungen, und unter hunderttausenden Angestellten versickert auch die Verantwortung, sodaß ich am Ende den Eindruck hatte, daß es denen allen ziemlich wurscht war und sie sich bloß nach einem Ende der Scherereien sehnten.

Vielleicht stört mich das gerade deshalb so sehr, weil ich auch der Typ Mensch bin, der sich gern im Kollektiv bedeckt hält, wenn es um den Zustand der Welt geht, im großen oder im kleinen. Wenn ich denke, das geht mich nichts an, weil ich als einzelner nichts dafür oder dagegen tun kann, dann reicht mir das schon, es macht mir kein schlechtes Gewissen. Hier aber wollte und mußte ich vorn stehenbleiben, ganz allein vor allen anderen, und mich allem aussetzen, weil ich eben die ganze Lauda Air in diesem Verständnis aufgebaut hatte. Diese Ungleichheit – ich da vorn ganz allein, bereit zu allen Konsequenzen, dort eine Riesenfassade, an der alles abprallte – hat mir zu schaffen gemacht. Zum Glück hatte ich die Kraft, das durchzuziehen, aber es war nicht immer so selbstverständlich, wie es vielleicht vor dem Fernsehschirm ausgeschaut hat.

Die Amerikaner haben schon ein Talent, mit solchen Situationen locker umzugehen. Da gab es eine Anfrage im Repräsentantenhaus in Washington bezüglich unseres Unfalls, und die Antwort war ungefähr, Lauda Air ist schuldlos, Boeing ist schuldlos, es war Force Majeure, also hat keiner Schuld, nächste Frage bitte.

Heute bin ich froh, daß ich die wichtigste Entscheidung, die rund um den Unfall zu treffen war, richtig getroffen habe. Das war, mich total einzubringen und damit Zuständen auszusetzen, denen ich normal eher ausweiche. Ich hatte Schiß vor diesem Flug nach Bangkok, und dann war alles ja noch viel ärger als in der schlimmsten Vorstellung. Die Realität von Hunderten zerfetzten Toten, quer durch den Dschungel verstreut, der süßliche Leichengeruch, die aus den weißen Fetzen raushängenden Körperteile, der in die Erde gerammtte Schwanz unseres Fliegers, das war so, wie wenn du plötzlich im Krieg bist. Sonst hörst du immer nur vom Krieg, und plötzlich bist du selber drin, von einem Tag auf den anderen. Eigentlich bin ich vom Abendessen heimgekommen, das Telefon hat geläutet und im nächsten Moment war ich im Krieg.

Das hat meine ganze Einstellung in den Wochen und Monaten nach dem Unfall geprägt. Die sofortige Überwindung zu dieser Reise ans Schlachtfeld war entscheidend für mein Verhalten danach. Daher war ich auch härter, kompromißloser als meine Mitarbeiter, und ich hätte sicher nicht mehr in der Firma bleiben wollen, wenn wir Schuld gehabt hätten. Aber selbst das hätte mir nicht geholfen, aus meiner innerlichen Verantwortung rauszukommen, weil in dieser Company ja alles nach meinem Schädel passiert, nach meinen Vorgaben.

Die unendlich quälende Unsicherheit, was nun wirklich passierte, die Müdigkeit und die Hoffnungslosigkeit, das nie wieder umdrehen zu können: Du bist in einem Rad drin und kommst nicht mehr raus. Deine Gedanken werden immer wieder zurückgeworfen an diesen einen Punkt, du kommst nicht los davon, findest kaum Schlaf, verlierst Kraft. Das wurde erst im August besser, im dritten Monat.

Eine völlige Befreiung von der Katastrophe wird es für mich nie geben. Erstens aus meinen eigenen, immer wiederkehrenden Erinnerungen, dann auch aus banalsten Situationen, ansatzlos. Ich treffe am Graben ein altes Muatterl, sie hält mich auf und sagt: „Sie sind so ein lieber Mensch, wie gern hätte ich einen Sohn wie Sie", nimmt meine Hand, „eines muß ich Ihnen noch sagen, mein Fleischhauer und seine Frau, die sind nicht mehr, zuerst hab ich geglaubt, die sind auf Urlaub, dann hör' ich, abg'stürzt sind sie."

In den ersten Monaten gab es praktisch immer irgendwo jemanden, der einen kannte, der *dabei* war, und das wird mein Leben lang so sein, daß es mir einen Stich im Herzen gibt, wenn ich erinnert werde an jemanden, der *dabei* war.

KAPITEL 7

Die Kleinen und die Großen

Die Krisenzeit in den Tagen und Wochen nach dem Absturz hatte das Beste an unserer Firma hervorgebracht: Unglaublichen Einsatz, Kraft ohne Ende, Selbständigkeit jedes einzelnen. Vereinzelte Nervenkrisen waren Ausdruck der persönlichen Betroffenheit oder dafür, daß sich einzelne zuviel aufgeladen hatten. Insgesamt war die Performance phantastisch: Wie selbstverständlich alle im entscheidenden Augenblick da waren, wie sie zupackten.

Danach kam ein Loch.

Wir, im inneren Gefüge unserer damals fünfhundert Mitarbeiter, erlebten die Krise zeitversetzt. Nach ein paar Monaten wurden Demotivation und Wurschtigkeit unter den Leuten spürbar, die Solidarität bröckelte ab. Die Kraft des Wir-schaffen-es hatte sich verflüchtigt. Am stärksten spürte ich das etwa ein halbes Jahr nach dem Absturz, ich traf auf Mitarbeiter, die nicht mehr koordinationsfähig waren. Vielleicht hing es mit diesem hohen Maß an Eigenverantwortung zusammen, das sich jeder unmittelbar nach dem Unglück gesucht hatte. Der Übergang auf Normalbetrieb brachte die Kleinlichkeiten des Alltags überdeutlich hervor: Frust und die kleine Intrige.

Als erste Gegenmaßnahme setzte ich mich wieder als operativen Chef ein, als Vorstand gemeinsam mit Otmar Lenz. Diesen Job hatte ich zuvor offiziell an Lenz allein abgegeben, um zwei meiner Ebenen deutlicher herauszuarbeiten: Aufsichtsrat und Pilot. Ich hatte Type-Rating für alle unsere Maschinen und ließ mich ganz normal von unserem Crew-Planer als Pilot einteilen, bis zu den erlaubten hundert Stunden pro Monat.

Ich wollte nun deshalb zusätzlich wieder als direkter Chef arbeiten (ohne das Fliegen aufzugeben), um Drive und Motivation in der Firma wiederherzustellen und die direkteste Umsetzung meiner Effizienz- und Qualitätsansprüche durchzusetzen.

Ich pflege einen Sachverhalt auf die reinen Facts zu reduzieren, halte alle Emotionen raus und packe das Problem auf die kürzeste Weise an. Das sollte einen generellen Arbeitsstil von Sachlichkeit und Direktheit schaffen. Wenn ich merke, daß Leute Probleme verschieben und ihre Energie in die Gestaltung kunstvoller Ausreden stecken, dann läutet's bei mir Alarm. Eine Firma, die in dieser mörderisch umkämpften Luftfahrt-Branche existieren will, muß *efficiency* und Leistungsdruck verinnerlichen, jeder einzelne muß kapieren, worum es insgesamt geht. Wir sind so rasant gewachsen, daß sich unsere Belegschaft alle drei Jahre ungefähr verdoppelte, das erschwert die Sache.

Ich merkte, daß das rote Kappl seine Eigenwirkung verloren hatte. Eine Zeitlang hatte meine schiere Anwesenheit was Positives bewirkt, das mußte ich mir nun abschminken. Ich steckte soviel Arbeit und Energie rein und kriegte zuwenig *response* in der richtigen Richtung, daß ich an die Grenzen meiner eigenen Motivationsfähigkeit kam. Sinngemäß sagte ich, wenn ihr mich zuviel ärgert und ich das Gefühl habe, hier als Vorstand nicht genügend viel bewegen zu können, dann bleibt mir nichts anderes übrig, als den Laden zu verkaufen, und jeder mag beurteilen, ob er das für wünschenswert hält.

Natürlich wäre es der verkehrteste Zeitpunkt gewesen, die Firma sich selbst zu überlassen, und ich hatte nie ernsthaft dran gedacht. Ich war bloß ausgepowert. Vielmehr ging es darum, sich mit einer Serie von Kraftakten auf den bald wirklich „freien Himmel" vorzubereiten. Die Nachwirkungen des Absturzes, von allem Menschlichem nun einmal abgesehen, waren für uns eigentlich nur in Fernost zu spüren, aber es reichte, um die Destination Seoul unattraktiv zu machen und Taipeh gar nicht erst hochzubringen. Wir blieben zwar in den schwarzen Zahlen, aber durch Golfkrieg und Weltwirtschaftskrise war das allgemeine Klima im Luftgeschäft extrem rauh geworden.

Die Notwendigkeit, Lauda Air in irgendeine Art von Allianz zu führen, war mir schon Ende der achtziger Jahre klar gewesen. Luftfahrt-Allianzen waren noch nicht so selbstverständlich wie heute, wo selbst Giganten der Branche zusammenfinden, aber die Entwicklung zeichnete sich schon ab – logischerweise zuerst für die Kleinen. Es geht nicht nur um die offensichtlichen Einsparungen, sondern auch um die Möglichkeit, als Kleiner flexibel auf dem Weltmarkt zu agieren und damit nicht den politischen und Machtkonstellationen auf dem kleinen Heimmarkt ausgeliefert zu sein.

Unter den Namen, die ich im Geist hin und herschob, waren Carrier, die entlang unserer Fernost-Route daheim waren, etwa Singapore Airlines, Thai, Quantas. Mit British Airways, die überall daheim sind, kam es immerhin zu einigen Gesprächen, ansonst blieb es bei Beobachtungen und Recherchen. Je mehr man sich damit beschäftigte, umso klarer zeichnete sich die Lufthansa als idealer Verbündeter ab. Einfach wegen ihres Gewichts in Europa und der Welt, wegen der passenden Philosophie und wegen der Perspektiven, die sich aus der Nachbarschaft der Heimmärkte ergaben.

Begonnen hatten die Gespräche vor dem Absturz, als noch Heinz Ruhnau Chef der Lufthansa war. Ich meldete Bereitschaft an, sie analysierten unsere Firma, checkten unsere Zahlen, sagten, ja, das interessiert uns. Dann schlief die Sache ein, bis ich draufkam, was dahintersteckte: Mein alter Freund Heschgl war bei Ruhnau angetreten und hatte sich im Namen der AUA wichtig gemacht. Er mußte von meinen Lufthansa-Kontakten Wind bekommen haben und schoß nun quer: Eine Staats- und eine Privatairline würden nicht zusammenpassen, entweder Staat/Staat oder Privat/Privat. Jedenfalls bot er, Heschgl, im Alleingang der Lufthansa zehn Prozent AUA-Anteile an. Eine Perspektive dieser Art hatte es bei Austrian nie gegeben, und das Vorpreschen war eine reine Justament-Aktion gegen Lauda.

Davon bekam nun ich wieder Wind, eilte zu unserem Finanzminister Lacina und zeigte mich sehr besorgt um die Zukunft der AUA: Etwaige 10 % von Austrian bei Lufthansa, dazu die schon von Air France und Swissair gehaltenen Anteile, da sei es nicht weit bis zu einer Sperrminorität der Ausländer undsoweiter, *die sperren euch die AUA zu*, kurzum, ich tat mein Bestes.

Als daraufhin Ruhnau und Heschgl gemeinsam bei Lacina antanzten, war der Tenor ungefähr dieser: *Herr Heschgl, fragen S' nächstes Mal zuerst den Finanzminister, bevor Sie die AUA verkaufen*. Damit war das Thema Austrian/Lufthansa vorerst erledigt.

Allerdings hatte sich dadurch in unseren Gesprächen mit der Lufthansa eine Pause ergeben, der Absturz der „Mozart" führte zu einer weiteren Verzögerung, und Ruhnau war inzwischen in Pension gegangen.

Im Winter 1992 traf ich mit den neuen Lufthansa-Chefs Jürgen Weber und Klaus Nittinger zusammen. Die Wellenlänge stimmte von Anfang an. Unsere grundsätzlichen Daten kannten sie ja schon durch die Ruhnau-Vorarbeiten, wir stimmten einer weiteren Durchleuchtung der Lauda Air zu. Im Sommer 1992 war der Deal perfekt: Im Rahmen einer Kapitalerhöhung beteiligte sich Lufthansa mit 26,4 % an der Lauda Air, wirksam mit Jahresbeginn 1993.

Gleich am Anfang passierte ein Riesenfehler. Lufthansa kämpfte mit Riesenverlusten (halbe Milliarde Mark im ersten Halbjahr 1992), begann mit dramatischen Kostensenkungen und spielte dabei die Lauda Air gegen ihre eigenen Betriebsräte aus. Auf die Art von: Wenn ihr uns lang ärgert, dann lassen wir die Lauda Air dort-und-dorthin fliegen, zu deren Gehältern. Dadurch wurden wir ohne unser geringstes Zutun zum Feindbild der Lufthansa-Gewerkschaft. Eine ganze

Delegation setzte sich rote Kappln auf und marschierte zu Weber: So NICHT!

Dadurch platzte das Projekt einer gemeinsamen Lufthansa-Lauda-Route nach Australien, und ich mußte kräftig gegensteuern. Unsere Rolle dürfe Lufthansa-intern nicht als die des potentiellen Tarifbrechers verkauft werden, machte ich Weber und seinen Kollegen klar. „Wir sind der österreichische Carrier, und Partner der Lufthansa in-und-ex Österreich, zu beiderseitigem Vorteil. Wir dürfen nicht dauernd in den internen Kostendiskussionen der Lufthansa als Rute im Fenster aufscheinen."

Wir kamen wieder etwas aus der Schußlinie der deutschen Betriebsräte, aber richtig liebgewonnen haben sie uns nicht. Am verletzlichsten ist eine Airline immer in punkto Sicherheit, und extrem verletzlich ist eine Airline, die einen Absturz verkraften muß, aus welchen Gründen auch immer. Gerüchte, Lauda Air sei „unsicher", wurden immer neu am Leben gehalten, bis es dem Jürgen Weber zu bunt wurde. Um das Thema sauber vom Tisch zu kriegen, verordnete er vor einer etwaigen Erhöhung der Lufthansa-Beteiligung einen Full Check der Lauda Air durch die Oberpiloten und Sicherheitsexperten der Lufthansa.

„Kein Problem", sagte ich.

Eine Delegation von sechs Mann reiste an und schlüpfte während zwei Wochen bis in den letzten Winkel unseres Betriebs, zerlegte, checkte, interviewte wen auch immer.

Am Ende gab es einen dicken Schriftsatz mit durchgehender 1a-Benotung der Lauda Air, bei einer einzigen Beanstandung: Lauda Air richtet sich bei den Dienstzeiten des fliegenden Personals nach den Regierungs-Richtlinien und nicht nach dem (niedrigeren) Gewerkschafts-Limit. Das war natürlich auch vorher bekannt.

Also völlige Zustimmung zu unserem Sicherheits-, Service- und Betriebsniveau, es wurden sogar Aspekte aufgezeigt (etwa bei der Simulator-Schulung), wo die Lufthansa von uns profitieren könne. Damit war die Diskussion erledigt, und wir hatten auch nie wieder ernsthaften Ärger auf dieser Ebene.

Im September 1994 stockte die Lufthansa ihren Anteil an der Lauda Air auf 39,7 % auf. Dort halten wir heute noch, und daran dürfte sich in absehbarer Zukunft auch nichts ändern. Mein Anteil beträgt ebenfalls 39,7 %, plus 1 Aktie. Damit bin ich Hauptaktionär, und der ausländische Anteil liegt unter dem gesetzlichen Limit, was „effective control" einer österreichischen Firma betrifft. Das ist vor allem in der Frage der Verkehrsrechte mit Nicht-EU-Staaten entscheidend. Dementsprechend liegen die restlichen 20 % bei österreichischen Großanlegern in einer sehr komplexen Situation, bei der die Besitzverhältnisse Inland/Ausland nicht gestört werden dürfen.

Für die Lufthansa sind wir nach wie vor Exoten, werden aber respektiert als innovative, flexible, *andere* Airline. Viele von ihnen beneiden uns, würden manches gern ähnlich machen wie ihr, sind aber durch die schiere Größe in der Bewegungsfähigkeit eingeschränkt. Somit bleiben auch die Wesensmerkmale der Proportionen gewahrt: Wir sind die Kleinen, mutiger, beweglicher, mit mehr Aufmerksamkeit fürs Detail, weil wir dem Kleinen grundsätzlich näher sind. Ebenso sind auch die ganz normalen Spannungen zwischen „großer" und „kleiner" Firma gegeben, wir lösen sie auf sachliche Weise – im großen und ganzen halt.

Bei völlig offensichtlichen Synergien gab es erstaunliche Verzögerungen, etwa beim gemeinsamen Check-in auf unserem Heimatflughafen Wien. Da ging es um Jobs, die verteidigt wurden bis zur letzten Möglichkeit, menschlich einzusehen, sachlich schwierig.

Eine wunderbare Sache war die Bestellung des Deutschen Peter Thöle zum Finanz-Vorstand der Lauda Air. Wir hatten an dieser Position immer die falschen Leute gehabt, und für mich war klar, daß ich gerade an dieser Stelle die stärkste Beziehung zwischen den beiden Blöcken wollte. So deponierte ich in Frankfurt, daß wir (Lauda Air, nicht Lufthansa!) einen Finanzmann suchten. Es wurde Peter Thöle präsentiert, der zuletzt für Lufthansa die Werft in Peking geführt hatte. Ein Finanzmann mit praktischer Erfahrung, ein trockener Deutscher mit chinesischem Vorleben und einer ewigen Liebe für China, ein starker Typ. Wer geglaubt hatte, hier einen deutschen Kontrolloffizier in Wien zu sehen, erlebte bald einen 110-prozentigen Lauda-Air-Manager, gesegnet mit Praxisjahren in der firmenüberschreitenden Ticketabrechnung und gewieft in allen Bereichen des Geschäfts. Auch in der Kommunikation tun wir uns dank Thöle viel leichter: Wenn wir einem deutschen Geschäftsmann was auf österreichisch erklären, wirkt es immer so unterbemittelt, nicht wirklich ernst zu nehmen. Ich liebe es, mit Thöle zu Lufthansa-Meetings zu reisen. Er sagt die österreichische Sache in deutscher Sprache, und alle verstehen ihn.

Auf der soliden Basis dieser Allianz, bei klar definierten Märkten, konnten wir innerhalb von drei Jahren vehement expandieren, auf der Linie wie im Charter, und zu unserer derzeitigen Größe wachsen. 1200 Mitarbeiter halten 19 Maschinen auf allen Kontinenten in der Luft, bedienen 23 Linienrouten und, je nach Jahreszeit, bis zu 50 Charter-Destinationen.

Brabham-Jahre 1978 und 1979

Teamkollegen Nelson Piquet und Konstrukteur Gordon Murray

Der berühmte Staubsauger, Sieger in Schweden 1978

Comeback mit McLaren 1982 bis 1985

Teamkollege Alain Prost

Mit Willy Dungl am Abend des dritten WM-Titels, 1984 in Estoril

Mit Alain Prost,
Ayrton Senna

Früher Gegner Ronnie Peter

endgültiger Gegner Alain P

Kyalami Ranch 1975:
Mit Graham Hill und Clay Regazzoni

Bernie Ecclestone

Gilles Villeneuve

James und Suzie Hunt

Ayrton Senna

Michael Schumacher

KAPITEL 8

Hier fliegt der Chef

Traumberuf Pilot? Es gibt gestandene Flieger, die das tausendmal bejahen würden, und andere, die nur die Routine eines ganz normalen Jobs drin sehen. Ich meine, die Grundvoraussetzungen des „Traumberufs" sind durchaus vorhanden, aber wenn du fünfmal Singapore–Wien in der Nacht geflogen bist, läßt der Traum etwas nach. Wie in jedem Beruf schleicht sich eine gewisse Monotonie ein, und es braucht Disziplin, damit umzugehen. Letztlich wird sehr viel davon abhängen, wie einer das nomadenartige Leben verträgt, mit all der Gruppendynamik, die sich daraus ergibt.

Am Anfang einer Pilotenkarriere stehen nach wie vor Eigeninitiative und die Investition rund einer halben Million Schilling für Flugschule und Ausbildung über den Privatpiloten- bis zum Berufspilotenschein. Mit einer Kette von Prüfungen erwirbt man den theoretischen Linienpilotenschein, der erst später mit der Praxis von 1 500 Flugstunden in die tatsächliche Lizenz umgewandelt wird.

Wer nach den theoretischen Prüfungen zu uns kommen will, muß eine Drei-Punkte-Selektion passieren: Nochmal Theorie, Psychologie-Test und Check auf einem relativ einfachen Simulator in Graz. Bei positivem Ergebnis liegt die weitere Investition bei uns: Wir ermöglichen Type Rating (Typenschulung) für Regional Jet oder 737, gefolgt von mindestens hundert Stunden durch Lehrer beaufsichtigte Praxis. Man muß sich dafür aber fünf Jahre an Lauda Air binden.

Frauen haben grundsätzlich die gleichen Chancen wie Männer, jedenfalls bei uns. Sie sind bloß deshalb statistisch schwer im Hintertreffen, weil sich das traditionelle Rollenbild erst jetzt langsam wandelt. Von 270 Lauda-Air-Piloten sind derzeit nur sechs Frauen.

Von unserer Größe her und meiner Pedanterie glaube ich, daß wir in der Ausbildung sehr punktgenau auf den Einzelnen eingehen können. Die Qualität der Piloten wird ganz klar von mir mitbestimmt und auch immer wieder überprüft.

Ich mache gern Reklame für Lauda Air. Gute Piloten kommen bei uns rasch weiter, bei der entsprechenden Leistung und den nötigen Flugstunden, weil wir im Wachsen sind und keine verfilzten Strukturen haben wie manche von den altgedienten Airlines.

Wir sind in jeder Beziehung für internationale Offenheit, und dank EU ist jetzt alles leichter. Mit Piloten, die „international" aufgewachsen sind, haben wir speziell gute Erfahrungen, sie sind ein Gegengewicht zu manchen Österreichern, die routinemäßig im Jammertal daheim sind.

Ein (österreichischer) Pilot meldet sich bei mir an, hat Beschwerde vorzubringen.

Er legt ein Handtuch auf den Tisch, es hat ein Loch. Das Handtuch stammt vom „Rama Garden"-Hotel, unserem üblichen Quartier in Bangkok. Es sei ihm nicht zumutbar, sagt der Pilot, in einem solchen Hotel zu nächtigen.

„Sie haben recht", sage ich, „das Handtuch sollte kein Loch haben. Es ist für Sie genauso ärgerlich wie für mich, weil ich auch immer im Rama Garden wohne. Warum gehen Sie nicht zu EVA Air? In Taipeh haben sie sicher keine Handtücher mit Löchern."

Was ich damit sagen will: Es gibt eine gewisse Eigenschaft, die ich für Österreich nicht verallgemeinern will, aber sie kommt bei uns um einen Hauch öfter vor als im internationalen Durchschnitt. Leute sind bereit, sich durch Lächerlichkeiten beleidigt und demotiviert zu fühlen. Das „Rama Garden" ist leider nicht das „Oriental", aber es ist okay und hat normalerweise auch ordentliche Handtücher. Es ist undenkbar, daß ein Pilot mit internationalem Background sich über einen solchen Schmarrn nicht an Ort und Stelle, sondern mit wehleidiger Beleidigtheit bei seinem Chairman beschweren würde.

Ein Kapitän in der höchsten Stufe, aber ohne Zulagen (etwa Ausbildungstätigkeit) verdient bei Lauda Air 95 000,– monatlich, vierzehnmal im Jahr. Unser Flugbetriebsleiter verdient 140 000,–, genausoviel wie unsere Vorstände (Lenz, Thöle und ich). Unsere Pilotengehälter liegen auf dem Niveau von British Airways und etwa 20 bis 30 % unter denen von Airlines, die in den guten Zeiten groß geworden sind, sich damals dieses Niveau leisten konnten und nun darum kämpfen, es runterzubringen.

Lauda Air hatte im Verlauf von 18 Jahren zehn Flugzeugtypen im Dienst: Fokker F-27, BAC 1-11, Boeing 737-200, -300 und -400, Boeing 767-300, Canadair Regional Jet 100ER, Learjet 60, Citation II, Falcon 20. Für all diese Typen hatte ich irgendwann das Type Rating gemacht und konnte sie als Kapitän fliegen, natürlich nicht jeden Flieger zu jeder Zeit, da man aus rein praktischen Gründen nicht so viele Type Ratings gleichzeitig unterhalten kann.

Zu Beginn meiner Fliegerkarriere hatten mich auch Helikopter interessiert. Den wesentlichen Teil der Ausbildung, auch den Alleinflug, hatte ich schon hinter mir, trat aber zur endgültigen Prüfung nicht an. Bis dahin hatte mir gedämmert, daß Hubschrauberfliegen nur bei dauernder Übung Sinn ergibt. Neben meinem damaligen Rennjob und der normalen Fliegerei hatte ich dazu aber keine Zeit, also ließ ich es ganz bleiben. Es hat mich auch nie so intensiv interessiert wie die „richtige" Fliegerei.

Ich hatte sicherlich Talent zum Fliegen. Wobei man sagen muß, daß auf der schmalen Bandbreite des Erlaubten in der Fliegerei weder Talent noch Phantasie wirklich gefordert sind.

Anderseits: Trotz aller nüchterner Präzision hat Fliegen

mit Gefühl zu tun. Es geht um ein gewisses Talent, das Gerät zu *spüren* und Zusammenhänge zu begreifen, in der Fliegerkanzel wie im Auto-Cockpit. Es gibt Autofahrer, bei denen kannst du als Beifahrer nicht eine Minute lang danebensitzen. Das fängt mit der Art an, wie einer nach dem Schalthebel grapscht.

Ich achte darauf, wie jemand die Fliegerkanzel (oder das Auto-Cockpit) begreift. Wie er die Instrumente anschaut. Wie er einen Schalter berührt oder auf eine Anzeige hindeutet. Nicht daß es eine Rolle spielte für das sichere Überbringen eines Flugzeugs von A nach B, bloß: Hier wird eine gewisse Einstellung ausgedrückt, und ich mache mir meinen persönlichen Reim darauf.

Ein Beispiel: Junger Copilot bei einem 737-Flug. Er macht keine Fehler, aber ich fühle mich nicht wohl neben ihm. Er greift mit der ganzen Hand nach Schaltern, die leicht mit der Fingerspitze zu bedienen wären. Seine Körpersprache signalisiert, daß er keinen gefühlsmäßigen Zugang zur Technik dieses Apparats hat, keinen Respekt vor der Maschine an sich.

Nach der Landung pflege ich immer selbst den Crew-Bus zu fahren, da ich ungern chauffiert werde. In diesem Fall machte ich eine Ausnahme und ließ den jungen Copiloten ans Steuer: Allein wie er den Zündschlüssel reinpempert, dann mit einer viel zu derben Bewegung dreht. Während er den ersten Gang reindrischt, kreischt er mit dem Starter noch einmal in den laufenden Motor. Er hat kein Gefühl für irgendwas, ist aber trotzdem Flieger geworden – diesen Typ gibt es natürlich. Der spezielle Copilot ist nicht mehr bei uns.

Talent hilft vor allem bei überraschenden Situationen. Für den Begabten ist es leichter, sofort die Zusammenhänge herzustellen. Am deutlichsten wird der Unterschied zwischen einzelnen Piloten in der Art, wie sie die Techniker über ein aufgetretenes Problem informieren. Ob sie präzise auf den Punkt kommen oder den Fehler in einem riesigen Umfeld suchen lassen.

Durch die Art, wie man Rennsport betreibt, war ich versucht, auch in der Fliegerei eine entsprechende Challenge zu finden, also ein Kriterium zwischen besserer oder schlechterer Performance. In der Passagierluftfahrt kann das nur bedeuten, möglichst *perfekt* zu fliegen, und das wiederum heißt: So zu fliegen, daß der Passagier von der ganzen Fliegerei nichts merkt.

Es gibt Piloten, die man am Rollen des Fliegers am Boden erkennt. Sie rollen durch Kurven, daß sich die Hostess anhalten muß. Da könnt' ich narrisch werden. Diese Piloten zeichnen sich auch dadurch aus, wie sie beim Gate einparken. Eine deutliche Lichterkette mit Übergängen von Grün zu Gelb zu Rot zeigt uns die Distanz zur Endposition an. Man kann sich alles wunderschön einteilen, um auf sanfteste, geradezu unmerkliche Weise zu stoppen. Zwei Drittel aller Piloten sind dazu einfach nicht in der Lage, und bei einigen hat man das Gefühl, das Rot der Ampel sei als Riesenüberraschung passiert: Fünf Hostessen fliegen um, und das ganze Flugzeug wackelt eine Viertelstunde. Sowas macht mich fertig, es ist eine Beleidigung unseres Berufsstands.

Es geht also um das schonende, um das vorausschauende Fliegen. Alle Bewegungen des Flugzeugs, Kurven oder Steigungen, sollten so *smooth* sein, daß du kaum was merkst. Eine prächtige Schule dafür ist der Umgang mit Executive Jets à la Citation oder Lear, weil dir dort die Wahl zwischen Mehr- oder Weniger-Vorausdenken noch weitgehend freigestellt ist. Mitdenken hilft Spritsparen, und Spritsparen ist eine meiner kleinen Leidenschaften, privat und geschäftlich, im Auto wie im Flieger.

Überträgt man den Ehrgeiz des möglichst perfekten Fliegens auf die jüngste Generation von Passagierflugzeugen, müssen wir der Automatik den Vortritt lassen. Sie rechnet noch präziser und einschleifender als wir, macht alles noch besser. Die Boeing 737-300 war für uns der erste Typ, der lateral und vertikal vollautomatisch fliegen konnte.

Natürlich kann man auch das fortschrittlichste Flugzeug der Welt manuell fliegen, aber das ergibt keinen Sinn, es kompliziert bloß die Vorgänge. Bei *Top of Descent* etwa, also bei Beginn des Sinkflugs, bleibt grundsätzlich die Wahl, so zu fliegen wie nach dem Krieg, oder per Automatik. Dann hat man dem Computer bloß den jeweils nächsten Vorgang freizugeben. Ich meine, vollautomatische Flieger gehören vollautomatisch geflogen (mit den logischen Ausnahmen, die sich aus den Umständen der Flughäfen ergeben).

Den jeweiligen Stand der Technik auszunützen anstatt persönliche Vorlieben zu praktizieren ist Teil der Harmonie und Ökonomie des Fliegens. Boeing sagt: Der beste Pilot ist der, der am wenigsten an den Schaltern und Hebeln herumdrückt. Ich sage: Simpel fliegen ist das Maß der Dinge.

Natürlich existiert auch noch eine alte Denkart. Viele Piloten fliegen ihr Flugzeug mit dem Arsch, was grundsätzlich positiv ist, weil es ausdrückt, daß einer ein Gefühl für den Apparat hat. Gerade der talentierte Pilot tendiert aber auch dazu, sich über Richtlinien und Checklists erhaben zu fühlen. Er könnte Dinge auf seine Art interpretieren und versuchen, einen *eigenen Stil* durchzusetzen. Dagegen mache ich mich stark, mit meiner ganzen Energie und Autorität. Selbst als kleine Airline haben wir mittlerweile 270 Piloten und Copiloten, man muß sie beliebig untereinander mischen können, und sie müssen auf die völlig gleiche Art vorgehen.

Daher stehe ich für beinhartes Einhalten der *Procedures*, der haargenau festgeschriebenen Vorgänge, und Lauda Air hat womöglich noch mehr Details festgehalten als manche andere Airline. Ich will darin einen Standard an Perfektion erreichen, den ich selber vollziehe und den ich auch von allen anderen verlange. Es gibt keine Ausnahmen, für mich nicht und für niemanden. Wer sich nicht dran hält, damit den Copiloten verunsichert und einen Riß ins System bringt, steht sofort beim Flugbetriebsleiter oder bei mir.

Cockpit-Kommunikation ist überhaupt das Wichtigste. Nur das Einhalten der *Procedures* ist Garant dafür, daß die unterschiedlichsten Typen von Menschen auf eine unmißverständliche Weise mitsammen funktionieren.

Neubestellte Flottenchefs (verantwortlich für einen Flugzeugtyp 737, 767 oder Canadair) oder Flugbetriebsleiter tendieren dazu, was Neues einzubringen und sich selber damit zu profilieren. Auch ihnen mache ich klar, daß absolut jedes Detail mit mir abzusprechen ist. Wäre ich bloß Vorgesetzter, würde ich damit nie durchkommen. Mit 11 000 Flugstunden imponiere ich ihnen da schon mehr. Auch bei allen Sitzungen mit Betriebsrat und fliegendem Personal hat der Doppeljob seine Vorteile: Ich werde leichter verstanden.

Die Autorität des Chefs, der selber fliegt, wird vor allem dann nützlich, wenn sie zum Gehörtwerden bei den richtigen Leuten führt. Weil die Technologie im Flugzeugbau derart vom menschlichen Maß abgehoben ist, können sich auch komplizierte Unsinnigkeiten ergeben, zu deren Erkennen es just das normale Augenmaß eines Fliegers-plus-Managers braucht.

Als ich zum Type Rating des Regional Jets zu Canadair kam, war ich überrascht von der Kompliziertheit des Dings. Der Regional Jet ist grundsätzlich toll, sonst würden wir ihn ja nicht laufend kaufen. Er kommt konzeptionell von den Executive-Fliegern, ist sozusagen ein zum Airliner verlängerter Challenger. Durch das Zusammentreffen von Systemen aus dem Geschäftsflieger- und dem Airliner-Bereich ist zuviel Gutes zusammengekommen. Im Type Rating war es wirklich mühsam, alles zu lernen und den Flieger dann perfekt zu nutzen. Hätte mir das einer unserer Piloten erzählt, ich hätte ihm kaum geglaubt. So aber, weil ich selbst drin saß und die Vergleiche mit anderen Typen hatte, wurde mir voll bewußt, was da läuft. Ich ging zum Hersteller Bombardier und sagte, daß ich als Käufer die unnötigen Kompliziertheiten im Bedienungs- und Checksystem einfach nicht akzeptieren würde.

Da ging es um die Diskrepanz zwischen *neuen* Armaturen

samt Monitoren (EFIS, Electronic Flight Instruments) und *alten* Overhead-Modulen mit der ganzen Druckluftregelung, was nach jedem Triebwerkanlassen zusätzliche Aktionen erforderte; da ging es um *Procedures*, die gemeinsam mit allen Propeller-Betreibern erarbeitet worden waren, und um verwirrende Checks.

Ich sagte: Wir gehen von einem Jet aus, vom Boeing-Level, und auf diese Art muß euer Ding funktionieren. Der Flieger muß zu einem simplen Konzept zurückkehren und sich nicht selber zu Tode checken. Ich trug die Sache ziemlich massiv vor.

Bombardier akzeptierte das, führte alle nötigen Änderungen durch. Ich flog den Regional Jet während der ganzen Einführungsphase bei Lauda Air. Heute beklagen sich höchstens Passagiere über die Enge des Mittelganges und über die Verstopfung beim Einsteigen, wenn sich der Herr aus der Zweierreihe den Wintermantel auszieht, aber das ist eine andere Sache. Der Regional Jet paßt für viele Europastrecken haargenau, ist ein verläßlicher und ökonomischer Flieger.

Mein Credo von klaren Lösungen, simplen Layouts führt auch dazu, daß wir zu einem Flugzeugkauf keine Delegation von Piloten entsenden, die sich über die Um-Spezifizierung von Cockpit-Details die Köpfe zerbrechen. Lufthansa etwa hatte für ihre Boeing-Maschinen den Sonderwunsch, die Overhead-Lichtschalter mit einer Hinauf-Rückwärtsbewegung einzuschalten, genau umgekehrt zur Boeing-Praxis und nur deshalb, weil es dem Chefpiloten so besser gefiel. So hat Lufthansa als einzige Airline der Welt auf allen 737 die Schalter verkehrt rum. Und wenn eine solche Maschine verkauft wird, muß das ganze Zeug wieder rückgebaut werden, ein lächerlicher Aufwand.

Die Sonderstellung des Eigentümers, der gleichzeitig Pilot ist, wirkt sich auch beim Einkauf aus. „Ich zahl' ihn und nehm' ihn gleich mit", öffnet bei jedem Gebrauchtwagenhändler automatisch den größten Spielraum. Fürs Geschäft zwischen Flugzeugwerken und Airlines ist es eher neu.

Normalerweise entsenden Airlines ihre Piloten und den Anwalt, der den Vollzug des Deals bezeugt und damit den Fluß von, sagen wir, einer Milliarde Schilling in Gang setzt. Der abholende Pilot ist wirklich nur der Abholer, er hat zu dem gewaltigen Geschäftsvorgang keine Beziehung.

Außer unseren jüngsten Regional Jets habe ich noch jeden Flieger selber abgeholt. Oft läßt es sich mit der Einschulung kombinieren, sodaß ich einige Wochen etwa bei Boeing verbringe. Da hat Hannes Rausch schon einige Zeit lang das Lackieren und das Finish der Innenausstattung überwacht. Es ist absolut unglaublich, zu welchen Diskrepanzen es dabei zwischen unserem Anspruch und der normalen Massenroutine von Boeing kommen kann. Das mag durchaus zu einem Riesenwirbel führen, der damit endet, daß ich einen President oder Vice President anrufe, der dann in Gottes Namen nachgibt. Im Grunde setzen wir fast alles durch, weil wir uns mit dem Detail beschäftigen und ordentliche Argumente haben. Airlines, die den dreihundertsten Flieger abholen lassen, machen das natürlich völlig anders. Boeing hatte sowas noch nicht erlebt, daß da einer wochenlang auf dem Gelände des Auslieferungshafens in Boeingsfield herumrennt und sie wegen jedem Schmarrn sekkiert.

Bei einem meiner ersten Seattle-Trips erlebte ich, wie eine Landeklappe unserer 737 beschädigt wurde. Man machte Funktionstests am aufgebockten Flieger, hatte eine herumstehende Werkzeugkiste übersehen, und schon war eine Riesendelle drin. Die *flap* wurde abmontiert und weggebracht.

„Was geschieht jetzt?" fragte ich den Verantwortlichen an unserem Flugzeug.

„Die *flap* wird repariert. Ausgerichtet und geflickt."

„Vergiß es. Ich will keine reparierte *flap* an meiner neuen Maschine."

„Boeing hat da eine klare Linie: Es gibt das Boeing-Limit. Eine leicht beschädigte *flap* läßt sich tadellos reparieren."

Das war glaubhaft, aber ich brachte es nicht über mich, ein neues Flugzeug mit reparierter Landeklappe zu übernehmen. Die *Company Rules* sind derart strikt, daß es innerhalb des Boeing-Managements nicht möglich war, das Problem zu lösen. Ich mußte bis rauf zum Präsidenten marschieren und ging dem so lange auf die Nerven, bis unsere 737 eine neue *flap* hatte.

Ein anderes Beispiel, wieder anhand einer 737. Beim Fliegen hatte mich oft gestört, daß die beiden Gashebel für die beiden Triebwerke bei gleicher Stellung nicht die gleiche Drehzahl ergaben. Eine Sache der Toleranz, natürlich, und wenn ich als Tüftler aber trotzdem gleiche Drehzahlen haben will, muß ich die rechte Hand immer weiter spreizen, um mit derselben Bewegung die beiden Hebel verschieden weit zu führen.

Als ich nun eine 737 abholte, fiel mir gleich beim ersten Testflug wieder eine kleine Differenz auf, und ich beschwerte mich. Antwort: Für diesen speziellen Fall betrage die Boeing-Toleranz *half a knob*, etwa einen Zentimeter. Innerhalb dieser Distanz werde eine Beschwerde nicht behandelt. Nun mag es stimmen, daß *half a knob* zumutbar ist, aber im Lauf der Zeit vergrößert sich die Toleranz von allein. Es wird ein *ganzer knob* draus, oder mehr, sodaß du Prothesen brauchen würdest, um die beiden Gashebel wirklich exakt zu bedienen.

„Akzeptiere ich nicht", sagte ich.

„Innerhalb der Toleranz", sagte der Boeing-Mann.

„Ist mir wurscht, ich nehm' den Flieger nicht."

Es ergab sich eine Riesendiskussion, denn die Boeing-Leute kennen natürlich die Mühseligkeit der haargenauen Einstellung von all den involvierten Kabeln, sie ergibt sich bei jedem Triebwerkwechsel. Man kriegt es wirklich sehr schwer hin, ich meine millimetergenau, drum wollen sie ihre Toleranzen bewahren. Der Streit dauerte damals zehn Tage, bis die beiden Hebel *wirklich parallel* standen. (Die 737 hat heute noch mechanische Kabel zum Triebwerk, bei der neuen 767 geht das inzwischen vollautomatisch über computergesteuerten elektrischen Kontakt, wie in der Formel 1: *Fly by wire.*)

Mit der Zeit klingelte es bei den Boeing-Leuten, wenn sie den Namen Lauda hörten. Vielleicht hat ihnen meine Beharrlichkeit sogar gefallen. Irgendwann bauten sie eine Extrastufe in ihre Quality Control ein und stellten für die letzten zwei Wochen unserer Auslieferungsarbeiten eigens geschulte Leute ab.

Das Cash-und-Carry des Flugzeughandels funktioniert natürlich nicht mit Bargeld, aber doch sehr strikt nach hie-Geld-da-Ware. Bei einer Boeing 767 geht es um etwa eine Milliarde Schilling.

Eine Bank in New York, die gegenüber dem Boeing-Standort Seattle ein paar Stunden früher ausgeschlafen ist, macht die Moderation zwischen den vielleicht zwanzig Banken, die an der Finanzierung beteiligt sind und längst die Verträge vorliegen haben. Während ich draußen in Boeingsfield den letzten Übernahme-Check mache, ist Lenz mit den Anwälten beider Seiten in der Zentrale. Sobald ich okay sage, „die Maschine wird übernommen", bringt die New Yorker Bank alle übrigen in einer Konferenzschaltung zusammen und ruft jede einzelne *confirmation* ab, daraufhin erfolgt bei Boeing der *transfer of title:* Wir können mit der Maschine wegfliegen, die Banken geben die Kohle an Boeing frei.

Die ereignisreichste Heimholung eines Flugzeugs passierte mir mit einer 767. An Bord waren noch ein Lauda Air-Co-pilot, einige Techniker von uns und zwei Boeing-Techniker, das ist die übliche Besetzung bei der Überstellung einer großen Maschine. Wir flogen am Abend von Seattle weg.

Es war in der schlechten Jahreszeit bei turbulenter Luft. 35 000 Fuß über Neufeundland fährt plötzlich das automatische Gas *(auto throttle)* in Leerlauf *(idle)*. Ich schalte aus, schiebe die beiden Hebel wieder nach vor, schalte *auto throttle* wieder ein, bumm, wieder in *idle*. Ich denk' mir, der *auto throttle* ist hin, schiebe die Hebel nach vorn und fliege weiter. Nach drei Minuten erscheint *rudder ratio* am Bildschirm, das heißt, die Ruder-Bewegung hinten ist limitiert, aus unersichtlichem Grund. Die Checklist sagt: Du kannst weiterfliegen, aber sei wachsam, wieviel Ruder er dir gibt.

Nächste Mitteilung: *aileron lockout*. Hier geht es um die Abschaltung der Querruder. Komisch. Die Checklist sagt: Aufpassen!

Ich hock' da in der Nacht über Neufundland, neben mir nur der zweite Lauda Air-Pilot, und der Computer schreibt lauter komisches Zeugs. Ich läute nach meinem Techniker, er möge den Boeing-Mann herschicken. Der kommt verschlafen daher.

Erster Kommentar: „Das gibt es nicht."

„Schau her, gibt es doch."

Man kann nicht zwei *rudder control*-Probleme gleichzeitig haben, sagt er, weil das über zwei komplett getrennte Systeme läuft. Scheiße, ein Problem.

Der Autopilot geht sowieso nicht. Ich bin mit der Hand geflogen, durch Sturm und Wetter, den Flieger hat's gebeutelt.

Der Boeing-Mann geht nach hinten, um in den Büchern nachzuschauen.

Das Wetter gefällt mir gar nicht, und ich möchte in Frobisher landen. Die melden: *40 knots crosswind, snow storm, runway conditions slippery*. Vergiß es: Mit einem Ruderproblem kannst du nicht bei so starkem Seitenwind landen. Wir müssen also weiter.

Die Turbulenzen werden immer stärker, bei 35 000 Fuß in der Nacht, es fetzt uns hin und her, mein Kappl hupft rauf und runter. Ich sage:

„Burschen, das ist fad, laßt euch was einfallen."

„Dann müssen wir den Teppich aufschneiden und runterkriechen ins E+E-Compartment."

Das ist sozusagen die Elektronik-Kammer des Flugzeugs. Man kommt normalerweise nur von außen hinein, aber in Notfällen kann der Teppich hinter dem Cockpit aufgeschnitten werden, und es ergibt sich ein Einstieg.

Die Boeing-Techniker schneiden auf, einer kriecht runter, kommt zurück:

„Wir haben ein Air Data Computer-Problem: *Fault Message*."

„Paßt das mit den anderen Defektmeldungen zusammen?"

„Nein. Irgendwas hat's da noch."

„Und jetzt?"

„Wir müßten den Air Data Computer kurz rausziehen und wieder reintun."

„Was passiert dann?"

„Wissen wir nicht. Wir haben's in der Luft noch nie gemacht."

„Hm."

Es war trotzdem unsere vernünftigste Chance. Sie zogen das Ding raus, daraufhin war meine linke Seite komplett tot, der Copilot mußte fliegen. Sie steckten den Computer wieder rein, daraufhin ging der rechte Autopilot wieder (wir haben drei davon).

Wir flogen bis Wien und landeten ohne größere Aufregung.

Dann ging die Fehlersuche los.

Es war ein schlichtes *wiring problem*, eine falsche Verkabelung, die trotz aller Tests nicht deutlich geworden war. Erst der zusätzliche Defekt des linken Air Data Computers hat den Fehler an die Oberfläche gebracht, dann aber gleich potenziert. Mit dem neuen Einbau des Air Data Computers war dieser Problemteil erledigt, und erst der nochmalige Check in Wien brachte das *wiring problem* ans Tageslicht.

Die meisten Zwischenfälle passieren am Boden, glücklicherweise, für die Routine einer Airline sind sie ärgerlich genug. Beispiel einer patscherten Serie, erlebt innerhalb von drei Wochen, typisch für die Situation auf Airports, wo irgendwelche Leute mit irgendwelchen Vehikeln auf die Flieger losfahren:

In Miami fuhr ein Catering-Wagen mit soviel Begeisterung an unsere 767, daß er ihr ein Loch schlug. Das ist natürlich eine Riesensache für einen Flieger, jede Reparatur muß genau nach Vorlage des Herstellers erfolgen. Wenn nur die Außenhaut beschädigt wird, ist es halb so dramatisch, aber hier wurden auch Spanten mitbeschädigt. Der Flieger stand vier Tage, wir hatten Flugausfälle und Verschiebungen bis zum Gehtnichtmehr.

Am Wochenende drauf landete eine 737 von uns in Gatwick. Dort führen sie mit einem kleinen Traktor die Stiege bis einen Meter vor den Flieger, hängen die Stiege ab und schieben sie händisch an die richtige Position. In diesem Fall wurde die Stiege zwar abgehängt, verfing sich aber wieder im Traktor-Gestänge, und beim Losfahren des Traktors knallte sie mit voller Wucht in die Maschine. Das Loch war derart, daß die 737 nach Shannon geflogen werden mußte, um bei einer Spezialfirma repariert zu werden – wieder ein Riesenausfall im Flugbetrieb. Die Versicherungen der Flughäfen zahlen in einem solchen Fall nur die Behebung des Schadens. Keine Kosten für die Shannon-Überstellung, für den Ausfall, für alle Folgen.

Am Montag nach dem Shannon-Wochenende wurde ich angerufen: Einer unserer Regional Jets wurde von einem Flughafenfahrzeug in Wien-Schwechat gerammt und hatte ein Loch. Es war um die Betätigung der Cargo-Tür gegangen: Nach dem Beladen braucht man nur eine runterhängende Schnur zu ziehen, bekommt dadurch die Cargo-Tür handgerecht serviert und muß sie nur noch schließen. Der Flughafenmann wollte sich die Füße im Schnee nicht naß machen und fuhr bis an den Flieger ran, um aufs Dach seines Wägelchens zu steigen und die Tür runterzuholen. Dabei rutschte er von der Bremse ab, kam aufs Gas, knallte in den Flieger rein und machte ihm einen meterlangen Schlitz. Ich schaute mir das an und kriegte einen so schrecklichen Wutanfall, daß ich den zuständigen Menschen am Flughafen anrief:

„Passen S' auf, ich nehm' jetzt einen Riesenstein und den hau' ich aus Versehen auf euren Glaskobel vom Pier West, bis er hin ist. Wenn ihr dauernd in meine Flieger reinfahrts, kann ich genauso blöd sein."

Ich muß ziemlich überzeugend in meiner Wut gewesen sein:

„Hörn S' auf, hörn S' auf, wir zahlen Ihnen alles."

Der Flieger stand sieben Tage am Boden, und zur Reparatur mußten Männer aus Kanada kommen.

Ich fliege auch derzeit noch knapp 500 Jahresstunden auf den großen Maschinen, dazu etwa 200 Stunden auf dem Lear. Chartergäste sind meist recht entzückt, wenn ich selber fliege, auf der Linie fällt es weniger auf. Grundsätzlich reagieren die Leute positiv auf das rote Kappl, nie negativ. Flugängstliche Menschen fühlen sich beruhigt, sie werden auch ins Cockpit gebeten, damit ich ihnen etwas erklären kann. Sie sagen, es sei beruhigend, wenn hier einer sitzt, den man kennt, und von dem man weiß, daß er sich auskennt.

Nicht ganz so lief es auf einem München–Miami-Flug mit der 767. Unmittelbar vor dem Start begann ein weiblicher Passagier zu schreien. Ein dritter Pilot, den wir als Beobachter mit hatten, kümmerte sich um sie. Ich bat sie dann ins Cockpit und erklärte ihr meine Arbeit, sie beruhigte sich aber nur kurz und fing zu brüllen an.

Ich sagte: „If you don't shut up, we gonna crash."

Sie gab Ruh' und ich erzählte ihr, wie sicher das Fliegen sei.

Daraufhin erzählte sie von sich selber: Kubanerin, in München arbeitend, Flugangst seit Kindheit: „Immer wenn ich einsteige, will ich wieder aussteigen. Ich kämpfe dagegen, aber es nützt nichts." Zuletzt habe sie mit ihrem Freund auf Urlaub fliegen wollen, aber sie habe derart schreien müssen, daß der Flieger umgedreht habe.

„Und was hat Ihr Freund gesagt?"

„Der hat mir ein paar Ohrfeigen gegeben. Aber es hat auch nichts genützt. Wir sind nicht geflogen."

Sie blieb im Cockpit sitzen, halbwegs ruhig, hatte den Rosenkranz in der Hand.

Dann wurde sie wieder nervös, und wir gaben ihr Kopfhörer mit einem Funkkanal, zur Ablenkung.

Wir holten uns die *Oceanic Clearance* bei Shanwick Control und gingen wieder auf *Domestic*, weil man ja bis zum tatsächlichen Erreichen des Meeres beim Franzosen bleibt.

Plötzlich schrie die Kubanerin wie am Spieß: „Emergency, emergency!"

Wie es der unglaubliche Zufall wollte, hatte in ihrem Kanal tatsächlich eine British Airways ihr *Mayday* abgesetzt, wegen eines Druckluftproblems. Die junge Dame wurde noch unruhiger.

Wir rieten ihr, sie solle nach hinten gehen, was essen, sich den Film anschauen undsoweiter – nein, sie ginge hier nicht weg, sie könne das nur hier aushalten.

Wir kamen in leichte Turbulenzen, und ich erklärte ihr die Zusammenhänge und warum ein Flugzeug nicht abstürzen könne. Ich dachte, was für ein Glück, daß sie mich nicht erkennt und mit dem „Mozart"-Absturz in Zusammenhang bringt.

Sie hielt sich am Rosenkranz fest.

Nach etwa drei Stunden sagte sie, ansatzlos: „I know, who you are. Racing driver. One of your airplanes crashed in Bangkok, because the thrust reverser deployed."

Ich war fix und fertig.

Sie schrie noch einmal gellend ALARM!, als sie eine Computer-Message falsch interpretierte, aber wir brachten sie heil nach Miami. Bei der Landung war sie relativ ruhig und bedankte sich tausendmal.

Wir schlossen einen Deal: Wann immer sie Lauda Air fliegt, wird sie vor dem Einchecken entscheiden, ob sie Klaustrophobie haben wird. Im Zweifelsfall wird sie eine andere Linie wählen.

Wir haben sie nicht mehr gesehen.

KAPITEL 9

Ein Stil entsteht

Wenn wir davon ausgehen, daß alle Top-Airlines heute ein Maximum an Sicherheit bieten, daß sie sich – noch – an ein einheitliches Preisgefüge halten und daß sie wie die Löwen um marktmäßig richtige Routen und Abflugzeiten kämpfen, so bleiben wenig Unterschiede zwischen den einzelnen Gesellschaften übrig. Die Unterschiede liegen nur noch im Detail. Es sind die Details im Auftreten, in der Behandlung der Gäste, Details im Service. Wer dort mehr Liebe und Kraft der Umsetzung reinsteckt, wird beim kleinen Unterschied gewinnen.

Beginnen wir beim ersten Lebenszeichen einer Gesellschaft, dem Auftreten. Wir hatten von allem Anfang an eine starke Affinität zu Design und Grafik. Wir, das waren erst einmal Hannes Rausch und ich. Das doppelte rote „L" auf meinem Sturzhelm im Brabham-Jahr 1978 war der Beginn von Corporate Design für Lauda Air. Und so ungeschlacht die erste Fokker-27 auch wirkte, sie hatte in Logo und Lackierung eine klare Identität. Der Schriftzug, beispielsweise, brauchte bis heute keine Überarbeitung.

Damit waren die Farben schon klar: Rot und weiß, auch naheliegend als die österreichischen Farben. Rot war überhaupt die Urfarbe gewesen, mein erster Helm war rot. Als ich begann, das Parmalat-Kappl zu tragen, wechselte ich zwischen blauen und roten Kappln, aber irgendwann war Schluß mit Blau, und es gab nur noch rote Mützen.

Als dritte Farbe hatte Hannes Rausch schon sehr früh Grau parat: „Durch das Rot wirkt es frisch, läßt viele Abstufungen zu, ist emotional, und eine optimale Ergänzung zu weiß, ohne bunt zu werden. Mit Blau oder Grün wirst du immer *bunt*, bist außerdem weg vom Österreichischen."

Als wir unsere Grafik zum ersten Mal überdachten, beim Wechsel von Fokker auf BAC 1-11, wollte ich Rot-Weiß-Grau nicht als zwingende Grundlage akzeptieren und bat Hannes um Alternativen. Wie wär's mit Grün?

Hannes Rausch mag nichts *Buntes* und haßt Alternativen. Er pflegt immer einen einzigen Entwurf hinzulegen, der muß gelten und jeder Betrachter hat unverzüglich begeistert zu sein, sonst gibt's einen Riesenzirkus. Immerhin, Hannes überwand sich, ersetzte die graue Fläche durch Flaschengrün und zeigte mir triumphierend den Entwurf.

Ich habe nie wieder Grün vorgeschlagen.

Im Außen-Design verloren unsere Maschinen das „air" von „Lauda air" aus der Fokker-Zeit und gewannen hinten eine einzigartige Kante, wie ich sie im Flugzeug-Design sonst nicht gesehen habe. Die Verlängerung der Leitwerk-Schräge wird als Grafik unterhalb der Fensterlinie wieder aufgenommen, früher als Weiß/Grau-Kante, zuletzt als Dunkelgrau/ Hellgrau-Kante. Sie hilft der Dynamik des Gesamt-Designs und verstärkt die Wirkung des schrägstehenden L in der Heckflosse.

Unser Service-Engel entspringt auch einer Hannes-Rausch-Idee aus den frühen achtziger Jahren (erste grafische Ausführung: Carolyn Stuckey). Wie schon beschrieben, sollte der Engel ein Gegengewicht zum Image der *Rennfahrer*-Airline sein. Es sollte, so Rausch, „ein Symbol sein, das sich mit neuen Werten (also nicht Racing) aufladen läßt, und es sollte unsere Trade Mark werden und uns irgendwann jene Tradition nachliefern, die wir nicht hatten". Ich habe schon erzählt, daß sich der Slogan „Service is our success" aus dem Zufall der Situation heraus ergeben hatte, bei einer Autofahrt mit Hannes Rausch in Los Angeles. Das dürfte 1982 gewesen sein, jedenfalls noch in unserer Propellerzeit.

Aus den Farben Rot-Weiß-Grau, dem L, dem Engel und dem „Success"-Slogan entwickelte sich immer deutlicher ein starkes Corporate Design. Wir betrieben das nicht als Manierismus, sondern als Teil unserer selbst. Es war einfach wichtig, und daher war jede Kleinigkeit davon wichtig.

In manchen Dingen waren wir der Zeit voraus. Rausch bildete sich Grau als wesentliche Farbe der Innenausstattung ein, als diese Farbe bei den Airlines und damit bei den Ausstattern noch gar nicht existierte. Für die Innenwände, die Paneele, fürs Klo, für Verkleidungen von Lampen und Luftdüsen waren immer nur braune Farben vorgesehen, braun in allen Schattierungen, aber Rausch sagte, es seien nur drei Braun: „Scheißbraun, eisenbahnerbraun und gagerlbraun". Ich meine, er läßt nicht viel Diskussionsspielraum in solchen Dingen. Also mußten wir Grau erzwingen, was gar nicht so einfach war, denn die großen Ausstatter waren nur ab 20 Stück (Flugzeuge) für Sonderserien zu haben. Immerhin war es noch die Zeit meines frischen Weltmeisterruhms, und Hannes pushte mich solang, bis ich irgendeinen President anrief und ihm ein Loch in den Bauch redete.

Rausch war derart besessen von seiner Grau-Idee, daß ich ihm einen Termin bei Dick Albrecht, Vice President von Boeing, einrichten mußte, wo er einen Vortrag über „Grau in der Zukunft" hielt. Grau sei beruhigend, wohltuend und der ideale Hintergrund für alles Bunte, das ganz automatisch durch die Passagiere hereingebracht werde. Mittlerweile führt Boeing die Mock-ups neuer Flieger in Grau vor, bei fast allen Airlines hat es sich als Innenfarbe durchgesetzt, und Rausch ist mächtig stolz drauf. Er hat's erfunden, sagt er.

Zwischendurch wurde er sich allerdings selbst untreu, indem er Gelb und Gold in die Amadeus Class einschleuste, ich fand es scheußlich und habe es abgedreht. Wir bleiben bei Rot und Grau.

Den Höhepunkt seines Designerlebens hat Hannes Rausch für die kommenden 777er geplant. Wir stecken schon mitten in den Arbeiten, „eine Orgie, ein Gesamtkunstwerk, meine Erfüllung", sagt Rausch.

Solcher Überschwang der Begeisterung ist Teil des Hannes Rausch, der davon überzeugt ist, ein sehr bedeutender Maler zu sein. Ich sage das ohne irgendwelche Untertöne: Er glaubt daran, und ich verstehe nichts von Kunst.

Seine jüngsten Werke sind großformatige Rot-Bilder, auf denen ich praktisch nichts anderes erkennen kann als Rot. Hannes sagt, es handle sich um verschiedene Portraits, eines davon trägt auch den Namen Niki Lauda, es ist im Bildteil dieses Buchs zu sehen. Von den vielen, auch weniger roten Portraits, die Rausch im Lauf von zwanzig Jahren von mir gemacht hat, hat er fast alle übermalt (was er üblicherweise tut), es dürften noch drei im Originalzustand existieren.

Bei *reiner Kunst* haben wir also keine Berührung, bis auf das Portraitiertwerden. Bei Gebrauchsgrafik und Corporate-Design-Items (bis zum dreieckigen Geschirr) haben wir hohe Übereinstimmung, die auch bis zu gemeinsamer Begeisterung führen kann. Bei Werbe-Ideen raufen wir uns zusammen, mit wechselnden Erfolgen. Dann gibt es noch Grenzfälle, wie unsere „Reception".

Dazu muß ich sagen, daß wir im Verwaltungsbereich extrem schlank sind und das auch ausdrücken. Keine Prestige-Büros, keine teuren Wahrzeichen. Bis vor wenigen Jahren waren wir über Baracken des Wiener Flughafengeländes verteilt, jetzt sind Verwaltung, Sales, Crew-Check-In und Dispatch im World Trade Center am Flughafen untergebracht. Man braucht eine Reception, klar, eine Stelle, wo sich Besucher anmelden, eventuell kurz warten. Hannes Rausch wollte dafür etwas Lauda-Typisches, irgendwas Unverwechselbares schaffen. Gut.

Bei unserem Wiener Stadtbüro ist diese Unverwechselbarkeit gelungen, nicht protzig, nicht elitär, nicht teuer, trotzdem sehr bemerkenswert.

Was Hannes Rausch dann aber im dritten Stock des World Trade Centers errichtete, war ein windschiefer Holzverschlag. Ich war perplex.

Das Begreifen dieser Sache, so Hannes, sei nicht so einfach, ich müsse es *kommen lassen.* „Du wirst schon sehen!"

Statt dessen versuchte ich, das Ding zu ignorieren, weil es mir einfach schrecklich auf die Nerven ging. Ich wurde aber dauernd von Mitarbeitern oder Gästen angesprochen, ob da einer von uns durchgedreht werden. Tpyische Formulierung von Mitarbeitern:

„Herr Lauda, die Leut' fragen, ob wir einen Vogel haben."

Also redete ich mit Hannes, immer wieder. Mein Hauptargument war: „Jeder denkt bei dieser windschiefen Holzplanken-Baracke an ein zusammenstürzendes Unternehmen, und das kann doch für eine Airline keinen Sinn ergeben."

Hannes Rausch pflegte zu antworten:

„Diese Reception ist clean, sauber, ausgeräumt, nicht befrachtet mit irgendwelchen alten ‚RECEPTION'-Hinweisen. Sie ist vorausdenkend, modern."

„Aber sie schaut nach Unordnung aus, nach Niederlage, nach Zusammenbruch."

„Das verstehst du nicht, NOCH nicht, weil wir der Zeit voraus sind. Es stellt die Fragilität einer Airline auf ästhetische Weise dar. Schaut nicht nach schwerem Trumm aus. Es ist Holz, schwebend, keine festen Pfosten sind sichtbar, alles ist ganz schlicht und einfach, wie Plankenholz auf der Straße. Diese schönen Strukturen im Holz, mit Lack veredelt, das ist doch wunderbar. Rechts ein kleiner Engel, links ein kleiner Engel, und in der Mitte unsere Lauda-Air-Mädchen. Ohne Logo! Die Leute wissen ja eh, daß sie in der Lauda Air sind, also brauchen wir kein Logo."

Geduldig ließ ich weiterhin die Proteste meiner Mitarbeiter über mich ergehen. Ich sagte ungefähr:

„Wir sind unserer Zeit voraus. Das verstehen Sie nicht."

Dann kam eines Tages meine Frau Marlene, es war einer ihrer extrem raren Besuche. Sie hatte unsere neuen Büros überhaupt noch nie gesehen. Ihr erster Satz:

„Hannes häkerlt dich."

Häkerln ist ein wienerischer Ausdruck für Jemanden-auf-den-Arm-nehmen.

Mir reichte es. Ob sie recht hatte oder nicht, ob man sich

über den Einfluß Marlenes was zusammenreimen würde oder nicht, egal: Ich verfügte den Abtransport der „Reception" und ließ von braven Handwerkern einen ganz normalen Empfangsbereich zusammenstellen, wo Lauda Air draufsteht und ein freundliches Mädchen hinter einem Schreibtisch sitzt.

Hannes Rausch, nach dem ersten Ärger: „Ich hätt' mit der Marlene reden müssen. Sie hätte mich sofort verstanden. Sie hat starken Einfluß auf Niki, im positivsten Sinn, und da hat es eben blitzartig gewirkt. Jetzt haben wir architektonisches Mittelmaß, wie es jede Airline der Welt machen würde. Ich stehe noch immer zu meinem Konzept. Eine Gestaltung, deren Idee dem Niki um Lichtjahre voraus war."

Stichworte Kunstwerk und Gestaltung. Die feschesten Stewardessen, Freundlichkeit an Bord, jugendliche Aufgewecktheit waren die allerersten Begriffe, die uns einfielen, wenn wir Ende der siebziger Jahre die im Werden begriffene Lauda Air beschreiben sollten. Dementsprechend begannen wir mit zwölf hübschen, strahlenden jungen Damen. Inzwischen haben wir auch auf männliches Kabinenpersonal erweitert, bei „jung" und „strahlend" sind wir geblieben, mehr oder weniger.

Altersgrenze ist 38. Ausnahme: Wenn jemand in einer zusätzlichen Funktion (Schulung) arbeitet. Ich halte den Job für derart anstrengend und aufreibend, daß es mir normal scheint, wenn nach fünfzehn Jahren die Motivation nachläßt. Wir wollen keine Altersgruppe diskriminieren, da müßte ich mich ja selber diskriminieren, aber wir wollen die junge, frische Art des Auftretens immer wieder erneuern. Wir bilden uns ein, daß das zu uns paßt. Andere Airlines denken anders, gut so. Die Jeans gehören auch zu unserer Art der Selbstdarstellung, genauso wie die roten Kappen. Wir wollen da bewußt anders als die anderen sein.

Das mag auch für das grundlegende Dienstleistungs-Verständnis dieses Berufs gelten. Meine Vorstellungen waren klar vom ersten Moment an, ich habe nie nachgegeben und werde es auch nicht tun: Das Kabinenpersonal schafft die Atmosphäre an Bord.

Die generelle Job Description des Flugbegleiters liegt zwischen dem „Aufsichtspersonal" der muffigen Old Airlines und „Gastgebern" unserer Art. Ein typisches Beispiel für das weite Feld der Mißverständnisse ergaben erst unlängst die Verhandlungen mit der Gewerkschaft in Italien, als es um Lauda Air Italien (Sitz in Mailand) ging.

Die Gewerkschaft der Alitalia fühlte sich auch für unser Kabinenpersonal zuständig und sagte gleich einmal, daß es ein Riesenproblem gebe. Flugbegleiter seien nur für die Sicherheit während des Fluges zuständig, eventuell noch für Verpflegung. Die von mir geforderte Leistung des Freundlichseins sei nicht grundsätzlich vorgesehen, und allfällige Nebendienste im Sauberhalten der Maschine schon gar nicht.

„Dann haben wir Pech", sagte ich, „bei Lauda Air sehen wir das anders: Es geht um eine Serviceleistung, nicht um das Warten auf den Notfall. Der Notfall wird dann behandelt, wenn er eintritt."

Diese Auffassung sei schon wegen der fest verankerten Gewohnheiten der Alitalia nicht durchzukriegen, sagten die Gewerkschaftsleute. Zwischendurch sogar auf dem Klo nach dem Rechten zu sehen, sei überhaupt undenkbar.

„Ich putze auch das Klo", sagte ich, „und weiß daher, daß es überhaupt nicht schrecklich ist. Vielleicht haben Sie eine zu schlimme Vorstellung von der Sache. Soll ich's Ihnen erklären?"

Bitte.

„Niki Lauda, Pilot und Mitbesitzer, geht pinkeln. Ich versuche in die Mitte zu pinkeln, ich kann das. Leider können es nicht alle. Dann nehme ich ein Papier-Tissue aus der Wand, wische das Waschbecken aus, wische Seifenreste weg, das Papier ist nun feucht, ich fahre über die Klobrille, hebe sie kurz auf, fahr' einmal drunter, schmeiß' das ganze rein, drück' den Knopf und wasch' mir die Hände. Dauer der Aktion: Eine Minute. Davon rede ich."

„Aha. Unsere Leute dürfen das trotzdem nicht machen."

„Aber ich kann nicht akzeptieren, daß wir auf eine andere Weise fliegen. Wenn ich unsere Art des Fliegens hier nicht durchsetzen kann, interessiert mich das ganze nicht."

Das war denen wurscht. Es war ihnen auch egal, daß der größte Reiseveranstalter Italiens, Alpi Tours, mit Air Europe wegen des miesen Service unzufrieden war und deswegen zu Lauda Air wechselte, was schlagartig 600 Millionen Umsatz brachte.

Ich sagte: „Jetzt sind wir aber in Europa. Wenn ihr meine 60 italienischen Flugbegleiter nicht arbeiten laßt, fliegen wir halt mit anderen Europäern."

Wäre ihnen auch egal gewesen.

Dies war aber nicht die einzige Arbeitnehmervertretung, die in Italien für einen Abschluß in Frage kam. Just mit der kommunistischen Gewerkschaft kamen wir nach einigem Hin und Her zu einem unterschriebenen Kollektivvertrag. Demnach müssen die Flugbegleiter (selbstverständlich) für den Notfall gerüstet sein, aber sie dürfen auch freundlich sein, dürfen zuvorkommend Essen servieren und zwischendurch sogar die Sauberkeit fördern.

Großen Anteil am Bild von der feinen kleinen Airline hat das Catering des Attila Dogudan.

Die Anfänge und die erste Ausbaustufe sind in vorhergehenden Kapiteln beschrieben. Die Zusammenarbeit funktioniert seit zehn Jahren nach dem Prinzip: Ich kann fliegen, aber nicht kochen, er kann kochen, aber nicht fliegen. Daher lasse ich fliegen, er läßt kochen, und keiner redet dem anderen drein.

Dogudan ist voll verantwortlich für den gesamten 120-Mio-Umsatz unseres Caterings auf der ganzen Welt, also auch für die Außenstationen in Sydney, Miami oder wo auch immer. Er fliegt alle paar Wochen mit seinen Köchen durch die Gegend und erklärt seinem Mann in Bangkok, wie das Risipisi auszuschauen hat. Er akzeptiert in Miami keinen amerikanischen Kaffee, sondern erzählt ihnen, wie der Schaum in die Tasse kommt. Er gibt sich nirgendwo mit dem zufrieden, was man den internationalen Standard nennt, sondern bringt alles auf das Niveau von Do & Co, wie seine wunderbaren Restaurants in Wien heißen.

Beide Unternehmen, Lauda Air und Do & Co, waren zu ihrem Beginn sehr klein. Wir sind parallel gewachsen. Dogudan macht heute eine halbe Milliarde Umsatz – mit sechshundert Leuten, die sich um nichts anders als um Essen kümmern. Er hat drei Restaurants, versorgt das größte Casino Europas, ist *der Formel-1-Caterer* bei allen europäischen Läufen und in Kanada, macht Partyservice und Staatsempfang, ATP-Finale und Weltausstellung, exportiert in großem Stil Dienstleistung aus Österreich. Trotzdem hat er sich die Besessenheit fürs Detail bewahrt, und wir haben auch beide unverändert die kurzen Wege der Verständigung. Wenn ich sage, das Schnitzel gestern in Lissabon hatte Flachsen, wird er nicht eine Sekunde dran zweifeln oder herumreden, sondern wird den Grund für die Flachsen in Lissabon herausfinden und abstellen, und zwar sofort.

Attila ist ein kreativer Mensch, mit allen Schwächen eines kreativen Menschen ausgestattet und deswegen so liebenswert. Von den Persönlichkeiten her ergänzen wir einander. Seine Vorteile und meine Vorteile stehen einander nicht im Weg. Ich denke sportlich ausgerichtet, pragmatisch und klar. Er ist ein Chaot. Wenn du mit ihm ein Konzept eines neuen Servicevorgangs ausarbeitest, dann wird er bis drei Tage vorher nichts fertighaben. Drei Tage vor der Deadline beginnt er dann Tag und Nacht zu arbeiten und hat es in der letzten Sekunde fertig. So ist er eben.

Mein Job ist, ihm klarzumachen, je größer unsere Unternehmen werden, seines und meines, desto schwieriger wird es. *Du mußt den Leuten, die da mitarbeiten sollen, Zeit geben, sich was zu überlegen.*

Anderseits fasziniert mich natürlich auch dieser Arbeitsstil, der immer wieder Sensationen hervorbringt. Ein Beispiel.

Auf etlichen unserer Europa-Routen stand die Einführung des Typs Regional Jet bevor. Ich habe schon erwähnt: Ein toller Flieger, richtig für diese Zeit, diesen Markt. Richtig auch für die Passagiere, die mit kleineren Fliegern mehr Destinationen und Abflugzeiten wählen können. Bloß: Die fünfzig Passagiere verlieren sich nicht gerade in der Weite des Raums. Also bat ich Attila, sich für einen neuen Typ von Flugzeug auch eine neue Art der Bordverpflegung einfallen zu lassen. Etwas, das zur Intimität dieses Fliegers passen würde, was besonders Schlaues.

Die Zeit verging, kein Konzept.

„Ist dir was eingefallen?"

„Kommt schon."

Nach einem gemeinsamen Termin in Bangkok waren wir auf einem Lufthansa-Flug nach Frankfurt, Business Class. Ich frage wieder:

„Hast schon eine Idee für den Canadair?"

„Mmmhh."

Zwei Stunden später sagt er: „Ich hab's." Und präsentiert mir ein Konzept, das von der ersten Sekunde an richtig war. Lassen wir ihn das in seinen eigenen Worten erzählen.

Attila Dogudan: *„Drüben sitzt der Niki. Im Sitz neben mir mein Chefkoch, ein Dicker, er quillt in meinen Sitz herüber. Niki geht mir auf die Nerven mit dem Canadair-Konzept. Die Hostess gibt mir ein Tray, ich schau es lustlos an. Es ist übervoll, zuviel von allem, zuviel Essen, zuviel Papierln, zuviel Kleinzeug. Mir kommt die Idee vom Gegenteil: Kein Tray, null Verpackung, nix zum Aufreißen, nix zum Wegschmeißen. Statt dessen: Tischlein-deck-dich in einer einzigen Bewegung. Das könnte funktionieren mit einem kleinen weißen Tischtuch, das in Form einer Werkzeugtasche gefaltet und zusammengerollt ist, und drin ist das ganze Handwerkszeug des Essens. Ich sagte das dem Niki, probierte es in Wien sofort aus, rechnete die Zeiten durch, addierte die Vorteile* *(besonders für die kurze Kurzstrecke). Es bedeutet die Abschaffung des Tabletts, und das Tablett ist ja mittlerweile ein Symbol für ödes Flugzeugessen. Statt dessen kriegst du eine hübsche weiße Rolle mit einem roten Band, wie ein persönliches Geschenk. Der Gast öffnet die Rolle, deckt sich damit automatisch selbst den Tisch und freut sich zumindest unterbewußt über was Besonderes (Verzicht auf jegliches Verpackungszeug). Damit gewinnt die Stewardess jene paar Extraminuten, die sie braucht, um jedem Gast jeden Teller vorzulegen, wieder pur, ohne Papier oder Plastik."*

Mir gefiel die Idee auf Anhieb, und wir stellten sie auch der Lufthansa vor. Denen kam das nicht machbar vor, also zogen wir es allein durch, auch auf gemeinsamen Lauda/Lufthansa-Flügen, wo wir für das Service verantwortlich sind. Der Erfolg ist eindeutig.

Aus dem, sagen wir, spontanen Stil des Attila Dogudan und natürlich seinem mediterranen Charme ergibt sich zwischen uns eine Anziehungskraft der Gegensätze, die das Positive in beiden rausbringt. Das kann aber nur dank der erwähnten null Energieverluste in der Kommunikation funktionieren. Gerade die Gastronomie ist ja, wie Werbung oder Fußball, ein Thema, wo jeder mitreden kann und sich jeder wichtig macht. Gastronomie ist sowieso eine Beweihräucherungs-Branche. Alles läßt sich endlos zerreden, vor allem dann, wenn es so kompliziert wird wie an Bord eines Fliegers, wo es kaum Platz und keine Küche und keinen richtigen Ofen gibt, wo all diese Nachteile mit viel Cleverness überwunden werden müssen.

Ich will, daß unser Essen anders schmeckt als Flugzeug-Essen, und Dogudan sagt ja. Von den Schwierigkeiten, die dazwischenliegen, erfahre ich gar nichts. Attila hat sie gelöst, das genügt.

Außerdem haben wir das 95 %-Abkommen: Solange in den Bord-Fragebogen bei der Frage nach dem Essen mehr als 95 % „Gut"- und „Sehr Gut"-Antworten angekreuzt sind, bleibt Dogudan alleinverantwortlich. Der Schnitt über zehn Jahre hinweg lag bei 98 % „Gut" und „Sehr gut", eine klare Sache. Dadurch werden keine Energien für den üblichen Kampf zwischen Airline und Caterer (auch wenn dieser eine Tochtergesellschaft ist) abgezogen, alles kann sich auf den Passagier konzentrieren.

Auf der Langstrecke geht es nicht bloß um Essen und Trinken. Es klingt nach Werbebroschüre, aber mit „Dramaturgie der Gastfreundschaft" kann ich mich am besten ausdrücken: Wir überlegen uns die Akzente des Ablaufs von, sagen wir, dreizehn Stunden an Bord, wobei wir immer offener für individuelle Gestaltung werden, was natürlich hauptsächlich für die Amadeus Class gilt.

In jedem Fall ist der Flugbegleiter bei uns differenzierter in den Ablauf eingebunden als anderswo. Wir scheuen uns nicht, im Fertigstellen des Essens oder in der Art des Servierens mehr zu verlangen, als man dem Personal auf anderen Airlines zumutet. Im tollen Restaurant macht auch erst das Zusammenspiel von Küche und Service den Gesamterfolg aus, in diesem Sinn gibt es bei uns gemeinsame Schulungen von Lauda Air und Do & Co.

Hier kann nicht der Platz für Beweihräucherung unserer Bordkultur-Erfolge sein, nur kurz gesagt: Wir haben uns in dieser Beziehung auf einen weltweiten Wettbewerb eingelassen, den wir gewinnen möchten.

Wann immer von kleinen, feinen Airlines die Rede ist, taucht die „Virgin" des Richard Branson auf. Eine tolle Airline, keine Frage, sie hat den riesigen britischen Markt hinter sich. Hier agiert ein wilder Kreativer, der gute Ideen mit Kraft durchschiebt. Bloß hat er keinen Caterer wie Dogudan, und ich meine, das merkt man.

KAPITEL 10

Eine Art von System

Ich habe nie was anderes gelernt, als durch eigenes Drehmoment etwas in Bewegung zu bringen. Das bestimmt auch meine jetzige Arbeit. Der Stil der Firma ist stark auf mich zugespitzt. Ich kann mich nicht auf die diskret kumulierte Power einer Vorstandsetage verlassen. Ich steck' das rote Kappl raus und marschier' los. Falls man das autoritär nennt, dann ist es autoritär. Ich persönlich würde eher sagen: Da ich meinen Namen einbringe, ist es logisch, daß ich mich auch selber stark einbringe. So mag unser Stil teilweise meine Eigenarten widerspiegeln.

Es ist die übliche Mischung von Veranlagung, Einflüssen des Elternhauses und verarbeiteten Erfahrungen. Vieles ist durch den Rennsport geprägt. Ich war einer von denen, die auf das „Excuse Book" verzichteten, wo du tausend Ausreden findest, von Öldruck bis Stoßdämpfer, aber nichts über dich selber. Statt dessen habe ich mich selber in Frage gestellt, zuerst mich analysiert und dann erst den Fehler im technischen Umfeld gesucht. Die Reihenfolge „Fehler suchen – eingestehen – ändern" ist mir als Grundprinzip geblieben, es bringt in Erinnerung, daß meistens der Mensch die Schwachstelle ist, aber nicht das Umfeld.

Im Geschäftsleben mag die Analyse komplexer sein als im Sport, es fehlt auch die klare Punktezuteilung für den Ersten, Zweiten, Dritten, aber insgesamt ist das Prinzip des Sports durchaus passend. Die Aufgabe ist die gleiche: In weniger Zeit der Beste zu sein.

Was mir am Sportleben noch sehr brauchbar vorkommt, ist die deutlich werdende Sinnlosigkeit des Herumredens. Du kannst ein halbes Leben lang Geschichten erzählen, aber im Endeffekt zählen nur die Resultate. Daraus ergibt sich eine angenehme Klarheit, und mit Menschen, die diese Klarheit teilen, läßt sich ganz gut arbeiten.

Der Weg dorthin ist oft mühsam, denn du triffst zum überwiegenden Teil auf Mitarbeiter, die nie nach dem Leistungsprinzip trainiert worden sind. In meinem Sport hatte ich nur mit Experten zu tun, jeder auf seine Art. Der dümmste Reifenmonteur von Ferrari war immer noch ein sehr spezieller Könner unter den Reifenmonteuren Italiens. Ich war ausschließlich unter Leuten, von denen jeder immer mehr leisten wollte, weil wir gewinnen wollten. Heute will keiner gewinnen, sondern um fünf Uhr heimgehen. Ich bin nicht mehr von selbstmotivierten Menschen umgeben. Ich muß ihnen das Leistungsdenken erst beibringen.

Um die Leute ins Boot zu kriegen, ist es sicher hilfreich, Niki Lauda zu sein. Es hat jedenfalls einen anderen Initial-Bonus, als wenn der Chef Poldi Huber heißt. Natürlich war diese Wirkung stärker, als wir 5, oder 50, oder 500 Leute in der Firma waren. Bei zwölfhundert ist der Streuverlust, was den reinen Transfer von Kraft und Willen betrifft, schon ziemlich groß. Ich sitz' da vorn, deutlich sichtbar mit dem roten Kappl, und gebe Gas. Zusätzlich muß ich aber erklären, *warum* ich so wahnsinnig Gas gebe, und daß alles sinnlos ist, wenn zu viele auf der Bremse stehen. Die Ungeduld des Einzelkämpfers mit der Trägheit des Teams bleibt dann mein persönliches Managementproblem.

Im wesentlichen besteht der Job darin, zwölfhundert Menschen zu erklären, warum wir besser werden müssen. Anderseits sind es immer noch bloß 19 Flugzeuge und nicht dreihundert, die wir in die Luft schicken, wir bleiben überschaubar im Kampf ums Besserwerden. Genau da liegt unverändert meine Chance, etwas zu bewirken.

Das Ziel kann nur in der Unterscheidung liegen, über die ich schon in einem vorhergehenden Kapitel gesprochen habe. Der *Unterschied* ist unsere Performance. Es gibt allerdings nur wenige Bereiche, in denen der Unterschied zwischen den Airlines für den Kunden erkennbar werden kann.

Zum Beispiel: Mein Sauberkeitsfimmel mag eine persönliche Marotte sein, aber er führt zu einem hoffentlich merkbaren Unterschied in der Produktqualität. Bei jeder anderen Airline steigt das Kabinenpersonal mit den Passagieren aus. Bei uns nehmen sich die Flugbegleiter zwanzig Minuten Zeit, um jene Kleinigkeiten nachzubessern, die die lokalen Saubermacher in der Regel übersehen. Der Putzbrigade des Flughafens in Samos werde ich nie erklären können, was wir uns unter „frischgemacht für den Rückflug" vorstellen.

Hätte ich das nicht in der allerersten Phase der Lauda Air durchgekämpft, wäre es mir nie wieder gelungen. Vielleicht ist es auch ein Reflex aus dem Sportleben, Positives gleich im ersten Moment durchzusetzen und Negatives im ersten Ansatz zu bekämpfen, für meinen Arbeitsstil ist es sicherlich ein ganz wesentliches Merkmal.

Nächster Punkt: Radikale Ehrlichkeit beim Anpacken von Problemen. Wenn was schiefläuft, ist mir lieber, der Verursacher kriegt ein Magengeschwür, statt ich kriege es. Ich versuche, Probleme rasch in die richtige Richtung zu adressieren. Wenn es in der eigenen Firma ist, hole ich den Verursacher sofort zu mir, bleibe ganz ruhig und gehe ohne den kleinsten Umweg auf die Sache los. Manche Mitarbeiter steigen auf diesen Stil ein, andere haben bloß das „Excuse Book" im Sinn: Herumreden und Absuchen der Peripherie, statt auf den Kern zu kommen, der oft genug in der eigenen Fehlleistung liegt. Ich sage dann, es ist wurscht, warum was nicht gegangen ist. Wie WIRD es funktionieren?

Meinen größten Grad an Humorlosigkeit, bis zu einer deutlich ablesbaren Grantigkeit, erreiche ich beim Thema Unpünktlichkeit. Ich mache mich mit Sätzen beliebt wie: Pünktlichkeit ist die Tugend der Airline, daher auch jedes Angestellten einer Airline. Es ist mir nicht zu blöd, jemanden zur Rede zu stellen, der um 8:35 Uhr kommt. Wir fangen um

8:30 an, ohne Gleitzeit, damit die kurzen Wege des Miteinander-Arbeitens auch funktionieren können. Außer-Haus-Termine bitte möglichst nachmittags.

Kurze Wege, das heißt auch: Unter dem dreiköpfigen Vorstand gibt es nur noch eine Führungsebene, an der hängen direkt die einzelnen Abteilungen.

Wichtigstes Feature unserer internen Managementkultur ist der Umgang mit der Zeit, sicherlich wieder geprägt durch den Sport. Es war mir immer zu fad, Zeit zu vergeuden.

Vermeidung von Floskeln und Small Talk im Business, schnelle Termine, rasches Erledigen, unmittelbares Feedback, lieber eine falsche Entscheidung als gar keine.

Wer dieses System übernimmt, kommt rasch dahinter, daß das Herausnehmen von Leerlauf und Blabla keineswegs zusätzlichen Streß schafft. Wer den Streß nicht schon von daheim importiert, wird durch die zügigen Abläufe einen gewissen Rhythmus finden, der ihm einen durchaus ökonomischen Wirksamkeitsgrad beschert, ohne unbilligen Substanzverschleiß. Das entsprechende Gleichnis aus dem Motorsport verkneife ich mir.

Deutliches Symbol für die Verknappung von Abläufen sind unsere Dienstreisen. Termin in Miami, Bangkok oder Seattle: Hinflug, Termine, erster Flieger zurück. Seattle läßt sich wunderbar in zwei Nächten hinkriegen. Wer die Frau mitnehmen will, soll im Urlaub hinfliegen. Bei dieser Komprimierung geht es vielleicht weniger um den für die Firma gewonnenen Tag oder Halbtag, sondern um die Schlankheit der Umsetzung, die auch die geistige Einstellung prägt. Ich mußte das erst vorhüpfen, bis man's mir geglaubt hat, aber mittlerweile ist die Blitzartigkeit unserer Dienstreisen ein Positivum, über das keiner mehr diskutiert.

Auf die Frage, wie er meinen Führungsstil auf kurze Weise beschreiben würde, sagte Hannes Rausch einmal: *„Radikalität in Geiz und Anspruch. Durch beinharte Konsequenz hat er es*

Trauerzeremonie für die Opfer der „Mozart", Thailand 1991

Kuriosum als Dokument eines Zwischenspiels: Die 1979 bestellte und nie ausgelieferte DC-10. Am Schwanz ist ein Teil des roten Lauda-Air-L zu sehen

Lauda Air-Design 1996: Boing 767

Führungsebene Lauda-Air 1996. Mit Vorständen Peter Thöle (links) und Otmar Lenz. Stehend von links: Martin Wiesinger, Peter Jandak, Christine Mayer, Ulrike Kraus, Michael Lewin, Derek Scherer, Tanja Schlesinger

Zwölfhundert Mitarbeiter halten 19 Maschinen auf allen Kontinenten in der Luft, bedienen 23 Linienrouten und bis zu 50 Charter-Destinationen

Ferrari-Neuzeit
Mit Präsident Luca Montezemolo

An der Box mit Rennleiter Jean T

Arbeitszimmer des
[Fer]rari-Präsidenten:
[Da]s Foto entstand
[we]nige Minuten vor
[de]m Nürburgring-
[Un]fall 1976

Ferrari F-40

geschafft, Qualität durchzusetzen, ohne in der Schlankheit des Apparats Kompromisse zu machen. Sparsamkeit ist als fixe Überlebensgrundlage einer Airline vorgegeben, trotzdem setzt er in seinem Anspruch die Radikalität eines Mannes durch, der sich immer am höchsten Level des Wettbewerbs bewegt hat. Diese Gesamtwirkung macht den Erfolg aus."

Ich war ein sparsames Kind. Im großbürgerlichen Elternhaus mit seinen gewachsenen Werten aus Unternehmertum und ererbtem Besitz war der sorgsame Umgang mit Geld eine Grundeigenschaft. Es war eine Selbstverständlichkeit, die nie in Frage gestellt wurde.

Dann gab es eine Zeit, da hatte ich als Rennfahrer ziemlich rasch 30 Millionen Schilling verdient. Selbst verdient, null geerbt, ich war unheimlich stolz drauf, es war besonders wertvolles Geld für mich. Ich dachte, davon könnte ich leben bis ans Ende der Tage. Dann steckte ich das Geld in die Fliegerei, und flugs war es weg. Diese Erfahrung und das, was mir im Elternhaus eingepflanzt wurde, ergeben den Rahmen für meine Einstellung zu Geld.

Unter allen Branchen, die heute unter Ertragsschere und Kostendruck stöhnen, ist die Luftfahrt eine der massivst betroffenen. In dieser Konstellation habe ich einen einzigen Vorteil: Ich habe nie jene Umstände der etablierten Airlines erlebt, als sie durch Monopol, Protektionismus und den Speck der guten Jahre zu großzügiger Gebarung verführt wurden. Schlanke Strukturen, wie sie jetzt plötzlich bei jeder Firma verlangt werden, waren für mich schon vor 15 oder 10 Jahren selbstverständlich.

Das hat mir schon früh das Image eines Sparmeisters eingetragen, und das war okay. Meine Sparsamkeit ist jetzt hinlänglich bekannt, ich brauche nicht groß zu argumentieren, weil jeder akzeptiert, daß mir das angeboren ist. Ich muß nicht lang herumreden:

„Sie kennen mich eh, oder?"

Als frühes Schlüsselerlebnis hatte ich die Situation, als einige Lauda-Air-Piloten einen Zuschlag für die zusätzliche Abnützung von Schuhen forderten. Wir hatten eben einen Lease-Vertrag mit Ägypten abgeschlossen, das bedeutete in letzter Sekunde die Rettung unserer zwei Fokker. Die Piloten verlangten aber eine höhere Gage wegen der widrigen Umstände in Kairo.

„Welche widrigen Umstände?"

„Ganz allgemein. Das Leben in Kairo eben."

Auf der Suche nach konkreteren Widrigkeiten kam der Schmutz in Kairo zutage, bei soviel Staub halten die Schuhe nicht so lang wie in Wien.

Die Schuhe von Kairo wurden für mich ein Symbol dafür, daß es für alles im Leben einen Grund zur Mehrforderung gibt. Damals hatten wir vielleicht 50 Mitarbeiter. Wenn ich jene Forderung umlege auf die seither vergangenen Jahre, die gewachsene Größe der Firma und die möglichen Gründe für Zulagen, kann ich ganz ehrlich sagen, daß uns die Schuhe von Kairo (und deren sinngemäße Fortführung) inzwischen ruiniert hätten. Es läßt sich nachrechnen.

Ich bin also der größte Schnorrer und pingeligste Tüftler, was irgendwelche Extras betrifft, die sehr bald zu „erworbenen Rechten werden" und dann in der Betriebsvereinbarung stehen, in guten wie in schlechten Zeiten. Das gilt für Essensmarken und Kantine, für Dienstautos und Handys. Wir sind eine Airline, kein Restaurant, keine Autovermietung und keine Telefongesellschaft.

Irgend jemand würgt dich immer nieder und läßt dir keine Luft zum ruhigen, unbesorgten Durchatmen. Was seinerzeit das Politsystem des österreichischen Staates mit dem Schutz des Monopols war, mag heute ein Dumping-Ticket nach Miami sein. 4 000 Schilling, lockt der Gegner, ich bin aber erst bei 6 000 kostendeckend. Für einen Riesen, der hundert Märkte befliegt und auf neunzig davon Gewinn macht, ist es kein Problem, so lange unterpreisig nach Miami zu fliegen, wie er es aus strategischen Gründen braucht. Ich aber lebe davon, mit normalen Preisen nach Miami zu fliegen.

Für ein Flugunternehmen gelten heute Gewinne von 3 % vom Umsatz als gut. In unserem Fall also eine Größenordnung von 50 Millionen Schilling. Das ist ungefähr soviel, wie wenn beim Takeoff einer 767 ein Vogel durchs Triebwerk saust: Vogelschlag, Triebwerk perdu, 40 Mio Verlust, nicht versichert für diesen speziellen Fall.

Ich will hier keinem Menschen vorjammern, wie arm wir Unternehmer sind. Ich tu's ja freiwillig. Ich will bloß erklären, daß wir bei den einzigen Variablen, die wir haben – den Overheads – unter unglaublichem Druck stehen. Die immens hohen Kapitalkosten der Flugzeuge sind ebenso fixe Größen wie die Spritpreise und die Landegebühren. Der einzige variable Teil des Unternehmens bleibt die Firmenstruktur.

Solange ich bei Lauda Air bin, möchte ich nie mit einem Gewerkschafter von außen über interne Fragen verhandeln. Wir haben zwei Betriebsräte, einen für Boden, einen für Luft. Wir diskutieren intern alles aus, wenn nötig wochenlang. Wir lösen unsere Probleme selber, und wenn wir was zu verteilen haben, verteilen wir's, sonst nicht. Das Ergebnis wird dann der GPA (Gewerkschaft der Privatangestellten) mitgeteilt, die bei uns für den Boden zuständig ist. Die Zuständigkeit von HTV (Handel und Transport) für unser fliegendes Personal habe ich immer abgelehnt. Die wollen uns die AUA-Bedingungen überstülpen. Das kann nicht funktionieren, wie es auch schon bei der AUA nicht mehr funktioniert. Man braucht sich nur deren Zustand anschauen, seit die fetten Zeiten vorbei sind, obwohl sie noch immer staatlichen Rückenwind haben, etwa mit Kreditzinssätzen aus Staatsanleihen.

Aus dieser Situation haben sich öfter Spannungen mit dem Gewerkschaftsbund ergeben. Mehrmals sollten wir gezwungen werden, die HTV zu akzeptieren, ich lehnte immer ab, auch gegen Druck von Präsident und Verkehrsminister. Im Zuge eines solchen Hickhacks schaltete die HTV ein Inserat in der Kronen-Zeitung. Es bezog sich auf eine Situation im Grand-Prix-Sport nach dem Tod von Senna und Ratzenberger, als ich den Fahrern riet, sich zusammenzuschließen, um ihre Ansprüche auf mehr Sicherheit auf den Rennstrecken besser durchzukämpfen. Das Gewerkschaftsinserat besagte dann ungefähr, der Lauda berät zwar die Formel-1-Fahrer in gewerkschaftlicher Hinsicht, seinen eigenen Mitarbeitern verweigert er aber die Gewerkschaft im Haus. Dazu verwendeten sie ein Bild von mir, was nicht zulässig ist. Ich ging vor Gericht und gewann in zweiter Instanz, die Gewerkschaft mußte 400 000 Schilling zahlen.

Grundsätzlich glaube ich: Je stärker sich eine Firma – unter heutigen Wettbewerbsumständen – von Gewerkschaftskriterien lenken läßt, desto schneller ist sie kaputt. Ich sage das nicht aus einer grundsätzlichen Konfrontation heraus, ich habe keine fixen Feindbilder (nicht einmal die AUA, wie man sieht). Ich habe bloß die Erfahrung gemacht, daß bei gewerkschaftlichen Aktionen im Betrieb immer irgendeine Art von persönlichem Interesse (eines Einzelnen, einer Gruppe) dahintersteckt, daß es nie wirklich um das Gesamtwohl, um die Absicherung des Ganzen geht. Eher springen in diesen Auseinandersetzungen komplette Firmen über die Klinge, siehe PanAm.

Wir haben uns das Image einer Firma mit intelligenten Lösungen und höherer Motivation des Einzelnen aufgebaut, drum kommen im großen und ganzen auch die richtigen Leute zu uns. Das generelle Klima von vorgegaukelter Sicherheit, von Rühr-mich-nicht-an und Verweigerung von Eigenleistung kriegen natürlich auch wir zu spüren. Da kann es passieren, daß ich mich in der 737 neben einem jungen Copiloten finde, der plötzlich in seiner Tasche herumkramt. Er fischt Watte heraus, stopft sie in die Ohren und stülpt die Kopfhörer drüber.

„Haben Sie Kopfweh oder Ohrenweh, oder was haben Sie?"

„Nein", sagt er, „hier ist es mir zu laut. Ich brauche Watte im Ohr."

Ich sage: „Das ist eine 737, die ist leise und angenehm, hochmodern, kein Vergleich zu früheren Fliegern. Was ist hier laut?"

„Mir hat der Arzt gesagt, vom vielen Fliegen kann man einen Ohrenschaden kriegen."

„Warum wollen Sie dann gerade Pilot werden?"

„Es ist mein Traumberuf", sagt er treuherzig.

„Ich meine, Sie sollten lieber Bibliothekar werden. Da sind Sie absolut sicher, daß Sie keinen Ohrenschaden kriegen. Und wenn Sie jetzt einen Funkspruch in ihren Kopfhörern nicht verstehen, weil Sie drunter Watte stecken haben, dann hole ich Ihnen die Watte persönlich raus."

Szenario der Luftfahrt aus der Sicht eines kleinen Europäers.

Wir erleben die Wiederholung dessen, was in Amerika seit Carters „Open Sky" passiert ist. Liberalisierung bringt Preisverfall. In Amerika kamen viele Kleine, die heute alle nicht mehr existieren. Sie gingen mit den Preisen runter, drückten das gesamte Niveau etwa auf die Hälfte. Jene von den Großen, die noch zusätzliche (interne) Probleme bekamen, gingen zugrunde, wie Eastern und PanAm. Die anderen Großen haben den Preisverfall auf einem gewissen Level aufgefangen und sich danach neu organisiert. Die vielen Kleinen und auch Sternschnuppen, wie People Express, flogen sich aus dem Markt. Die Großen wurden daraufhin noch größer, noch stärker und übernahmen wieder den Markt: American, United, Delta, ein neues Southwest in Billig-Struktur.

In Europa sind wir am Anfang der Liberalisierung. Jeder kann eine Airline aufmachen. Jetzt kommen die Kleinen, unterbieten, die Großen organisieren sich, und alles strebt wieder einer Ordnung zu, mit noch größeren Firmen- und

Machtblöcken. Heute in Europa, gar aus einem kleinen Markt wie Österreich heraus, allein mitspielen zu wollen, ist sinnlos. Du kannst nicht gegen alle Big Player antreten, du mußt dich mit einem von ihnen verbünden. Er kann dir neue Märkte öffnen und einen gewissen Schutz geben. Wir haben das mit der Lufthansa getan, sind damit auch der kleinste Zipfel der noch größeren Allianz mit SAS, Thai, United, South African und Varig, insgesamt eine Flotte von 1250 Flugzeugen.

Da die Kleinen in Europa die Großen nur irritieren, aber nicht so massiv bedrängen konnten wie in Amerika, geht es mit dem Preisverfall nicht so schnell. Zwischen Wien und Zürich gehen die Preise nicht runter, weil unverändert AUA und Swissair monopolmäßig am Drücker sind. Sie fliegen achtmal hin und her, und keiner stört sie. Ich zum Beispiel muß im Moment leichtere Märkte beackern, um halbwegs Geld zu verdienen, möchte zu diesem Zeitpunkt nicht mit Rieseninvestition gegen die Platzhirschen von Zürich antreten. Außerdem gibt es zu vernünftigen Flugzeiten keine Slots mehr, das ist eine andere Sache.

Früher sind wir allein durch unsere Kostenstruktur schon als Führender ins Rennen gegangen. Inzwischen sind alle anderen mit den Kosten runtergefahren, sodaß sich der Wettbewerb wieder auf den reinen Verkauf zuspitzt. Daher kann ich nur auf jenen Märkten sinnvoll antreten, wo ich einen starken Vertriebspartner habe. Wenn ich ihn in Zürich nicht habe, in Stockholm aber schon, dann ist mir Schweden näher als die Schweiz. Wir müssen uns auf Ziele konzentrieren, wo wir mit unseren Partnern stark sein können. So sind unsere Investitionen 1996 zu sehen, um in 16 europäische Städte zu fliegen – mit einer Menge leerer Sessel zu Beginn. Daß wir bald Break-Even schaffen, ist für mich keine Frage. Dann sind wir auch fit für Preiskämpfe.

Denn natürlich führt an einer generellen Preissenkung in Europa nichts vorbei. Die teuersten Tarife werden runtergehen, Business Class wird unterminiert werden. Am Tagesflug hin und zurück ist der Preisverfall noch nicht zu merken, weil eben die Großen noch dominieren, – aber nicht mehr ewig. Extreme Billigtarife werden dafür wieder um einen Hauch hinauffahren.

Durch die Segnungen der EU und den Ruhestand des Herrn Heschgl ist mittlerweile die AUA zu einem völlig normalen Mitbewerber geworden, mit neuen Chefs und ohne Monopolisten-Gehabe. Ich rief einen der beiden Chefs an:

„Wenn Sie sich aus dem Kopf schlagen können, die Lauda Air umbringen zu wollen, sollten wir eigentlich wie zivilisierte Menschen miteinander reden können. Denn wir hatten ja nie den Ehrgeiz, die AUA umzubringen."

Also redeten wir.

Klar ist, daß wir logische Konkurrenten sind und es auch bleiben werden. Wir drängen etwa in den Osten, das lukrativste Feld der AUA, sie wird verteidigen, so gut sie kann, natürlich. Aber es gibt Nebenfronten, wo aufwendige Konfrontationen völlig sinnlos sind und nur dem lachenden Dritten nützen. Wir können in der Schulung kooperieren. Wir haben das richtige Fluggerät (den Canadair Regional Jet) für einige AUA-Strecken, die auch für uns Sinn ergeben. Also fliegen wir gemeinsam. AUA flog nach Charles de Gaulle, wir haben Orly geöffnet, dann zog die AUA auch nach Orly. Ein unnötiger Fight, wir konnten ihn beenden. Es ist ein beschränktes Segment der Zusammenarbeit, das uns hier offensteht, aber immerhin, wir sollten es nützen.

KAPITEL 11

My Way

Niki Laudas Frau liebt den Nachbarn war der Aufmacher der „Bild"-Titelseite vom 10. August 1989. Mitsamt einem Foto (nicht vom Nachbarn auf Ibiza, sondern von mir) nahm die Meldung die halbe Titelseite ein. Der Geliebte wurde nicht nur beschrieben („er ist 33, groß, blond, blauäugig"), sondern auch beim Namen genannt. Es war der Lebensgefährte, jetzt Ehemann, von Marlenes Schwester Renate und einer unserer engsten Freunde. Man hatte sich also nicht einmal mit einem Minimum an Recherche aufgehalten. Da Renate zu diesem Zeitpunkt schwanger war, konnten wir die Klage gegen „Bild" gewinnen, was ansonst in solchen Fällen in Deutschland kaum möglich ist. Im großen und ganzen gilt: Der Boulevard schreibt, was er will.

Ich lebe nun schon gut zwanzig Jahre als öffentliches Tier und habe mich dran gewöhnt, daß sich Medien nicht nur für den Sportler und Flugunternehmer Lauda interessieren. Dabei bin ich noch recht gut weggekommen, über die Jahre, meine ich.

Das hängt erstens damit zusammen, daß ich keinen besonderen Unfug anstelle und schon durch den Pilotenberuf nicht wirklich auszucken kann.

Zweitens versuche ich auch in diesem Bereich die Dinge so einfach und geradlinig wie möglich zu halten.

Eine wichtige Lektion hatte ich schon recht früh, anläßlich des Nürburgring-Unfalls. Hätte ich ernstgenommen, was damals geschrieben wurde, wäre meine Situation nur durch Selbstmord zu verbessern gewesen. *Wie lebt ein Mann ohne Gesicht?* Wenn da ein Schwerverletzter zu sinnieren beginnt, macht er's nimmer lang.

Damals kapierte ich, daß es völlig unnötiger Nervenver-
schleiß ist, sich darüber aufzuregen oder sich gar auf Klagen
einzulassen (der „geliebte Nachbar" war die einzige Ausnahme wegen der anderen Rechtsgrundlage durch die Schwan-
gerschaft der Schwester). Es ist ein völlig ungleicher Kampf,
den du nie gewinnen kannst. Ich diskutiere auch gar nicht
lang, wenn mich jemand aus diesem Umfeld um einen Kommentar zu irgendeinem schwachsinnigen Gerücht fragt:

„Sie kriegen keine Antwort zu dem Blödsinn. Erfinden Sie
ruhig weiter, es ist mir wurscht."

Wenn ich von anderen, normalen Medien mit irgendeiner
Behauptung konfrontiert werde, kann es sich oft um komplexe Zusammenhänge handeln, etwa nach dem Absturz der
„Mozart". Ich versuche, die Wahrheit anzubieten und nehme
mir auch die Zeit zu Diskussion und Erklärung. Damit bin
ich meistens gut gefahren, die meisten Journalisten honorie-
ren diese Geradlinigkeit. Über die Zeit hinweg ergibt sich
ein Sensorium füreinander, und ein Journalist, den ich jahrelang ordentlich bediene, wird mich nicht bei erstbester Gelegenheit demolieren.

Daraus ergibt sich eine Konvention des, sagen wir, sorgsa-
men Umgangs miteinander. Als der erste Journalist irgendwo
hörte, ich hätte ein uneheliches Kind, konfrontierte er mich
damit.

„Stimmt", sagte ich, „aber es hilft keinem, wenn es in der
Zeitung steht, nicht dem Kind, nicht der Mutter, nicht dem
Vater und dessen Familie."

Okay, sagte der Journalist und schrieb kein Wort. Mit der
Zeit erfuhren es auch andere, denen sagte ich:

„Ja, es stimmt, aber der Sowieso weiß das schon viel länger. Er schreibt es nicht, weil er mir damit hilft."

Die schrieben es dann auch nicht, und irgendwann wußten
es ziemlich viele, jedenfalls über den engeren Kreis hinaus-
gehend. Keiner von ihnen entwickelte den Ehrgeiz, mit dem
Privatleben des Niki Lauda eine besonders hübsche Schlag-
zeile zu machen. Bis irgendwann ein deutscher Schreiber da-

von Wind kriegte und es fett in sein Blatt rückte, dann folgten kurze Bestätigungen in den österreichischen Blättern. Da war Christoph aber schon im Kindergartenalter.

So erfuhr es beispielsweise auch meine Mutter. In ihrem leicht knautschigen Schönbrunnerdeutsch sagte sie:

„Niiiki, *mußte* das sein?" – und nie wieder ein Wort davon.

Christoph ist ein aufgeweckter Fünfzehnjähriger, der in Wien aufwächst und mit dem ich wenig Kontakt habe. Wir sehen einander etwa dreimal im Jahr, daraus kann natürlich keine vernünftige Vater-Sohn-Beziehung entstehen. Ich habe nur eine Familie, dabei bleibt es, verheiratet oder geschieden, spielt keine Rolle. Ich habe ein schlechtes Gewissen, daß „es passierte", und das werde ich auch nicht mehr los. Die Situation stellt sich als unlösbar dar im Sinn eines Ergebnisses, das alle glücklich machen könnte. Ich will mich nicht halbieren, und ich kann keinen Mittelweg erkennen, auf dem ich mich vernünftig bewegen könnte.

Christoph ist völlig anders aufgewachsen als die Kinder unter Marlenes und meinem Einfluß. Ich empfinde den Unterschied sehr stark, aber es ist natürlich okay.

Marlene ist mein Lebensmensch. Sie hat unheimliche Kraft und Sicherheit, und sie ruht inmitten eines von ihr wunderbar gestalteten Chaos. Marlene stammt aus der Ehe eines österreichischen Malers mit einer Spanierin. Das Paar lebte viel auf Wanderschaft, das erste Kind wurde in Spanien geboren, Marlene in Venezuela, das dritte und vierte in Chile. Über Nacht entschloß sich Marlenes Vater, Farmer statt Maler zu sein, und kaufte Land in Chile. Marlenes erste Erinnerung sind nur Tiere, alle Arten von Tieren, von der Vogelspinne bis zum Puma. Sie erzählt Dinge wie: „Wir fuhren im Ruderboot zur Schule und waren drauf trainiert, alles selbst zu machen."

Als ich Marlene und ihre Familie kennenlernte, war ich fasziniert von der Lockerheit der ganzen Clique, ich meine, sie waren so unglaublich anders als ich oder meine Familie. Ich hatte sieben Jahre mit einer sehr disziplinierten jungen Dame gelebt, innerhalb weniger Monate heiratete ich Marlene. Ich hab das nicht so schrecklich ernstgenommen, ich wollte bloß wissen, wie das ist: Verheiratetsein, und Marlene war genau der Mensch, der das gut verstehen konnte. Dann kam aber gleich der Nürburgring: Gegrillter Niki, totaler Ernst.

Sie konnte nicht mitvollziehen, wie ein Mensch, der einen solchen Unfall überlebt hat, weiterhin Rennen fährt, wollte mir aber nicht dreinreden, da sie genauso wie ich der Überzeugung ist, daß auch in der Partnerschaft die Freiheit des Einzelnen existieren muß. Durch diese diametrale Stellung (mein Lebensinhalt ist in ihren Augen der größte Schwachsinn) kamen wir schon rein geographisch auseinander, da sie nur zu wenigen Rennen mitflog. Mit der Gründung der Lauda Air wurde Wien für mich wichtiger als Salzburg, für Marlene konnte Wien als Wohnsitz aber nie ein Thema werden (fremde kalte Stadt, zu weit weg von allem, was wärmt).

Als ich ihr das uneheliche Kind beichtete, war sie zwar verletzt, entschied aber, daß sich an unserer Familie nichts ändern sollte, wenn ich das wollte. Natürlich wollte ich. Falls wir uns doch irgendwann scheiden lassen würden, forderte sie: „Ich kriege die Kinder, die Hunde, die Kamera."

So führten wir diese seltsame Art von Ehe weiter, in der wir uns beide wohlfühlten. Eine Beziehung kann nur darauf basieren, wie sich zwei Menschen verstehen, und wir verstanden uns gut.

Ich blieb stur auf mein egozentrisches Leben ausgerichtet, Rennsport, Firma, und Marlene akzeptierte das. Normalerweise kannst du nur zwischen Familie und Freiheit wählen, ich konnte mir von beidem aussuchen, soviel ich wollte. Ich konnte meinen Kopf anlehnen, wenn mir danach war, und wenn ich wieder fit war, konnte ich davonrennen und tun, was ich wollte. Daß ich kein Heiliger war, weiß eh jeder. Aber auch da kommt es drauf an, was in letzter Instanz überbleibt. Für mich ist es einfach, weil ich in dieser Konstellation das selbst bestimmen kann.

Über die Verantwortung für die Drei brauchen wir nicht zu diskutieren. Wenn Marlene einmal am Schnürl zieht und sagt, was ist jetzt?, bin ich sofort da. Bloß: Sie hat noch nie am Schnürl gezogen. Ich kenne genau die Grenzen. Und falls die Grenzen verschoben gehören, dann verschieben wir sie eben – auch gegen mich. Aber da mir Marlene solche Freiheiten gibt, Gott sei Dank, lebe ich sie auch. Aber wenn's hart auf hart geht, gewinnt sie immer.

Genauso wie wir geheiratet haben, ließen wir uns 1991 scheiden. Es hatte keine Bedeutung, und es hat nichts geändert. Der Beamte in Thalgau fragte nach dem Scheidungsgrund.

„Es gibt keinen, ich will mich scheiden lassen."

„Ohne Grund ist das unmöglich."

„Was könnte beispielsweise ein Grund sein?"

„Wenn einer sechs Monate nicht zu Hause war."

„Ich war sechs Monate nicht zu Hause."

„Sind Sie sicher?"

„Ja, sicher."

„Die Ehe ist geschieden."

Beim Rausgehen sagte Marlene: „Die Kinder, die Hunde, die Kamera."

Ich war baff. Es hatte so funktioniert, wie sie es immer gesagt hatte. Und es änderte sich auch nichts. Natürlich habe ich alle Schritte zu ihrer Absicherung gesetzt, ihr auch das Haus in Salzburg überschrieben.

Fünf Jahre lang wußte nur der allerengste Kreis davon. Marlene wollte den Kindern, die in Hof bei Salzburg zur Schule gingen, die öffentliche Diskussion unseres Privatlebens ersparen. Also schwiegen wir.

Es passierte das gleiche wie zehn Jahre zuvor: Journalisten bekamen Wind von dem privaten Ereignis, fragten mich, ich sagte, ja, aber …, und es erschien nichts in den Zeitungen. Bis dann der deutsche Blattmacher Tiedje, ex-„Bild", ins

Land kam und bei einer österreichischen Boulevardzeitung zu fuhrwerken begann. Als auch er von der Sache fuhr, hatte er natürlich seine Aufmacherstory. Er war ganz enttäuscht, daß sein Knüller praktisch null Echo fand, und die Kollegen von den anderen Zeitungen nur müde abwinkten. Er sprach von Österreich als „riesiges Schweigekartell". Zitat aus einem Interview mit dem österreichischen Nachrichtenmagazin „profil":

Tiedje: „Ich nenne Ihnen das Beispiel Niki Lauda. Das gäbe es in Deutschland nicht, daß irgendeine Zeitung, und sei sie auch noch so klein, die Scheidung von Michael Schumacher, angenommen sie fände statt, einfach verschweigen würde. Das gibt's nur in einem Staat, der die Veröffentlichungsmacht unter sich aufgeteilt hat."

profil: *„Sie sind gekränkt, weil niemand Ihre Enthüllung, Lauda sei seit 1991 heimlich geschieden, toll fand."*

Tiedje: „Ich glaube, daß Herr Lauda hier mit so vielen Leuten so gut ist, daß die Scheidung von seiner Frau in vorauseilendem Gehorsam von den großen Medien der Republik einfach nicht gebracht wird."

Auf die Frage, *warum* die Medien wohl geschwiegen hätten, mutmaßte der deutsche Blattmacher, daß „News" ordentlich Anzeigen von mir bekäme, die „Krone" wohl „beleidigt" sei, was immer das heißen mag, und zu den anderen fiel ihm nichts mehr ein. Er hat absolut nicht kapiert, daß man (zumindest in einem kleinen Land) durch eine fortgesetzte Kultur des Vernünftig-miteinander-Redens ein Klima erzeugen kann, in dem die Zeitungen drauf verzichten, sich am Privatleben eines Prominenten zu begeilen. So simpel sind die Dinge, natürlich ohne Mauscheleien, denn mit zehn Medien läßt sich nicht gleichzeitig mauscheln, nicht einmal in Österreich.

Die Kinder hatten mit der Scheidung kein Problem, denn, wie gesagt: Es änderte sich absolut nichts. Sobald die Buben groß genug waren, daß ich was mit ihnen anfangen konnte, lauerte ich darauf, ob irgendeine technisch-sportliche Neigung erkennbar werden würde. Schon als Kleinkinder hatten sie sich verschieden benommen. Der Kleine, also Mathias, als draufgängerischer Typ, furchtlos, durch nichts zu beeindrucken. Wenn er im Baum saß und runtersprang, rief er, fang mich, und nahm an, daß es sich schon irgendwie ausgehen würde. Lukas in der gleichen Situation hätte sorgfältig geprüft, ob der Auffangende eh richtig steht und bereit für ihn ist.

Dementsprechend ergab es sich, daß Lukas mit Autos und Motorrädern nichts im Sinn hatte. Gerade zum Radfahren bequemte er sich, das war alles. Es widerstrebte mir, wie er ohne technischen Funken aufwuchs. Ich mußte was unternehmen.

Als er etwa dreizehn war, kaufte ich ihm eine kleine Motocross-Maschine, passend für seine Größe. Er freute sich irrsinnig drüber, tat aber zwei Monate nichts anderes, als das Ding in der Garage anzustarten und wrrrrmmm, wrrrrmmm zu machen. Nein, er will nicht fahren, er will nicht.

Eines Samstags saß die ganze Familie beim Schloßwirt in Anif, es war ein wunderschöner Tag. Ich sagte zu Lukas, laß uns schnell heimfahren, ich zeig dir was.

Auf der Wiese vor unserem Haus setzte ich ihn vorn aufs Motorrad, hockerlte mich hinten drauf, packte die Lenker, zeigte ihm, wie man mit Gas und Kupplung umgeht. Er hielt sich aber nur in der Mitte des Lenkers an und war nicht bereit, die Hand in Richtung Gas zu rühren. So fuhren wir in der Wiese herum, zwei auf einem kleinen Bike. Es schien mir wie eine geschlagene Stunde, bis er endlich die Hände soweit auseinandergab, daß er Gas und Kupplung erwischte.

Unvermittelt sprang ich ab. Er brüllte wie am Spieß, machte einen langsamen Riesenbogen, und ich mußte nebenherrennen. Am Ende mußte ich ihn ja einfangen, weil er mit den Füßen noch nicht ordentlich auf den Boden kam. Ganz langsam, im ersten Gang, zitterte er sich durch die Wiese und schimpfte mit mir. Immerhin, er war unterwegs.

Als ich das nächste Mal nach Salzburg kam, sagte Lukas:
„Komm mit hinunter. Ich geh' jetzt Motocross fahren."
„Na und?"
„Komm runter."

Er kleidete sich sorgfältig. Ledermontur, Stiefel, Sturzhelm, das ganze Theater. Ich stand gelangweilt daneben und wartete drauf, wie er sich rauszittern würde.

Er haute sich aufs Motorrad und preschte auf dem Hinterrad aus der Garage raus – ein Bild, das ich nie vergessen werde.

Ich rannte zu Mathias. „Was ist los?"

Der kleine Bruder erzählte dann, daß Lukas am Tag nach unserer ersten Ausfahrt mit dem Motorrad zu den Bauernbuben runtergegangen war, und mit denen war er gefahren, bis er es konnte, immer ehrgeiziger, am Ende total bescheuert.

Bei Mathias war das Resultat das gleiche, bloß der Weg dahin war viel einfacher. Er wäre von selber nicht raufgekommen, also hob ich ihn aufs Motorrad, sagte, das ist das Gas, das ist die Kupplung, er sagte, ja, ich weiß. Er fuhr weg, machte einen Bogen, kam zurück und fuhr ungespitzt an die Garagentür.

„Bist du blöd?"

„Ich weiß nicht, wo die Bremse ist."

Er war furchtlos. Vollgas von der ersten Sekunde an. Und sein Bruder so ein Zögerling. Jedenfalls begannen sie nun, gemeinsam Motocross zu fahren.

Einer unserer besten Freunde ist der phantastische Heinz Kinigadner, der wildeste Hund seit dem Tag, an dem das zweite Rad erfunden wurde. Er war Motocross-Weltmeister und zuletzt der einsam Schnellste auf den langen Wüsten-Raids auf die Art der Pharaonen-Rallye und Paris-Dakar, im Sommer 1996 überlebte er auf wundersame Weise einen 150-Meter-Absturz in eine Schlucht in Australien. Kini wurde das Vorbild der Kinder und ihr Mentor, Kini ist überhaupt der Größte.

Wenn du wirklich eine Motocross-Karriere anstrebst, soll-test du knapp nach der Gehschule damit anfangen. Es war also keineswegs zu früh, als Lukas und Mathias mit 14 bzw. 12 Jahren vernünftige Motocross-Maschinen zur Fortbildung erbaten. Marlene kriegte einen Anfall, aber ich sagte, man solle sie ruhig fahren lassen:

„Motocross ist das mühsamste, was es gibt. Sie werden nie weiterkommen. Es ist kein Geld zu verdienen, der Sport ist nur anstrengend, staubig und dreckig, die hören bald wie-der damit auf."

Marlene akzeptierte, und ich kaufte den Jungs zwei 125er-Honda. Sie fahren wirklich brav damit, und es gibt keine Un-terschiede mehr zwischen den beiden. Sie sind gleich wild und gleich gut. Ich hoffe, daß doch keine Motocross-Karriere draus wird, und dafür spricht, daß sie aus lauter Jux und Tollerei in der Gegend herumhupfen wie die Irren. Aber es fehlt ihnen der Ernst, jeden Tag Ausdauer zu trainieren, zu laufen und in die Kraftkammer zu gehen, deswegen glaube ich, daß der Rennbazillus irgendwann im ewigen Staub des Motocross ersticken wird.

Marlene hat das Hobby der Kids inzwischen voll akzep-tiert, führt die Maschinen hin und her, besorgt das Ein-checken zwischen Barcelona und Ibiza.

Stichwort Barcelona. Die Jungs gingen in unserer Heimatge-meinde Hof bei Salzburg in die Schule und waren von An-fang an schwach in der Performance, eine perfekte Wieder-holung der väterlichen Schulleistungen. Ich konnte also wirk-lich nicht mit ihnen schimpfen, anderseits halte ich mich für kein taugliches Vorbild, was gefälschte Maturazeugnisse und-soweiter betrifft. Es war zwar kein wirkliches Problem er-kennbar, aber in Hof waren sie doch immer die Lauda-Buam. Irgendwie paßte die ganze Situation nicht, schon wegen Mar-lenes permanenter Sehnsucht nach allem, was spanisch und warm ist.

Also kam die Idee auf, für die Schule nach Barcelona zu

übersiedeln. Dort gibt es ein deutsches Gymnasium, aber natürlich sind die Kinder von vornherein komplett zweisprachig aufgewachsen. Sieh da, Barcelona funktionierte auf Anhieb. Die Buben kamen in der Schule zurecht, Marlene ist in ihrer spanischen Welt, am Wochenende übersiedeln alle nach Ibiza, den ganzen Sommer sowieso.

Ibiza ist unverändert auch mein liebstes Sommer-Refugium. Wir haben ein helles, luftiges und sehr spanisches Haus in der Nähe von Santa Eulalia an einem sanften Hügel, etwa drei Kilometer vom Meer, das gut zu sehen ist. Man geht um sechs in der Früh zu Bett und steht irgendwann nach Mittag auf. Das ist nicht exakt mein Rhythmus, aber natürlich akzeptiere ich ihn.

Das bedeutet, daß ich der einzige bin, der etwa um neun aufsteht. Da rühren sich noch nicht einmal die Hunde. Ich mache Frühstück, warte bis halb elf. Dann fahre ich mit dem Landrover ins Café nach Santa Eulalia, lese die Zeitung und warte, daß es zwölf wird. Dann rufe ich Attila Dogudan an, denn wir sind durch ein gemeinsames Boot aneinander gekettet. Attila ist eben mühsam wach geworden, ich sag, ich fahr zum Boot, er sagt, er kommt. Bis um zwei endlich wer auftaucht, bin ich schon ganz narrisch, aber dann fahren wir raus und haben den herrlichsten Nachmittag, mit Schwimmen, Herumfahren, Einkehren, Blödsinn machen, oft ist auch Gerhard Berger mit seiner Yacht dort. Um sieben am Abend kommen wir zurück, da sind schon alle ausgeschlafen und werden immer prächtiger gelaunt, Marlene steigert sich mehr und mehr, erblüht voll gegen elf. Wir gehen essen im ganzen Schwarm, das dauert etwa bis zwei, dann ziehen wir herum, treffen die Kinder zwischendurch, verlieren sie wieder, jetzt haben sie schon tolle Mädels mit. Ich fahr' dann meistens um drei allein nach Haus, damit ich um neun ausgeschlafen bin undsoweiter ... Mit einem Wort: Perfekte Ferien.

Aus der Familie, von der ich stamme, habe ich mich mit 19 gelöst. Im Grunde bin ich abgehauen. Mein Vater war ein normal denkender Mensch, und als solcher konnte er den Rennsport nicht akzeptieren. Damit war für mich klar, daß ich weg muß von den Lauda-Familienbanden, die für mich damals unerträglich waren, weil sich halt alles nur um Industrie und alte Werte drehte. Ich brauchte den eigenen Weg, daher die klare Trennung, der Wechsel nach Salzburg.

Als ich dann diesen Weg ging und meine Konsequenz erkennbar war, wurde das für meinen Vater akzeptabel. Etwa zur Ferrari-Zeit konnte er mich begreifen, und obwohl wir nie im Streit gelebt hatten, schlossen wir nun Frieden auf eine spürbare Art. Ich sah ihn zwar nur selten, aber dann war es immer okay. Er starb 1978.

Meine Mutter überlebte ihn um achtzehn Jahre. Auch sie sah ich nicht sehr oft, aber es bestand immer eine Bindung und Zuneigung, vielleicht gab es auch eine verdeckte Sehnsucht nach der quasi verlorenen Familie. Ergreifend waren ihre letzten Tage. Sie hatte Krebs, wollte Therapie nur bis zu einem gewissen Grad, und dann nicht mehr. Bruder Florian und ich wechselten uns die letzte Woche an ihrem Bett ab, ließen sie nicht mehr allein. Es waren wichtige Tage für mich und für diesen letzten Rest von Familie. Ich glaube, nach allem verstand unsere Mutter, daß sie Söhne hatte, die sie liebten.

Jetzt ist nur noch Florian übrig. Wir hatten immer wenig Kontakt gehabt, durch den Tod der Mutter kamen wir uns wieder näher. Er lebt sein Leben völlig anders als ich, hat seine ganzen 46 Jahre lang noch nichts getan, was ich Arbeit nennen würde, aber das ist keineswegs Kritik, im Gegenteil, ich bewundere ihn dafür. Er hat studiert, aber nicht fertig, dies gemacht und jenes, war immer glücklich, und durch die Familienumstände konnte er es sich auch leisten.

Er liebt und fördert tibetische Kultur und arbeitet als Vermögensverwalter.

Was meinen persönlichen Lebensrhythmus betrifft, so habe ich schon erwähnt, daß ich mich durch die Arbeit nicht kaputtmachen lasse. Ich stelle Minus-Zustände sofort fest und bügle sie aus, was bei den oftmaligen Zeitverschiebungen besonders wichtig ist. Ich bin ein hochtalentierter Schläfer und verteidige unter allen Umständen mein Schlaf-Minimum. Ebenso verteidige ich das frühe Aufstehen zur Bürozeit, was bedeutet, daß ich mir manchmal auch zwischendurch den nötigen Schlaf holen muß. Ausgiebig zu schlafen ist übrigens eine grundsätzliche Tugend für Rennfahrer: dieses völlige Loslassen und wieder Vollspeichern.

Ich halte nichts von vier Wochen Urlaub am Stück, das würde mich wahnsinnig machen. Manche Leute sind das ganze Jahr über im Minus und denken, daß sie ein Monat Urlaub wieder fit macht. Ich glaube ans Gegenteil: Ich lasse meine Batterie nie so weit runterfahren, daher brauche ich auch nicht so lang zum Regenerieren. Am schönsten ist es, auf drei Tage wegzufahren. Nach spätestens fünf Tagen muß ich die Energie wieder umsetzen in was Produktives.

Ganz wesentlich in diesem Energie-Kreislauf ist der ökonomische Umgang mit den eigenen Nerven. Ich habe vor zwanzig Jahren von Willy Dungl gelernt, wie man den Nerven einerseits durch richtige Ernährung, anderseits durch vermiedene Belastungen hilft. Aus einem früheren Kommentar von Willy Dungl:

„Es hilft, wenn sich einer wirkungsvoll befehlen kann: ICH WILL MICH NICHT ÄRGERN. Die üblichen, unterstützenden Maßnahmen sind: Tief einatmen, Schultern bis zu den Ohren hochziehen, tief und pustend ausatmen und sich dabei das Nicht-Ärgern-Wollen vorsagen. Das Ganze ist über einen längeren Zeitraum oft zu wiederholen, bis im Unterbewußtsein dieser Schalter gegen Adrenalinausstoß und Pulserhöhung funktioniert. Bei Niki genügt, daß er sich durch seinen Verstand sagen läßt, Ärger sei ungesund."

Das *völlige Loslassen* will natürlich auch irgendwo verbracht werden. Statt daß ich bei einem guten Buch (nie) oder vor dem Fernseher (selten) sitze, ziehe ich durch Wien. Es gibt ein Lieblings-Restaurant und einen Lieblings-Heurigen und ein paar aufgeweckte Freunde, mit denen es Spaß macht. Wir wälzen keine Probleme, ich habe auch nie das Bedürfnis, mich mit Freunden auszusprechen. Meine Probleme kann ich allein am besten analysieren. Es geht bloß um eine angenehme Art des Nichtstuns als Kontrapunkt zum Job. Ich gehe auch zu Events, die mir taugen, mit der ziemlich unausweichlichen Folge, dort interviewt zu werden, sodaß ich nicht nur im Sport und in der Wirtschaft, sondern auch im Klatsch auftauche. Ich strebe es nicht an, kann's nicht verhindern, mach' mir keine Gedanken dazu. Daß ich nicht geil drauf bin, mein rotes Kappl in jede Kamera zu halten, geht schon daraus hervor, daß ich höchstens jede zehnte Einladung zu einer Talk-Show annehme. Da überlege ich durchaus, warum ich mich wohin setze.

Trotzdem: Man kriegt den Eindruck, daß ich überall bin und überall meinen Senf dazu gebe. Johann Skocek hat mir in seinem Buch „Sportgrößen der Nation" ein Kapitel gewidmet und den Titel gewählt: „Die Kommentarmaschine". Zitat daraus:

„Er schaut nicht so aus, aber alle wissen, daß Lauda die nächste Näherung Österreichs an eine Maschine ist. Eine Kommentarmaschine. Nichts in seinem Bereich, dem er nicht nach einem guten tiefen Atemzug in druckfrischem Schönbrunnerdeutsch seine Konturen geben könnte. Da sein Bereich sich vom beinahe tödlichen Feuerunfall bis zum erfolgreichen politischen Intrigierer und Großgeschäftsmann erstreckt, muß erst jemand nachweisen, daß irgend etwas Nikolaus Lauda nichts angeht."

Ist mir auch recht. Vielleicht hängt es damit zusammen, daß die wenigsten Leute, die man heute hört und sieht, klar und einfach denken und sich auch so ausdrücken. Da hört man vielleicht gern einen, der zum Punkt kommt und nicht herumlabert.

Freunde, vor allem solche mit einem Hang zur Sentimentalität, bescheinigen mir, ich sei unsentimental. Mag sein. Es stimmt sicherlich, was den Umgang mit Trophäen, Souvenirs und altem Plunder betrifft. Meine Pokale verrosten irgendwo, keine Ahnung, sie sind nichts weiter als alte Häferln. Wenn mir die Erinnerung an ein Rennen etwas wert war, habe ich sie sowieso im Hirn gespeichert, kann sie jederzeit abrufen, dazu brauche ich keine Silberschüssel. Keine Kleinodien, keine Teile von alten Rennwagen, keine alten Rennwagen, nichts davon existiert bei mir. Und was das erkennbare Ausdrücken von Emotionen betrifft, da gibt's eben verschiedene Typen von Menschen. Als ich von meinem dritten Weltmeistertitel aus Estoril zurückkam, schimpfte mich Herbert Völker:

„Ich sitz' vor dem Fernseher, du stehst am Podest, sie spielen die österreichische Hymne, ich heule wie ein Schloßhund, und was hast du gemacht? Mit dem Prost getratscht! Hast du überhaupt kein Feeling für diesen Moment, wieso heulst du nicht?"

Ich sagte ihm: „Ich bin gefahren wie die Sau, auf dem allerletzten Drücker, hab' die WM mit einem halben Punkt gewonnen. Da ist mir die Hymne wirklich wurscht."

Mit meinem Aussehen nach dem Unfall hatte ich nie ein Problem. So schaue ich aus, basta. Ich ließ daher nur die medizinisch nötigen Operationen an den Augen und Ohren machen, aber keinerlei plastische Chirurgie.

James Hunt, mein WM-Rivale von 1976, sagte, der Unfall sei das beste gewesen, was mir passieren konnte: „Endlich hast du ein Gesicht, das man anschauen kann."

Dennoch ergibt es keinen Sinn, den Zombie noch speziell raushängen zu lassen, was ohne Kappe der Fall wäre. Der Schädel schaut jetzt noch dramatisch aus, in den ersten Jahren nach dem Unfall war es weitaus ärger. Also bekam die Kopfbedeckung, für die sich Rennfahrer ja gern bezahlen lassen, für mich zusätzliche Bedeutung.

Parmalat kam 1976 wegen eines Sponsorvertrags auf mich zu. Erstens hatte ich von der ersten Sekunde auch menschlich die richtige Wellenlänge mit dem Besitzer der Firma, zweitens machte sich die Mineralwasserfirma, deren Kappe ich damals trug, allzu große Sorgen, ob der verletzte und verunstaltete

Lauda sein Geld auch weiterhin wert sein würde. Also unterschrieb ich den Parmalat-Vertrag, zog auch deren ganzes Formel-1-Budget zu Brabham, als ich 1978 den Rennstall wechselte. Die Beziehung war also schon recht solide. Ich wechselte ab zwischen roten und blauen Parmalat-Kappen, aber irgendwann war klar, daß ich nur noch die rote wollte.

Als ich aus dem Rennsport ausstieg, ließen wir den Vertrag langsam auslaufen. Die gute Beziehung zum Parmalat-Firmenchef blieb aber bestehen, überdies hatte ich mich an die rote Kappe so gewöhnt, daß ich nicht gewußt hätte, was ich sonst tragen sollte. Mit meinen Auftritten als Airline-Chef bekam die Kappe neue Eigendynamik, und im Endeffekt schmückten wir auch unsere Flugbegleiterinnen mit unserer Art von roten Kappen.

Zwischendurch hatte eine österreichische Brauerei Interesse bekundet, mich mit einem „Gösser"-Kapperl auszustatten, natürlich grün. Praktisch und unsentimental, wie ich bin, dachte ich, fünf Millionen Schilling sind heutzutage viel Geld, also warum sollte ich nicht mit einem grünen Kappl herummarschieren? Ich hatte da wirklich keine großen Bedenken und machte einen Vorvertrag.

Dann tauchte ich einmal probeweise mit dem grünen Kapperl in der Firma auf. Die Mitarbeiter waren fassungslos. Die haben geglaubt, ich bin nicht mehr ganz dicht. Der Lauda kann kein grünes Kappl tragen, er kann überhaupt kein anderes Kappl haben als dieses rote Ding, und daß Parmalat draufsteht, ist keine Werbebotschaft, sondern das steht halt zufällig drauf – *auf dem Lauda seinem Kappl.*

Soviel Respekt vor Symbolen und der Meinung der Mitarbeiter habe ich dann natürlich schon, daß ich mich belehren lasse. Also habe ich mit Mühe den Gösser-Vortrag storniert, der schönen Kohle kurz und heftig nachgeweint und artig wieder die rote Kappe aufgesetzt. Dabei wird es wohl auch bleiben, denke ich.

KAPITEL 12

Mein Guru

Ich hatte einen einzigen Guru und habe ihn noch immer. Er wollte mir gesundes Leben beibringen und hat mich tatsächlich bekehrt und verändert, wenn auch nicht plötzlich und perfekt. Die persönliche Bilanz ist jedenfalls ein Hammer, sie ergibt eine fixe Größe im Plusbereich meines Lebens.

Heute kann sich kein Mensch mehr vorstellen, was das für ein Zirkus war, nachdem ich mich am Ostermontag 1976 im Garten unseres Salzburger Hauses nützlich gemacht hatte. Ich war mit dem Traktor über eine Böschung gekippt und wäre von dem 1,8-Tonner fast erschlagen worden. Es fehlten nur ein paar Zentimeter.

Ich war regierender Formel-1-Weltmeister und auch in der neuen Saison schon in Führung, hatte kurz zuvor mit einer geheimen Hochzeit die Medien ausgebremst – jetzt stürzten sie sich über die Traktor-Story, zum ersten Mal lernte ich den „Boulevard" kennen.

Enzo Ferrari schickte einen „Bevollmächtigten" nach Salzburg, der mit einem Stock die Reporter von meinem Haus vertrieb, heizte aber selber die Dinge an, indem er darüber diskutieren ließ, wer den verletzten Lauda im nächsten Rennen vertreten könne, vielleicht der junge Flammini? Darauf sagte ich, wütend vor Schmerzen wegen der gebrochenen Rippen, die Italiener könnten eh nur um den Kirchturm fahren, worauf in Italien ein Riesengezeter losging. In England wurde ich von „Mighty Mouse" auf „Niki the Rat" umgetauft, einer deutschen Autorin schoß die Idee für einen Grand-Prix-Roman mit Tod-im-Traktor ein (Heike Doutiné: „Die Meute"), kurzum: Der Bär war los.

Man weiß, wie höllisch gebrochene Rippen schmerzen. Noch ärger war die Wehrlosigkeit im Bett, anläßlich des ganzen Zirkus da draußen und des bevorstehenden Grand Prix von Spanien. Einer von den befreundeten lokalen Reportern hatte die Idee, mir den Masseur der österreichischen Skispringermannschaft zu schicken. Der Mann kam, widerwillig, schlecht gelaunt, mit zerknautschter Stimme. Er rührte mich nicht an, fragte nur ein paar Dinge und sagte:

„Wenn S' was von mir wollen, müssen S' Ihna nach Wien bemühen."

So lernte ich Willy Dungl kennen.

Inzwischen ist das Mißverständnis ausgeräumt. Willy Dungl war *nicht* schlecht gelaunt. Er wollte bloß nicht ein weiterer Wichtigmacher inmitten dieses Affenzirkus sein, außerdem wußte er in Wien den besten Arzt für solche Fälle, Poigenfürst. Irgendwie hatte ich die Eingebung, ich sollte die vage Chance ergreifen. Poigenfürst besorgte den medizinischen Teil, Willy Dungl kümmerte sich um meine Befindlichkeit. Er linderte die Schmerzen, massierte mich, legte Verbände an. Nebenbei sagte er, es sei eine Schande, wie ich bisher mit meinem Körper umgegangen sei, und ich müsse ihm versprechen, künftig anders zu leben.

Ich sagte ungefähr: Ächz.

Dungl machte mich tatsächlich für Spanien rennfähig, natürlich ohne Medikamente und ohne Injektionen, die sich auf die Reflexe eines Rennfahrers auswirken könnten. Ich bekam zwar einen Schweißausbruch, wenn ich vom Bett aufstand, aber ich wurde Zweiter im Grand Prix von Spanien. Seither glaube ich an Dungl.

Vier Monate später war mein Nürburgring-Unfall. Das Gefühl, Willy würde mir auf einzigartige Weise helfen, ließ mich im ersten möglichen Moment vom Krankenhaus abhauen. Dungls Kenntnis von Kräutern und Kräften, seine Heilmassagen, seine Ernährung, seine gesamtheitliche Motivation brachten mich nach sechs Wochen ins Rennauto, ich habe das in einem vorhergehenden Kapitel geschildert. (Und ihm hatte ich auch nicht zu erklären, *warum* ich wieder fahren mußte, und warum es so bald sein sollte.)

Ähnlich wie zehn Jahre später mit Attila Dogudan begann eine Partnerschaft, von der beide profitierten: Ich fürs Leben, Dungl für den Aufbau seiner Selbständigkeit, denn das „Lauda-Wunder" machte ihn rasch berühmt. Vor allem im Motorsport erreichte Dungl Kultstatus. Mehr als ein komplettes Grand-Prix-Starterfeld ist inzwischen durch seine Hände gegangen, von Senna bis Schumacher. Mit dem Rückenwind dieses Ruhms entwickelte er sich vom Masseur zum europaweit anerkannten Experten für gesünderes Leben, betreibt das Dungl-Bio-Zentrum in Gars, schreibt Bücher, hält Vorträge, entwickelt Projekte, ist ein richtiger Professor geworden.

Zurück aber zu meiner Ferrari-Zeit. Dungl begleitete mich zu den meisten Rennen und managte mein Training. Ich hatte aber nie das Gefühl, daß er besonders stolz auf mich war. Ich war zwar bereit, ihm alles zu glauben, aber ich war noch nicht *durchdrungen* von seiner Lehre (außerdem rauchte er damals noch, war als Vorbild nur bedingt zu gebrauchen). Ich aß zwar sein Müsli und trank seinen Tee, aber ich trickste ihn aus und schob zwischendurch ein Schnitzel rein, und beim Training war mir kein Trick zu blöd, um drei Liegestütz weniger zu machen. Wirklich gut im Dungl'schen Sinn war ich nur, wenn's mir schlecht ging, denn da entwickelte ich all die Kraft, die er sich wünschte.

Bei mir fehlt eine Zwischenzone, stellte sich raus, in einem gewissen Bereich bin ich quasi nicht vorhanden. „Beim Niki gibt's nur volle Power oder völliges Loslassen", sagte Dungl, drum könne ich auch im Schlaf so total regenerieren.

Daher ist es zwecklos, irgendeine Art von Meditation mit mir anstellen zu wollen. Kaum höre ich *entspannen, ent-spannen*, schlafe ich gleich weg.

Wie auch immer: Ich gehörte sicherlich zu den fittesten Fahrern meiner Zeit, und das Konditionsniveau war schon damals hoch, wenn auch nicht gerade Schumacher-mäßig.

Immer mehr übernahm ich Dungls Ernährung auch für meinen Alltag, Salat, Müsli, Joghurt, Vollwert, mit immer selteneren Ausreißern. In der Rennpause 1980/81 verluderten meine sportlichen Manieren etwas, für das Comeback brauchte ich Willy fast *full-time*. Damals begriff ich, daß ich mich von ihm (oder seinen Regeln) nie wieder so weit entfernen sollte. In der McLaren-Zeit, also 1982 bis 85, kam ich ihm auch menschlich näher. Als einer der wenigen wußte ich, wie schwerkrank er selbst war.

Da man immer nur hört, was er bewirkt, aber nie, was hinter dem Menschen steckt, zitiere ich ein paar Passagen Dungl live aus einem Autorevue-Interview mit Herbert Völker:

Mit sieben hatte ich Kinderlähmung und war in Mistelbach im Spital. Das war 1944, 1945, vor Kriegsende, bevor die Russen kamen. Meine Mutter, eine kleine Näherin, hat mich gegen Revers aus dem Spital genommen und instinktiv zu heilen versucht. Sie hat mir die Füße in den Bach gehängt, mich mit Brennesseln abgerieben, hat mir Rübensirup gekocht, und weil sie als einfache Frau in der Einschicht eine dumpfe Angst davor hatte, daß die Russen ein behindertes Kind verschleppen würden, hat sie mich in zwei Wochen zum Gehen gebracht – vor dem letzten Gefecht in unserer Gegend.

Mein Vater hatte als letzte Information: Der Bub ist gelähmt, ist dreimal aus der Gefangenschaft ausgebrochen, schließlich von Jugoslawien raufmarschiert, und im Juli 1945 war er bei uns. Es kamen versprengte Partisanen, die wollten Wein aus unserem Keller, aber wir hatten keinen, und sie sagten, sie kämen in drei Stunden wieder und würden den Vater erschießen, wenn noch immer kein Wein da sei. Ich hab keinem was gesagt und bin weggerannt – ein paar Wochen zuvor war ich noch gelähmt gewesen! dreieinhalb Kilometer zur Kommandantur bin ich gerannt, hab gerufen, sie sollen meinen Vater retten, und tatsächlich haben die Russen – kinderliebend waren sie ja – die Partisanen vertrieben. Dann sind wir mit einem Handwagerl nach Wien gezogen, links und rechts der Straße hast du die Leute sterben sehen, an Chole-

ra und was weiß ich. Zwei alte Leute sind auf der Straße gelegen, und Vater sagte, die führen wir nach Poysdorf. Das haben wir getan und sind erst dann weiter nach Wien gegangen. Wir waren ausgebombt und alles war weg. Aber es hat sich in mein Unterbewußtsein eingegraben: Daß man helfen kann und daß man helfen soll, und daß es einen Sinn hat.

Als ich 20 war, hat mir der Zahnarzt einen eitrigen Zahn bekront, das konnte ich nur in Raten zahlen, vielleicht hat er ihn deswegen nicht gezogen. Jedenfalls ist im Kiefer eine Eiterung durchgebrochen, und von da an hatte ich Probleme mit den Nieren. Viele Jahre später, zufällig am Todestag des Ronnie Peterson, 1978, war ich plötzlich auf einem Auge blind. Auf der Klinik sagten sie mir nach dreitägiger Untersuchung: Sie haben Schrumpfnieren, man kann nix dagegen machen, und Sie haben noch drei, vier Monate Zeit.

Ich hab eine Nacht nachgedacht und dann zum Professor gesagt, wenn mir eh nicht zu helfen ist, möchte ich heimgehen. Ja, sagt er, gehen Sie heim, Sie werden jetzt immer schwächer werden, stellen Sie sich ein Bett im Geschäft auf, und wenn Sie dann nicht mehr die Stiegen raufgehen können, kommen Sie wieder. Dann hängen wir Sie an die Maschine an. Damals war die Dialyse noch ein Horror. Da bist du sechs Stunden dran gehängt, hast Krämpfe kriegt, damals hat man noch von den Dialyse-Trotteln geredet. Eine Transplantation hat damals maximal eine Chance von 30 % gehabt.

Da habe ich gesagt, ich will alles tun. Ich hab zu rauchen aufgehört, die Ernährung umgestellt, Bewegung gemacht, alles. Mit jedem Tag, den ich lebe, würde die Medizin weiterkommen und meine Chancen erhöhen. So hab ich um jeden Tag gekämpft. Nach ein paar Wochen konnte ich wieder normal sehen, nach drei Monaten bin ich zum ersten Mal mit dem Niki eine Runde gelaufen. So konnte ich die Dialyse jahrelang rauszögern.

Daneben gab es die Schwierigkeiten des Berufs. Ich war ja die ganzen Jahre voll auf Trab, hab das Bio-Zentrum aufgebaut, die Rennfahrer betreut, besonders den Niki, war bei fast jedem Rennen dabei. Ich hab mich überall zur Dialyse angemeldet, in Nizza (rund um den Grand Prix in Paul Ricard) haben sie mich dann trotz Zusage nicht angenommen. Statt heimzufliegen, hab ich das als Prüfung angesehen: Was kann ich meinem Körper abverlangen, wenn ich mich maximal richtig verhalte, extrem vernünftig, mit extremer Disziplin? Ich hab zehn Tage ohne Dialyse geschafft, unglaublich. Ich glaube, daß man Krankheiten als eine Art Herausforderung nehmen und schauen soll, was kann man daraus lernen oder daraus gewinnen? Man soll als Kranker nicht nur ins Unglück schauen.

Und dann war die Sache in Amerika. Ich flog mit Niki vom Grand Prix Kanada 1985 nach Arizona, wo Lear daheim ist. Niki gab den Jet ins Service, wir vertrieben uns ein paar Tage in Tucson, und ich ging zwischendurch zur Dialyse. Ich bekam dann die Rechnungen nach Österreich, und nach langer Zeit kam noch ein Brief. Dazwischen war ich schon operiert worden, keine einfache Geschichte, es hatte vier Nachoperationen gegeben. Zehn Tage, nachdem ich also alles überstanden hatte, kam der Brief aus Amerika. Es stand drin: Sie haben bei uns eine Bluttransfusion gehabt, wir müssen Sie darauf aufmerksam machen, daß sie nicht HIV getestet war, und wir empfehlen Ihnen dringend einen HIV-Test.

Kannst du dir vorstellen, wie dir da ist?

An der Klinik haben sie den Test gar nicht unter meinem Namen eingereicht. Der Professor hat gesagt, wenn der Dungl positiv ist, da kann keiner dichthalten. Was sich da abspielen würde!

Da ist mir erst richtig bewußt geworden, worum es geht, was da alles dranhängt. Da reiß ich ja meine Familie mit hinein, das ganze Bio-Zentrum! Denk an die Berührungsängste der Menschen bei HIV-Positiven ... da ist ja alles vorbei. Damals hat man noch 28 Stunden auf das Attest warten müssen. Was dir da durch den Kopf geht! Soll ich überhaupt zur Familie zurück? Schau dir den schönen Autobahnpfeiler an, das wäre doch am fairsten, wenn du da ins Schleudern kommst und gegen den Pfeiler knallst ... man hat ja seinerzeit eine hohe Lebensversicherung von mir verlangt, als Sicherstellung einer Übergangsfinanzie-

rung für das Hotel. Der Autobahnpfeiler wäre die fairste Lösung,
solche Gedanken kommen dir in dieser Situation.

Soweit die irre Geschichte des Willy Dungl. Es ist alles gut-
gegangen, der Meister ist hochgeehrt, arbeitet wie ein Viech
und wird 1997 in toller Fitness seinen 60. Geburtstag feiern.
Jedenfalls bekam ich in meinen Brabham- und McLaren-Jah-
ren ganz am Rande mit (denn er redete ja nicht davon), wie
er seinen Kampf ums Leben führte. Dabei tat er so, als gebe
es nichts Wichtigeres als die Gesundheit der anderen und
die Fitness von Grand-Prix-Fahrern. Vor allem erlebte ich
seinen *Erfolg!* Ich konnte miterleben, wie sein System funktionierte und den ganzen Menschen vom Minus ins Plus zog.
  Willy half mir noch ganz entscheidend, den dritten Weltmeistertitel zu gewinnen, indem er in Imola meinen verhex-
ten dritten Brustwirbel, der mich bis zur Bewegungslosigkeit
verklemmt gehalten hatte, ins Positive verzauberte. Als ich
dann endgültig vom Spitzensport ausstieg, wußte ich, daß ich
mich nie zu weit von Willy Dungl entfernen durfte. Seine
Ernährung habe ich mittlerweile hundertprozentig angenommen — wirklich unverzichtbar, sobald man den Unterschied
erlebt hat! —, und für den Rest meines Lebens werde ich
meine persönliche Plus-Minus-Rechnung weiterführen. Ich
regeneriere, so konsequent ich kann, verteidige vor allem
meine acht Stunden Schlaf, komme aber trotzdem irgendwann in die Bergabkurve, weil der Job eben so hart und
stressig ist. In diesem Moment muß ich meistens noch ein
bissl mitspielen, weil ich Termine nicht so schnell ändern
kann, ziehe aber sofort die Bremse. Da lege ich einen freien
Nachmittag ein, erhöhe die Schlafration, lasse Zeitunter-
schiede auspendeln (obwohl ich normal kaum Jet Lag ver-
spüre) und ruf in Gars im Bio-Zentrum an:
  „Willy, i kumm."
  Dann wird er mich massieren und spazieren schicken,
mich in Gesundheitsbäder stecken, wird mich aufs Fahrrad
zwingen und an irgendwelche Elektrodinger anhängen, wird

meine Wirbelsäule strecken und sich ärgern, daß ich keine Gymnastik mach, er wird mich mit geheimnisvollen Apparaten erfrischen, mir die neuesten Schwänke erzählen und ungefähr fünfmal sagen, daß ich ein fauler Hund bin. Und ich werde sagen, daß ich nicht so lang bleiben kann und morgen schon ein bissl früher wieder weg muß, und er wird mir noch eine Übung reindrücken und mich um sechs in der Früh vor der Rückfahrt abfangen, und dann wird er sagen: „Für so einen faulen Hund bist eigentlich eh ganz gut beinand."

Was würde Willy einem völlig Fremden, also einem „Anfänger" erzählen? Etwa: „Halte ein 5-Minuten-Referat an Unbekannt, bitte, Willy."

Also gut, sagt Dungl:

„Ich glaube, daß kein Mensch sich bewußt selber schädigen will. Aber unsere Lebensgewohnheiten sind halt so, daß alles andere wichtiger ist. Wir wissen, daß achtzig Prozent von allem, was wir tun, im Unterbewußtsein geschieht. Wir sind halt von unserer Gesellschaft, von unserer Umgebung geprägt und programmiert worden.

Das einfachste, was der Einzelne da tun kann: Zu versuchen, sich selber mal Priorität zu geben. Er weiß sicherlich, daß er gescheiter essen soll, daß er gelegentlich regenerieren soll. Als einfachstes Prinzip könnte er für sich festlegen: Ärger ist Unfug. Er nimmt sich das in der Früh vor und prägt sich das ein.

Ein kleines Beispiel: Du bist im Streß, fährst Auto, kommst zur Ampel, es ist Rot und du hast es eh schon so eilig, und du sitzt jetzt dort und wartest, daß es Grün wird. Dann steigt das Streßhormon, die Muskelverspannung, der Puls wird höher, aber es wird nicht schneller grün. Wenn du aber sagst, ich habe ein paar Sekunden für mich, und läßt jetzt los und atmest durch oder streckst ganz einfach deine Hände aufs Dach rauf, daß du deine Wirbelsäule tonisierst und durchblutest, fährst du mit einem niedrigeren Puls weg, du hast regeneriert, und es ist genauso schnell Grün geworden. Du hast dir Priorität gegeben!

Solche Dinge muß man ganz einfach suchen. Man muß des-

wegen nicht weniger arbeiten. Ich halte auch nichts davon, jetzt unbedingt eine halbe Stunde freizuschlagen, damit ich autogen trainieren gehen kann. Ich muß zwischendurch abschalten, ich muß im Moment nachlassen können.

So sollte man halt auch bei der Nahrung die kleinen Schritte versuchen. Einfach versuchen, eine Karotte, Rohkost oder Sauerkrautsalat ins Leben reinzubringen. Und vielleicht als erstes das frittierte Zeug wegzubringen.

Ich veranlasse die Leute ganz gern, mir einen Wochenbericht zu bringen. Sie schreiben eine Woche lang auf, was sie essen und trinken, das analysieren wir dann. Ich sage dann keinesfalls, das können Sie alles vergessen, das ist ein Wahnsinn, sondern ich suche bloß die schlechtesten paar Sachen raus. Ich könnte zum Beispiel sagen: Wenn Sie das weglassen oder das, und dafür in der Früh für das Bindegewebe ein Müsli essen, und in das Müsli geben Sie zwei Eßlöffel Hirse für die Knochen rein, dann werden Ihre Gelenke in ein paar Monaten besser sein. Damit hat der Mensch schon einen Schritt getan.

Oder wenn das Leute sind, die ständig Verstopfungen haben. Wenn die auf d'Nacht hergehen und zwei Zwetschken und eine Feige und drei Eßlöffel Leinsamen in ein Viertelliter Wasser tun, lassen es über Nacht stehen, und in der Früh trinken sie zuerst schluckweise das Wasser runter, essen nach der Morgentoilette noch ein Joghurt und am Abend öfter mal einen Roten-Rüben-Salat, dann werden sie auf einmal draufkommen, wie gut es ihrem Darm geht. Diese kleinen Dinge, glaube ich, kann jeder tun.

Wenn einer keine Bewegung macht, und es sind ja immer dieselben, die nie Bewegung kriegen, dann könnte er wenigstens auf den Lift verzichten, und einmal um den Häuserblock herumgehn, und am Wochenende wenigstens eine Stunde seinem Körper schenken: Da mache ich Bewegung, gehe raus und laß los.

Man sollte versuchen, sich eine Selbstbilanz zu erstellen, einmal aufschreiben, was man für seinen Körper getan hat, so wie ich damals beim Fenster gestanden bin, bei meiner Nierenkatastrophe und nicht gesagt habe, jetzt ist alles aus. Im ersten Moment denkst' dir, wenn du ein labiler Kerl bist, hupfst beim

Fenster runter. Da war ich 40, und der Arzt hat mir noch drei Monate Zeit gegeben. Er war so nett, meine Frau anzurufen und ihr zu sagen, sie soll mich keinen Kredit mehr aufnehmen lassen, weil ich werde ihn nicht zurückzahlen können. Und damals habe ich mir die kleinen Schritte vorgelegt.

Man sollte sich auch bewußt werden, daß die Qualität der letzten zwanzig Lebensjahre nur von einem selber abhängt. Die Ärzte können dich am Leben erhalten, aber die Qualität mußt du dir selber machen."

Soweit Willy Dungl live, quasi die Einleitung zum Grundkursus.

Jetzt fehlt noch eine aufregende Geschichte, für mich eigentlich dramatischer als der Nürburgring-Unfall, weil ich alles viel genauer mitkriegte:

Ich kam gerade aus Miami zurück, mit Grippe, überarbeitet, übermüdet, kam in die Wiener Wohnung neben dem Hotel Sacher und erlitt einen Herzanfall. Ich stürzte zu Boden, konnte mich nicht rühren. Mit äußerster Mühe robbte ich ans Telefon, aber wen sollte ich anrufen? Notruf, Ambulanz? Es war die Zeit meines ärgsten Streits mit der AUA, und den Triumph, daß das rote Kappl auf der Bahre aus dem Sacher-Haus rausgetragen wird, konnte ich ihnen nicht einmal in meiner Todesangst lassen. Also Willy Dungl, aber der war nicht da. Ich bat um Rückruf, extrem dringend. Inzwischen, noch immer am Boden, kritzelte ich Hinweise für Marlene, Kontonummern undsoweiter, Abschied.

Nach Stunden, glaube ich, rief Dungl endlich an. Ich hab Herzinfarkt, sagte ich, bitte schaff mich diskret ins Spital.

Willy und seine Frau holten mich, schafften mich aus dem Haus und gleich ins Allgemeine Krankenhaus, wo auf der Herzstation schon alles vorbereitet war.

Erster Check: Alles in Ordnung. Pumperlgesundes Herz, wie bei der letzten Pilotenuntersuchung.

Unendliche Erleichterung, allerdings bei unverändert irren

„Rouge Grenade. Lauda."
Von Hannes Rausch 1995. Acryl auf Leinwand, 200 x 260 cm

Bertl Wimme

Attila Dogudan

Willy Dungl

Bertl Wimmer
vermarktet
Niki-Lauda-Bikes

Hannes Rausch

Gerhard Berger

Ibiza

Ibiza-Ferien im Lauf der Jahre
Fitness mit Dungl und Lukas

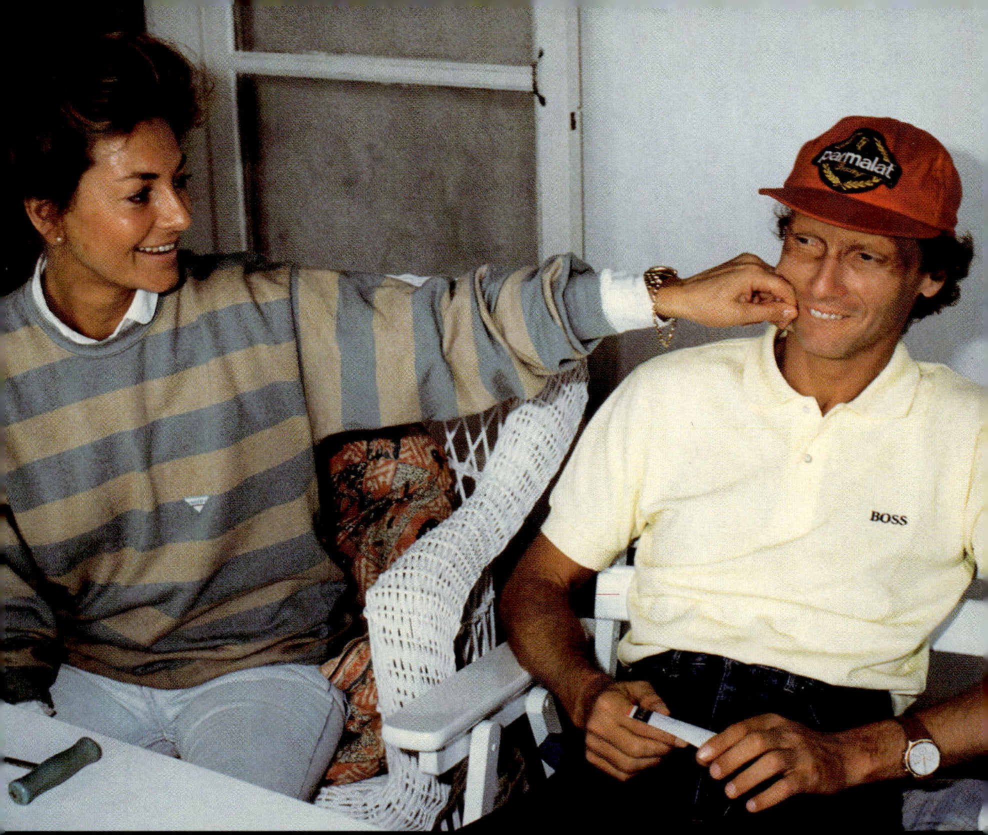
parmalat
BOSS

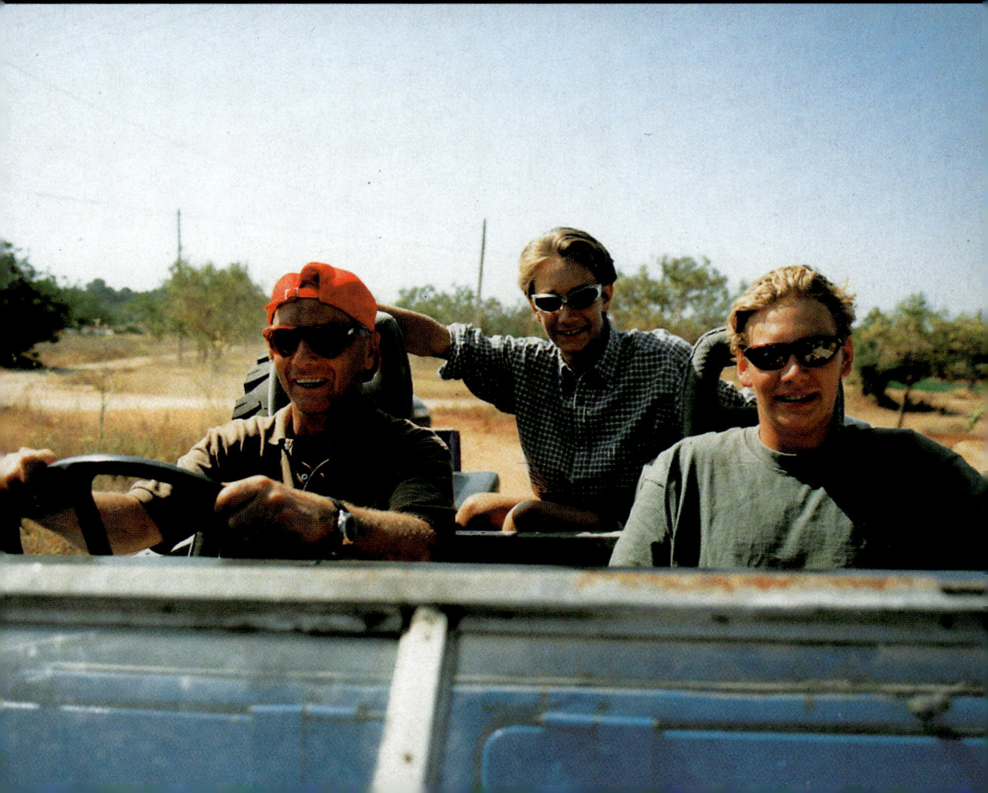

Sommer 1996. Motocross ist angesagt: Lukas, 17, Mathias, 15

Schmerzen. Also konnte es nur ein verschobener Wirbel, ein verklemmter Nerv sein, ohnedies die Spezialität des Dungl (tatsächlich war es der fünfte Brustwirbel, glaube ich).

„Ich bring dich gleich nach Gars, dort kann ich dich ordentlich behandeln", sagte Dungl. Man schleppte mich in den Spitalhof zum Auto des Willy.

Wie eine Rakete aus dem Unterbewußtsein kam mir die Erinnerung an die Autokünste des Willy Dungl.

„Wer fährt?" fragte ich, plötzlich hellwach.

„Ich fahr'", sagte Dungl.

Ich wimmerte: „Laß mich fahr'n, Willy."

Kapitel 13
Ferrari

Enzo Ferrari war die größte Persönlichkeit und der wichtigste Mensch meines Rennfahrerlebens. Zu dieser Erkenntnis habe ich eine Zeitlang gebraucht. Es gab ja auch einige nicht so tolle Erlebnisse mit ihm, aber sie spielen in der Erinnerung keine Rolle mehr. Heute habe ich einen freien Blick, und auf die Frage, was mir Ferrari (der Mann, die Firma, das Auto) gebracht hat, würde ich antworten: Alles. Ferrari hat mich geprägt, und alles ist gut geworden.

Ich glaube, wir mußten beide so handeln, wie wir es getan haben. Ich als junger Spund, der sich emanzipierte bis zur echten Gegenkraft im Ferrari-System; er als der Gigant, der er nun einmal war und sich treu blieb. Was Enzo Ferrari tat, war ein Teil von ihm, unlösbar mit seiner Gesamtwirkung verbunden, und die war grandios.

Extreme Egozentrik, starker Wille und die Sucht nach Erfolg hatten allesamt Platz in einem großen italienischen Herzen. Er war gütig und cholerisch, schlau wie stur, vorausblickend und ungeduldig, von erhabener Grandezza und quengeligster Kleinlichkeit. Er hatte alle Extreme in sich und zog für den jeweiligen Moment heraus, was er gerade brauchte.

Es gibt die Geschichte von seinem Chauffeur Pepe Verdelli, der ihm fünfzig Jahre lang diente, also schon seit den zwanziger Jahren. Er holte ihn jeden Tag in der Früh ab, blieb den ganzen Tag parat und wartete abends oder nachts, was immer passierte. Nach einer langen Sauferei in Modena trat Ferrari aus dem Restaurant, Verdelli war kurz pinkeln gegangen.

„Verdammter Pepe", sagte Ferrari, „er ist nie da, wenn man ihn braucht."

Die Geschichte mag wahr sein oder auch nicht, es gibt Tausende dieser Art, und auch die nicht so glanzvollen Details aus dem Leben mehren bloß die Strahlkraft des Monuments.

Die längste Zeit war es absolut tabu, an diesem Denkmal zu kratzen. Meine früheren Statements gehörten zu den ersten offenen Worten über Enzo Ferrari, und seither gibt es doch einige kritische Auseinandersetzungen mit seiner Person (hervorragend ist jene von Brock Yates: „Enzo Ferrari", Heyne-Verlag). Am Ende wird alles unter „Glanz und Größe" verbucht werden, und so ist es okay.

Was mich als erstes erstaunte, waren seine legeren Manieren. Ich hatte zwar ein paar Tramp-Jahre im Rennzirkus hinter mir, aber ich war immer noch ein Buberl, dem man zu Hause das großbürgerliche ABC des guten Benehmens beigebracht hatte. Enzo Ferrari kratzte sich mit unglaublicher Hingabe an Stellen, an denen man sich wirklich nicht kratzt, und er pflegte mit phantastischer Geräuschentwicklung zu husten und zu spucken, und dazu zog er ein Taschentuch von der Größe eines Handtuchs aus dem Hosensack. Er tat das nicht etwa seitlich abgewandt, sondern mittendrin, fast als Performance.

Dennoch: „Er ist das Leben, die Fahne, er ist die Fabrik", hatte einer seiner Mitarbeiter gesagt, und es stimmte. In meiner jugendlichen Direktheit sah ich ihn aber nicht als Mythos, sondern als Chef meines Rennstalls. Meine schönsten Momente mit ihm hatte ich, wenn ich ihn in seinem Arbeitszimmer aufsuchte. Jedes Vier-Augen-Treffen mit ihm diente der Klarheit unserer Arbeit, im Gegensatz zu dem Geschwafel, mit dem seine ständigen Berater bei ihm Politik machten. Der Einfluß dieser Lobby war deshalb so groß, weil der alte Herr schon seit vielen Jahren zu keinem Rennen mehr ging, sich aber über jedes Detail informieren ließ, von der Wassertemperatur bis zum Reifenabrieb. Darin lagen natürlich enorme Möglichkeiten, die Dinge so oder so darzustellen, mit entsprechenden Konsequenzen. Die waren deshalb besonders bedeutend, weil auf Entscheidungen beharrt wurde, auch wenn sie falsch waren, das liegt, nehme ich an, in der Natur eines Patriarchen. Also versuchte ich, es gar nicht so weit kommen zu lassen und hielt laufenden Kontakt mit ihm.

Wenn ich mit ihm reden wollte, klopfte ich an seine Tür und ging rein, während es für seine engsten Mitarbeiter jedesmal ein Ritual war, um eine Unterredung zu bitten. Das karge Zimmer war in strengem Dunkelblau gehalten und wurde von einem großen Bild des verstorbenes Sohnes dominiert, zumeist mit brennenden Kerzen davor, die Atmosphäre war also nicht wirklich locker, störte mich aber nicht. Enzo Ferrari duzte jeden aus seiner Umgebung, ohne daß irgend jemand das als Einladung verstanden hätte, seinerseits zurückzuduzen. Ich hatte das Ritual am Anfang nicht richtig mitgekriegt und sagte ganz selbstverständlich „Ciao Enzo!", was er tadellos akzepierte. Die Umstehenden trauten ihren Ohren nicht.

Unmittelbar nach meinem Nürburgring-Unfall gab es natürlich diesen Kontakt nicht. Seine Berater waren die einzige Informationsquelle. Tatsache ist (nunmehr emotionslos von meiner Seite), daß Enzo Ferraris Verhalten in dieser schwierigen Zeit nicht sehr hilfreich für mich war.

Was die Ursache des Unfalls betraf, hatte ich seltsamerweise ein ähnlich vages Interesse an einer offiziellen Klärung wie er selbst. Ähnliches hörte man viele Jahre später von Karl Wendlinger: Er besaß keine Erinnerung an seinen Monaco-Unfall, und wenn er das Video sah, hatte er das Gefühl, einem anderen Menschen zuzuschauen, es ließ ihn kalt. Auch ich war völlig ohne Erinnerung, und als ich einmal einen Amateurfilm vom Nürburgring sah, dachte ich bloß, na bumm, da brennt's ordentlich!

Alles spricht dafür, daß sich die Wahrheit mit der ersten Vermutung meines damaligen Chefmechanikers Ermanno Cuoghi deckt: Der obere Anlenker zwischen Motor und rechter, hinterer Radaufhängung war gebrochen, und zwar nicht zum erstenmal, wie Cuoghi genau wußte. In diesem Moment schert das Hinterrad aus, das Auto dreht sich ein. Es gab nichts, was für einen Fahrfehler sprach: Die Kurve geht voll, und selbst das vorhergehende Rumpeln über einen Randstein darf keine Rolle gespielt haben, da die Randsteine in diesem Bereich der Strecke sehr flach sind, da kannst du hundertmal drüberrumpeln.

Über den Defekt wurde nie offen geredet. Damals war man noch nicht so versessen drauf, bei Defekten, die zu Unfällen führten, gleich den Hersteller in die Pflicht zu nehmen (sechs Jahre zuvor war Jochen Rindt wegen einer gebrochenen Bremswelle gestorben, ohne Konsequenzen für Lotus-Chef Colin Chapman). Bei Ferrari wurde bloß darauf hingewiesen, daß durch die totale Vernichtung des Wagens keinerlei Hinweise mehr zu finden seien. Die Möglichkeit oder Wahrscheinlichkeit eines Ferrari-hausgemachten Defekts schien absolut niemanden zu beunruhigen. Und am allerwenigsten stieg der Chef in die Niederungen irgendwelcher Details.

Dazu muß man ehrlich sagen, daß die Ferraris über vierzig Jahre hinweg immer zu den sichersten und stabilsten Konstruktionen der Formel 1 gehörten und gehören. Es gab und gibt keinen Hasard auf Kosten der Sicherheit. Wenn in der Saison 1976 eine Schwachstelle an einem Längslenker aus Magnesium existierte, dann hat Enzo Ferrari hunderprozentig nichts davon gewußt. Und was das rasche Feuerfangen meines Autos betraf: Das ergab sich aus der damaligen Bauweise von Formel-1-Autos, es wäre mit jedem anderen Auto genauso passiert.

Enzo Ferrari sagte: „Es war ein großer Unfall."

Einige Wochen nach dem Unfall erzählte mir Emerson Fittipaldi, daß ihn Ferrari-Rennleiter Daniele Audetto noch an jenem Sonntagabend angerufen habe, im Auftrag des Chefs. Ferrari bot dem Brasilianer einen Zweijahresvertrag an, sofort, auf der Stelle. Das Thema war nicht, den möglicherweise wieder hochkommenden Lauda für die Zeit seines Ausfalls zu ersetzen, sondern es ging um kompletten Austausch: Lauda stirbt, vielleicht heute, vielleicht morgen, Fitti muß her.

Fittipaldi war richtig betroffen, als er mir das nach einiger Zeit erzählte. Ich war innerlich auch schwer beleidigt, aber heute sehe ich das viel lockerer. Ferrari war im Begriff, seinen besten Fahrer zu verlieren und brauchte einen neuen „besten Fahrer", ohne Sentimentalitäten. Ich meine, man hätte das mit mehr Gefühl, mehr Charme und anderem Timing betreiben können, aber wahrscheinlich war Ferrari der Mann, der solche Dinge trennen konnte: Den Lauda hat's aufg'stellt, so ein Jammer, aber es nützt nix: Wer ist jetzt der Beste, den wir kriegen können?

Als ich dann ein Jahr später Ferrari verließ, war ich in der Position des Stärkeren und habe sie genützt, mit sowenig Emotionen wie nur möglich. Es war einfach alles zuviel geworden, die fehlende Wärme nach dem Unfall, die verlorene WM 1976, der Fight um die WM 1977, die kleinen und die großen italienischen Zustände. Ferrari ist, neben aller Großartigkeit, auch Zirkus und Casino, du stehst immer in der Öffentlichkeit, wirst durch die Mangel der italienischen Zeitungen gedreht – und irgendwann reicht's.

Enzo Ferrari war ausgesprochen wütend, als er mich dann nicht halten konnte, trotz einer plötzlichen, sehr ungewöhnlichen, finanziellen Großzügigkeit. Er dachte, bei mir könne es nur am Geld liegen. Daß einem „ZUVIEL FERRARI" auf den Kopf fallen kann, dieser Gedanke kam ihm überhaupt nicht.

Es wurde ja über die Fahrergagen bei Ferrari schon viel geschrieben. Mittlerweile haben wir die ganze Palette von Null bis 23 Millionen Dollar erlebt. Enzo Ferrari (noch als Alfa-Romeo-Teamchef) mußte zwar schon vor dem Krieg einem Tazio Nuvolari ein angemessenes Gehalt zahlen, aber im eigenen Rennstall setzte er dann durch, daß es eine Ehre sei, Ferrari zu fahren, somit keine Frage des Geldes. Fangio machte ihm dann den Unterschied zwischen Profis und Herrenfahrern klar, sodaß man annehmen kann, daß auch Phil Hill, Surtees und Jacky Ickx halbwegs normales Geld kriegten.

Als durch einen himmlischen Zufall sein wohlwollendes Auge auf mich fiel, war ich natürlich für 1974 um jeden Preis zu haben. Der war 500 000 Schilling oder 50 000 Dollar nach heutiger Umrechnung. Dann gab's jedes Jahr ziemlich mühsame Verhandlungen, aber eine schon ziemlich normale Gage für die damalige Zeit: Vorerst etwa drei Millionen Schilling. Bei einer früheren Gelegenheit hatte ich die Vertragsverhandlungen für 1977 festgehalten, weil sie so amüsant waren. Das war im Juli 1976, wenige Tage vor dem Nürburgring-Drama, und ich führte überlegen in der Weltmeisterschaft:

Ich sitze mit dem alten Herrn und dessen Sohn Piero im Hinterzimmer des Cavallino, das ist das legendäre Restaurant auf der anderen Straßenseite vom Werk in Maranello. Mein Italienisch ist zwar schon brauchbar, aber bei solchen Gelegenheiten macht Piero immer den Italienisch-Englisch-Dolmetsch. Er hätte gern, daß ich auch 1977 bleibe, sagt der alte Herr. Was wäre dazu nötig?

Ein Team mit zwei Fahrern, keinesfalls drei, sage ich, weil das würde die Kapazität der Techniker und Monteure übersteigen. Und als zweiten Fahrer hätte ich gern weiterhin Regazzoni. Das wird schwer, sagt Ferrari, den will ich suspendieren. Wir reden ein bißchen hin und her, und ich meine halt immer wieder, für mich wäre es fein, wenn der Regazzoni bliebe.

Auf einmal fragt er, wie es mit dem Geld aussähe, wieviel ich verlange. Ich nenne ihm fünf Millionen Schilling (nach heutiger Rechnung 500 000 Dollar). Er sagt kein Wort, steht auf, geht zum Telefon, ruft den Buchhalter Della Casa an und fragt ihn: Wieviel sind fünf Millionen Schilling? Er wartet auf die Ant-

wort, legt den Hörer auf, kommt zurück und setzt sich mir gegenüber, in aller Ruhe. DANN BRÜLLT ER LOS, wie ich das noch nie erlebt habe, er schreit wie am Spieß: Eine Frechheit, eine Schweinerei, was ich mir erlaube, ich bin verrückt geworden, wir brauchen gar nicht mehr zu reden. Wir gehen getrennte Wege, und wenn er Atem holt, übersetzt Piero schnell den letzten Fluch. Ein Dolmetsch ist ein brauchbares Zwischenstück für solche Verhandlungen, da werden die Schimpfworte ein bisserl abstrakter. Ich sage zu Piero, bitte übersetz ihm, wenn wir also getrennte Wege gehen, dann kann ich ja heimfliegen, und Piero sagt, ich soll sitzen bleiben, und das geht hin und her, bis ich endlich sage, Ferrari soll ein Gegenoffert machen. Nein, sagt Ferrari, er kann kein Gegenoffert machen, denn er will nur glückliche Fahrer in seinem Rennstall, und seine Gegenofferte kann mich nicht glücklich machen. Also gut, dann kann ich ja wirklich heimfahren, weil wenn ihr mein Offert nicht annehmt und kein Gegenoffert macht, dann gibt's ja keine Chance. Endlich macht er ein Gegenoffert, ein gutes Viertel unter meiner Forderung, bereits in Lire ausgedrückt. Ich werde wütend und sag zu Piero, erklär ihm, daß mir schon sein Teammanager ein paar Millionen Lire mehr geboten hat, und ob er mich auf den Arm nehmen will? Was, stimmt das mit dem Audetto? schreit der Alte. Ja, sage ich, ruf ihn doch rein. Er läßt Audetto antreten, fragt ihn, ob die genannte Summe stimme, ja, sagt Audetto, er habe soundsoviel geboten, dann sagt Ferrari zu mir, okay, wenn so ein Wahnsinniger von meinen Angestellten soviel bietet, muß ich mitgehen, und zum Audetto sagt er, wir sprechen uns noch, und läßt ihn abtreten. Aber das ist mein letztes Angebot, schreit er mich an, er brüllt wie ein Stier. Ich komme ihm um ein Prozent entgegen, ganz ruhig. Daraufhin wird er auch ruhig und sagt, ich bin unverschämt, ein Wahnsinn, es ist genug, es ist alles überschritten, seine Nerven, ob ich will, daß er stirbt. Daraufhin sage ich zu Piero: Übersetze ihm, daß Ferrari ohne mich nie Weltmeister geworden wäre. Piero: Das kann ich nicht übersetzen, das tu ich nicht. Ich sag ihm, er soll nicht feig sein, er soll das ruhig sagen, und zwar schnell, und Piero sammelt sich und übersetzt dann mit rotem Kopf. Da fängt der

280

alte Herr wieder zu brüllen an, es geht hin und her, eine Stunde lang, bis er wieder fragt, wieviel ich verlange, da gehe ich um weitere vier Prozent runter, mein letztes Angebot. Dann sagt er: Okay, ebreo – okay, du Jude. Im gleichen Moment ist er reizend und nett, ein charmanter alter Herr, der angenehmste Gesprächspartner, den man sich vorstellen kann. Ich habe die größte Talk Show meines Lebens gesehen und gehört.

Man muß bedenken, daß es damals um rund ein Fünfzigstel des Betrages ging, den Schumacher heutzutage kriegt. Man kann sich überhaupt nicht ausmalen, wie Enzo Ferrari mit den heutigen Umständen zurechtgekommen wäre. Er starb am 14. August 1988, mit neunzig Jahren.

Jedenfalls war ich ein Jahr nach jener „Talk Show"-Episode durch keinen Betrag mehr bei Ferrari zu halten, gefühlsmäßig glaube ich, der alte Herr hätte sogar verdoppelt. Umso persönlicher nahm er meinen Abgang, und es herrschte Funkstille zwischen uns. Zum Glück traf ich Enzo Ferrari ein paar Jahre später in Imola, ein Zufall. Er freute sich, mich zu sehen, und war richtig nett. Natürlich war ich glücklich über diesen Ausgang. Dazwischen hatte er mehrmals geäußert, daß ich – wie Fangio – fünffacher Weltmeister hätte werden können, wäre ich bloß bei Ferrari geblieben. Er mag sogar Recht gehabt haben.

Statistiken sind mir herzlich egal, und ich verfolge wirklich nicht den Stand der Ewigen Bestenliste im Grand-Prix-Sport. Aber wenn mir einer von diesen Rekorden was bedeutet, ist es die Tatsache, daß ich mit fünfzehn Grand-Prix-Siegen der erfolgreichste Ferrari-Fahrer bis heute bin. Ich nehme an, Schumacher wird das eines Tages überbieten, aber da hat er noch ein paar heiße Sonntagnachmittage vor sich.

Was Enzo Ferrari betrifft, so wird er nie überboten werden in der Gesamtwirkung seines Mythos, auch seines Charismas, nehmt alles in allem. Und dieser Mythos hat sich in sensationeller Weise auf seine Autos übertragen. Gegen einen Ferrari sind alle anderen Autos irgendwie Blechkisten.

Im Spätsommer 1991 rief Luca Montezemolo an und fragte, ob ich nicht Lust hätte, ihn auf einen kleinen Lunch in Rom zu treffen. Ein kleiner Lunch mit Luca ist immer nett.

Er hatte auch schon achtzehn Jahre vorher angerufen, es war ebenfalls Sommer, und er hatte mich auch zu einem Lunch treffen wollen, damals aber in London.

(Um ehrlich zu sein: Es war einen Hauch komplizierter, damals, 1973. Von jungen Starlets kennt man den Running Gag: „Hat Hollywood angerufen?" und die Version der jungen Rennfahrer heißt: „Hat Ferrari angerufen?" Das war auch mein stehender Spruch gegenüber meinem Cousin Jenzy in Salzburg, der in den frühen Jahren für mich Telefonzentrale spielte. Ich pflegte zur Tür reinzukommen und zu sagen: „Hat Ferrari angerufen?" und Jenzy würde irgendeinen Blödsinn drauf antworten. Im Sommer 1973 hatte dann Ferrari tatsächlich angerufen. Zwar nicht Enzo himself, aber immerhin ein Monte-sowieso, der jenen Termin in London vorschlug, aus dem sich dann die Chance meiner wunderbaren Karriere eröffnete.)

Rennleiter Montezemolo war in meiner ersten Ferrari-Ära die vernünftigste Person des ganzen Ladens. Er hatte die unglaublich rare Qualität des Zuhören-Könnens, war daher der einzige, der den Analysen eines Youngsters zu weiterer Beachtung verhalf. Aber er hatte auch dieses große italienische Herz und Emotionen, die ihn wegschwemmten. Es gab keinen Menschen, der sich bei meinem allerersten GP-Sieg (1974, Madrid-Jarama) mehr aufgeregt hätte als Montezemolo. Ferrari hatte ein Chaos in der Rundenrechnung und lag um vier Runden falsch, Luca stürmte zum Rennleiter und verlangte das Abwinken des führenden Lauda, aber er ließ natürlich weiterfahren. Montezemolo bedrängte ihn immer ärger, bis zur Handgreiflichkeit, kassierte sogar eine Watschn, bis endlich wirklich Ende war, da stand Luca mit hochgerissenen Armen vor dem Rennleiter auf der Fahrbahn. Also dieser Mann hat den Sieg mitgelebt bis zur letzten Faser.

Oder die Geschichte, wie Montezemolo vor lauter Aufregung sozusagen aus der Box fiel und von einem Rennwagen angefahren wurde: Die Vorstellung eines Ferrari-Rennleiters, der sich aus schierer Begeisterung in den Boxen das Bein bricht, hat was Liebenswertes.

Montezemolo war noch keine Dreißig, als er seinen Ferrari-Job schon aufgab, da er von Geburt her zum erweiterten Agnelli-Clan zählte und eine Karriere-Station nach der anderen abspulen mußte (Cinzano, Fiat, Fußball). 1991 schloß sich der Kreis, und Luca wurde zum Ferrari-Präsidenten berufen, da war er 44.

Von mir wollte er Dinge aus der Formel 1 wissen, aus alter Freundschaft. Wir quatschten über das ganze Szenario, und Luca kriegte das Gefühl, daß ich ihm auch in offizieller Mission helfen könne. Er ließ sich das von ganz oben im Fiat-Konzern absegnen. Mein Vertrag als „Berater des Präsidenten" sah vorerst drei Aufgabengebiete vor:

- Koordination zwischen Fahrern und Teamleitung
- Vergleichende Beobachtung zu anderen Teams
- Sponsor-Relations, vor allem zu Marlboro.

Das hörte sich vielleicht nicht schlecht an. Aber was sollte ich wirklich zwischen Fahrern (Alesi, Capelli) und Teamleitung (Lombardi) koordinieren? Es war wie im Kindergarten, voller kleinlicher Auftritte und Eifersüchteleien.

Immerhin gab es strategische Dinge zu klären, es ging um den Standort England für ein Entwicklungszentrum, es ging um das Konstrukteur-Genie Barnard, weiters um die vorerst geheime Mission einer Zusammenarbeit mit Honda. Ich zettelte auch die Überlegung an, den eindeutig weltbesten Fahrer zu holen, also Ayrton Senna von McLaren nicht zu Williams wechseln zu lassen, sondern zu uns zu locken. Dazu wäre eine Riesensumme nötig gewesen, aber Vergleichbares geschah ja dann drei Jahre später wirklich, als Schumacher von Benetton abgeworben wurde. Das schwierigste an dem Job war immer die Innenpolitik, auch wenn es um Außenpolitik hätte gehen sollen.

In fröhlicher Erinnerung habe ich ein urlaubsmäßiges Treffen mit Giovanni Agnelli beim Skifahren in St. Moritz. Es war Februar 1992, und Agnelli hatte den ganzen Fiat-Konzern noch voll im Griff. Natürlich fragte er mich, wie es bei Ferrari ginge. Es war wirklich eine komplexe Situation, technisch und menschlich. Als ich einmal mit ihm allein am Lift war, schilderte ich ihm noch einmal das ganze Szenario, und er hörte aufmerksam zu.

Oben angekommen sagte er: „Okay, okay, mir ist ja alles recht. Ich will bloß nicht, daß die Pullover vor den Ferraris fahren."

Die Pullover, das war Benetton.

Ab Jahresbeginn 1993 arbeitete ich daran, einen vernünftigen Teamchef aufzutreiben. Ich selbst war für diesen Job nie vorgesehen, und es wäre auch völlig lächerlich gewesen, ihn neben (oder statt) meiner Airline-Arbeit zu betreiben. Für mich kam immer nur diese schmale Schiene des nebenberuflichen Beratens in Frage, ohne Umsetzung in der Tagesarbeit, und insofern war ein guter Teamchef für mich genauso wichtig wie für die ganze Mannschaft.

Jean Todt war meine Erfindung, auch wenn es nachher nicht mehr so aussah. Es ging darum, ihn von Peugeot wegzusprengen und innerhalb Ferrari Einverständnis herzustellen. Todt kam im Sommer 1993. Er war sicherlich eine genügend starke Persönlichkeit, um System und Perspektive in die Arbeit zu bringen und das ganze Arbeitsumfeld pragmatischer aufzubereiten. Gleichzeitig war aber ein neues Kraftfeld entstanden, in dem mein Berater-Job irritierend wirkte. Es war völlig normal, daß mich während eines Grand-Prix-Wochenendes eine Menge Journalisten anredeten, aber was dann in den Zeitungen stand, ließ den Eindruck entstehen, der Lauda sei eine Ferrari-Hauptperson, nicht bloß Berater. Somit war ich genau dort, wo ich wirklich nicht sein wollte: Inmitten der aufgeheizten Psycho-Szene von Ferrari, anstatt cool außen dran. Die Situation war ein bißchen mühsam, da schon meine schiere Anwesenheit irgendwelche Spekulationen auslöste, die irgendwas mit der Machtkonstellation bei Ferrari zu tun hatten. Ich wollte und will keine Macht bei Ferrari, schon aus dem allersimpelsten Grund, weil ich keine Zeit dazu hätte.

1996 fanden wir dann das Arrangement, mich vom „Berater" zum „Botschafter" umzubenennen, und nach einer langen Aussprache mit Jean Todt glaube ich, daß wir eine gemeinsame Basis gefunden haben. Ich versuche, mich aus jeder Politik rauszuhalten, keine Emotionen zu erzeugen und trotzdem was Nützliches beizutragen. Ich würde meine zweite Ferrari-Zeit gern zu einem positiven Abschluß bringen. WM-Titel für Schumacher, danke und ciao, das wäre der Idealfall.

KAPITEL 14

Racing

Es ist sagenhaft, was es in der von mir erlebten Formel-1-Zeit an technischen Neuerungen gab. Sprunghafte Entwicklungen veränderten das ganze Szenario oder verglühten im Abseits, zuletzt verdichtete sich die Technik des Grand-Prix-Sports auf komplexe, fast undurchschaubare Weise.

Ich greife im Zeitraffer ein paar Stichworte auf. Meine Generation stand immerhin schon auf gut gesichertem Terrain von Mittelmotor-Layout und Monocoque (aus vernieteten Blechen), die zwei großen Revolutionen seit der klassischen Zeit mit Frontmotor und Rohrrahmen lagen schon längst hinter uns.

Bei uns stand am Beginn die reine Chassis/Radaufhängung-Problematik, wir spielten mit Federn und Stabilisatoren herum. Man tüftelte an Getriebeabstimmungen, Lufthutzen und den letzten Reserven der ca. 500-PS-Motoren. Alle Kommentare eines Fahrers standen als subjektive Werte im Raum, sie konnten richtig oder falsch sein. Auf der Ferrari-Teststrecke konnte man Zwischenzeiten abrufen, das war aber schon alles an analytischen Hilfsmitteln.

Der „Staubsauger", mit dem ich den Großen Preis von Schweden 1978 gewann, war ein Vorgriff auf die neue Zeit. Der Ventilator des Brabham ließ sich noch rasch verbieten, aber das entscheidende Thema „Anpreßdruck" war längst in den Köpfen der Konstrukteure und wurde auf subtilere Weise umgesetzt: Umgekehrte Flügelprofile im Unterboden erzeugen jenen „Ground effect", der von da an die Formel 1 beherrschen sollte. Die Entwicklung ging so rasend, daß in den Kurven Beschleunigungskräfte produziert wurden, die vom Fahrer fast nicht mehr zu ertragen waren. Durch schrittweise Einschnitte im Reglement (am wichtigsten: Verbot der „Schürzen") wurde die Unterboden-Aerodynamik bis auf ihren jetzigen schmalen Spielraum reduziert, geblieben sind aber hochkomplexe Auswirkungen auf das Gesamtverhalten des Fahrzeugs. Dieses Gesamtverhalten wird in erster Linie von der Aerodynamik geprägt, die zur goldenen Geheimwissenschaft des Rennsports geworden ist. Hier liegt der Schlüssel zu Unbegreiflichkeiten aus der Sicht der Zuseher, etwa: Wieso konnte Williams Jahr für Jahr seinen technischen Vorsprung verteidigen?

Wir erlebten den fiebrigen Wahnsinn der Turbomotoren mit kurzzeitig bis zu 1 500 PS, exzessive Giftmischerei im Treibstoffbereich, aktive Fahrwerke mit Traktionskontrolle und vollautomatischer Rundum-Versorgung.

Schwer zu sagen, ob irgendeine der F1-Entwicklungen noch dem allgemeinen Fortschritt des Transportwesens dienlich sein kann. Elektrisches Gasgeben wird einmal Stand der Technik sein, aber dazu braucht es nicht die Formel 1 als Vorreiter. Selbst die einleuchtendste Einzellösung (Carbonbremsen) wird fragwürdig, abgesehen von den horrenden Kosten, denn diese Art von Verzögerung hat nichts mehr mit dem Augenmaß des Verkehrs zu tun. Es ist, wie wenn du gegen eine Wand fahren würdest, bloß ohne Crash.

Die Neuerungen mit den nachhaltigsten Auswirkungen haben sich in der Informationstechnik und in der Sicherheit abgespielt.

Telemetrie und Computer-Printouts mit einem grafischen Bild der Kurvengeschwindigkeiten, Schalt- und Bremspunkte ergeben analytische Möglichkeiten, die das Berufsbild des Rennfahrers tiefgreifend ändern. Der Mann im Cockpit ist das denkbar bestüberwachte Objekt, Teamchef und Ingenieure verfügen über den gläsernen Piloten, der ihnen über jede Hundertstelsekunde Rechenschaft gibt – ein jähes Ende aller gesammelten Rennfahrer-Ausreden über die Jahrzehnte. Am wichtigsten ist die Telemetrie-Auswertung aber für den Piloten selbst, weil sie ihm ermöglicht, mit objektiver mathematischer Präzision an seiner Performance zu arbeiten. Die quasi übersinnlichen Fähigkeiten eines Phänomens wie Schumacher geraten auf die höchste denkbare Ebene von Mathematik und Physik – eine faszinierende Konstellation.

Der Vergleich wirft meine Generation in die Steinzeit zurück: Statt Telemetrie waren wir auf unseren Hintern und das mehr oder minder sichere Gefühl angewiesen. Das einzig Objektive war die Drehzahl: Wenn du mit plus 200 Touren aus einer Kurve rausgekommen bist, hast du gewußt, das war jetzt schneller.

Ebenso unvorstellbar war vor zwanzig Jahren jenes Maß an Sicherheit, wie es nun seit der Einführung von Kohlefaser-Monocoques besteht. Ich fuhr noch mit zwei potentiellen Benzinbomben rechts und links von mir, und das Alu des Monocoques löste sich in seine Teile auf, die dich noch zusätzlich verletzten. Mein Nürburgring-Unfall hätte zwar genauso wie heute passieren können (noch immer brechen Teile), aber ich wäre völlig unversehrt ausgestiegen, hinter die Leitschiene gehupft und hätte um einen Bus ins Fahrerlager gefragt. Keine Rede von Feuer, auch wenn Brett Lunger noch einmal ins stehende Auto reingedonnert wäre. Eine Bagatelle, nichts weiter.

Die Frage nach den wichtigsten Persönlichkeiten aus meiner Zeit des Rennsports will ich nur ganz subjektiv beantworten.

Die für mein Leben bedeutendste Person war Enzo Ferrari, ich habe mich damit im vorhergehenden Kapitel auseinandergesetzt.

Dahinter kommt – immer aus meiner ganz eigenen Sicht – schon Bernie Ecclestone. Er hat diesen überragenden Erfolg der gesamten Formel 1 ermöglicht und damit auch meinen Erfolg. Er hat den weltweiten Durchmarsch (mit der störenden Ausnahme USA) begonnen und durchgeführt – zu viel mehr Geld, viel mehr Marketing, mehr Sponsoren, viel mehr

Publicity, zu traumhaften Reichweiten. Die alten Strategen würden heute noch im eigenen Saft schwimmen, von Brands Hatch bis Silverstone.

Daß sich Ecclestone mit seinem Weltweit-Marketing praktisch die Allmacht über die Formel 1 gesichert hat, mag ein Problem sein, aber nicht meines. Im Umfeld dieses Sports gab es eben keinen anderen mit seinen Fähigkeiten, innovativ, gescheit, ein Macher. So konnte er sich monopolmäßig, diktatorisch entwickeln. Es beschwert sich aber kein Team oder Fahrer, sie werden ja auch entsprechend mit Geld überschüttet. Nur Bernie himself ist noch ein Stückchen voraus: Auf den diversen Hitparaden der reichsten Menschen Großbritanniens stößt er in immer atemberaubendere Höhen vor, vielleicht schafft er noch die Queen.

Im persönlichen Umgang macht Bernie seine Deals aus dem Bauch heraus. Entweder er mag dich, oder er mag dich nicht, das entscheidet er von vornherein. Die Handschlag-Qualität seiner Verträge ist fixer Maßstab im Grand-Prix-Zirkus, sein Charme noch verbesserungsfähig.

Wäre ich selbst noch in der Formel 1, könnte ich mir auch durchaus Konfrontationen mit Bernie Ecclestone vorstellen, wie es sie schon früher gab. So positiv ich seine Außenpolitik sehe, so mißtrauisch bin ich gegenüber seiner Strategie der schrittweisen Entmündigung der Fahrer. Wir hatten eine solche Situation schon 1982, als die für Formel 1 gültige Lizenz („Superlizenz") nicht an den Fahrer, sondern an die Kombination Fahrer-Plus-Rennstall gebunden war, was den Piloten quasi zum Leibeigenen seines Dienstgebers machte. Ich organisierte damals vor dem Grand Prix in Südafrika den einzigen wirklichen Fahrerstreik, den es je in der Formel 1 gab. Wir hauten vor dem ersten Training per Bus von der Rennstrecke ab, ließen uns in einem Hotel in Johannesburg kasernieren, übernachteten alle in einem Bankettraum, verteidigten die Eingangstür mit dem Klavier, auf dem zwischendurch Gilles Villeneuve und Elio de Angelis den Kyalami-Blues spielten – und am Morgen hatten wir gesiegt.

Jetzt geht die Tendenz wieder in die gleiche Richtung: die Teams als kartellmäßige Oberhoheit mit den Fahrern als deren Eigentum. Bernie meint, die Teams sollten mehr, die Fahrer weniger verdienen. Ich glaube, er meint auch, Schumi sollte keinen Challenger fliegen. Das Kleingedruckte wird immer wichtiger. Schon sind normale Rechtswege für F1-Vertragsangelegenheiten ausgeschlossen. Es gibt zwar ein Schiedsgericht in Genf, aber das ist von Bernie eingesetzt. Ich habe das Gefühl, die ausgewogenen Kräfteverhältnisse zwischen Dienstgebern und -nehmern könnten irgendwann kippen.

Ich persönlich hätte mir auch den Fahreranspruch auf Mitgestaltung der Sicherheitspolitik nicht wieder völlig aus der Hand nehmen lassen. Nach den Todesstürzen von Senna und Ratzenberger 1994 waren die Fahrer aufgescheucht und voller Aktivitäten, inzwischen ist alles eingeschlafen. Okay, die Sportbehörde kümmert sich darum, aber sie will die Fahrer draußen haben, um im Zweifelsfall kostenrelevanter entscheiden zu können. Noch halten sich Business- und Sicherheitsinteressen die Waage. Auch hier könnte irgendwann etwas kippen, und die Fahrer hätten wieder kein Instrumentarium, um es zu verhindern.

Als McLaren-Teamchef war Ron Dennis eine sehr wichtige Persönlichkeit für mich. Die vier Jahre mit ihm möchte ich nicht missen. Ich hatte genügend Schwierigkeiten mit ihm, sehe ihn aber heute positiv. Er ist ein hart arbeitender Vollprofi, der sich auskennt. Statt daß er stolz drauf wäre, sich vom Mechaniker hochgearbeitet zu haben, scheint er seine Herkunft dauernd überkompensieren zu müssen. Dadurch steht er sich oft selbst im Weg herum.

Frank Williams habe ich allzu lang unterschätzt. Er hatte das Image des Verlierers. Er war ein Mann, dem Ron Dennis den Supersponsor und die besten Motoren wegschnappen konnte. Frank war innovativ, baute tolle Leute auf, und plötzlich waren sie weg. Wegen der bekannten Schwächen war ich nie bereit, für ihn zu fahren, aber mittlerweile wissen wir alle, daß dies seine Lehrjahre waren. Inzwischen hat er in großartiger Konsequenz das beste Team aufgebaut, das es je in der Formel 1 gegeben hat.

Die großen Fahrerpersönlichkeiten am Beginn meiner Karriere waren der schon im Abtreten begriffene Jackie Stewart, der genauso wie ich hinaufstrampelnde Ronnie Peterson und die abgerundete, souveräne Figur das Emerson Fittipaldi.

Der erste große Rennfahrer, zu dem ich auch engeren menschlichen Kontakt hatte, war James Hunt. Er war locker, easy, stand über den Dingen. Sein Riesentalent wurde nur noch von seinem Charisma übertroffen. Er hat alles mitgebracht, was die Massen von einem Rennfahrer sehen wollten.

Die brasilianische Ausgabe des James Hunt hieß Nelson Piquet, wie ein Leuchtturm herausragend aus dem Mittelmaß. Auch er war ein Freund, mit dem man reden konnte, dabei immer easy going.

Alain Prost war mein schwierigster Teamkollege, sauschnell und fehlerlos, eigentlich war er schon die nächste Generation, und ich führte ein Rückzugsgefecht gegen ihn. Heute mag ich ihn, eigentlich mochte ich ihn auch damals, aber er hatte sicher seine Schwierigkeiten mit mir, weil ich ihm im Weg gestanden bin. Er hat technisch viel gelernt von mir und sich dann konsequent weiterentwickelt.

Die großartigste Fahrerpersönlichkeit über meinen Zeitraum von 25 Jahren war Ayrton Senna. Der Stärkste, der Beste, innovativ, extrem sensibel als Fahrer wie als Mensch. Er hat sich perfekt und mit unglaublicher Intensität mit dem Rennsport auseinandergesetzt. Er hatte alles im Griff, war kreativ in all seinen Ideen. Er war warmherzig und freundlich und hat mich als Mensch begeistert, obwohl mir etwa seine Religiosität völlig fremd war.

Zur Zeit des Spanien-Grand-Prix 1993 versuchte ich, ihn zu Ferrari zu locken. Ich traf ihn in seinem Hotelzimmer in Barcelona und erzählte ihm, wie toll es sei, in den Mythos Ferrari einzutauchen. Mythos war ihm aber völlig wurscht, und er sagte, daß ihn nur ein Auto interessiere, mit dem er Rennen gewinnen könne. Wir kamen überhaupt nicht dazu, über Geld zu reden, und im Endeffekt dürfte er 1994 ja fast gratis für Williams gefahren sein, weil er Prost quasi auskaufen mußte.

Michael Schumacher mag durchaus zum Senna der Jahrtausendwende werden, er scheint alle Anlagen dazu zu haben. Er ist als Vollblutrennfahrer aufgewachsen, und schon die Annäherung an die Formel 1 geriet ihm zum Durchmarsch. Er hatte kein bißchen Zeit, um sich an plötzlichen Ruhm, Geld und den irrwitzigen Rummel zu gewöhnen, er hat's trotzdem verkraftet.

Genau wie Senna hat er jenes Übermaß an Talent, um auch die schlechte Phase eines Autos mit gewaltigem Risiko überfahren zu können. Sein Wechsel zu Ferrari hat nicht nur dem Team einen tollen Schub gebracht, er hat auch dem Schumi selbst genützt. Die Freiheit, nicht gleich wieder Weltmeister werden zu müssen, gab ihm Luft zum Durchatmen. Anfangs war er die reine Renngewinnmaschine, heute ist er kommunikativer, wirkt menschlicher, ist insgesamt besser unterwegs. Ich glaube, daß er auch vom Charisma her eine epocheprägende Persönlichkeit werden kann.

Zu meinem Freund Gerhard Berger möchte ich sagen, daß er seinen tollen Speed schon oft genug bewiesen hat. Ob ihm gegen Ende seiner Karriere noch der ganz große Coup gelingen kann, traue ich mich nicht zu sagen. Eigentlich ist Gerhard von seinem Naturell her – im Sinn von Sensibilität und Offenheit – viel zu gut für die Formel 1. Das macht allerdings auch seinen ganz speziellen Charme aus, dem sich im ganzen Grand-Prix-Zirkus kaum jemand entziehen kann.

KAPITEL 15
Autos

Die Liebe zu den Autos habe ich mir bewahrt. Ein alter Käfer hat mich als fünfzehnjähriges Hasengebiß zu mutigen Sprüngen hingerissen, ein Mini hat mich sozusagen überlebensfähig gemacht, und ein Neunelfer-Porsche brachte mich an den Punkt, wo die Welt aufging. Ich habe also allen Grund, Autos zu mögen, fühle mich aber weit weg davon, in den Umgang mit Autos irgendwas Tiefsinniges hinein zu interpretieren. Es gibt zwar richtig geile Schüsseln, das gebe ich gerne zu, aber das hat weder mit Erotik noch mit verlängertem Ego zu tun. Die alarmierende Schönheit eines Daytona-Hintern oder der Moment, wenn ein Neunelfer anschiebt oder ein 550er-Ferrari einlenkt, sind tolle Erlebnisse mit Maschinen, nicht mehr, nicht weniger.

Mein Geiz bewahrte mich (mit Ausnahmen) davor, mir besondere Lieblingsautos anzuschaffen. Ich wurde bald mit „Dienstautos" versorgt, der erste war ein Capri RS. Bei Ferrari bekam ich zuerst einen Daytona, den arbeitete ich auf, als ein Lkw auf der Autobahn ausscherte. Nachfolger war ein 365 GT4, reichlich fad gegenüber dem Daytona. Als mich einmal ein Zöllner ärgerte, ließ ich den Wagen auf der italienischen Seite stehen und von Ferrari einziehen, das Auto interessierte mich nicht sehr. Ich hatte damals auch einen weißen Porsche-Turbo, mit dem ich mich viel wohler fühlte.

Es ergaben sich persönliche Kontakte zu Mercedes-Österreich, und seither fahre ich Mercedes, außer der Zeit eines BMW-Vertrags, als die Bayern einen vollen Formel-1-Einstieg für Ende der achtziger Jahre vorbereiteten, der dann abgeblasen wurde (ich war nicht als Fahrer, sondern als PR-Figur vorgesehen, ganz unverbindlich).

Durch die langjährige Mercedes-Verbindung bin ich zwar Partei und werde hier niemanden über die Vorzüge von Mercedes-Produkten aufklären, anderseits ist es eine schlichte Wahrheit, daß dort meine ganz persönlichen Vorstellungen vom richtigen Automobil weitestgehend erfüllt werden. Der E 50 ist das Nonplusultra, ein Rennauto im Tarnanzug, kultiviert und perfekt, es gibt kein besseres Gerät für mich. Hier liegt auch mein grundsätzlicher Anspruch an ein Auto: möglichst viel Aufregung (an Schönheit, Power, Straßenlage) bei völliger Wahrung der Alltagstauglichkeit, inklusive Benzinverbrauch. Daß der E 50 um einen halben Liter mehr verbraucht als der E 320, bedeutet schon einen kleinen Schmerz (er ist zu ertragen, klar, aber doch ein bissl störend). Da ich auch einen Shell-Vertrag habe, kann es sich in diesem Fall nicht um persönlichen Geiz handeln. Es ist eine grundsätzliche Sparsamkeit, die auch mehr und mehr mit Umweltbewußtsein zu tun hat. Natürlich gilt das noch stärker fürs Fliegen, wo die absoluten Mengen viel dramatischer sind, die technischen Fortschritte aber zum Glück noch radikaler wirksam werden als am Boden.

Ich hatte zwei kurze Anfälle, um etwas mehr Extravaganz in meinen Fuhrpark zu bringen. Da war ein Vintage-Bentley, den ich in den siebziger Jahren aus England holte. Er paßte nicht zu mir, ich paßte nicht zu ihm, wir wurden einander rasch fad.

Dann war da noch der Ferrari GTO von 1986, die Geschichte einer persönlichen Niederlage.

Der 288 GTO war das erste einer Reihe von limitierten Sondermodellen mit historischen Zitaten, ein Vorläufer von F-40 und F-50. Zuerst wurden 200 Stück gebaut, aber zu viele „verdiente Ferrari-Kunden" hatten keinen gekriegt, also wurden noch einmal 70 Stück aufgelegt. Und dann noch einer für mich. Es war das Honorar, das ich mir für einen Fiat-Auftritt in Brasilien erbeten hatte.

Ich war absolut guten Willens: Ich wollte die Schönheit

des Wagens genießen, mich hin und wieder an seinem Doppelturbo begeilen und das Auto bewahren bis ans Ende aller Tage. Ich holte den Wagen in Italien ab, brachte ihn nach Salzburg, stellte ihn in die Garage. Ein wunderschönes, phantastisches Auto, ein echtes Geschwür, geht wie die Sau, liegt wie ein Traum, aah, einfach toll.

Das Salzburger Haus hat insofern einen leichten Konstruktionsfehler, als man niemals den „Haupteingang" benutzt, sondern immer gleich an der näherliegenden Schmalseite hineingeht. Damit ist die Doppelgarage quasi zum Vorraum geworden, allerdings genauso hell und luftig wie das ganze Haus. Das heißt, du siehst jedesmal beim Rein- und Rausgehen deine Autos. Da merkte ich natürlich die Tapser der Kinder, ihre Handabdrücke. Wahrscheinlich gefiel ihnen der rote GTO so gut, daß sie ihn jedesmal antapsten.

Ich konnte mich nicht überwinden, den Wagen anzumelden, und irgendwann lief der Zollvormerk aus. Der Amtsweg schien kompliziert (kein Katalysator), vom Benzinverbrauch war ich sowieso geschockt, die Kinder tapsten immer drauf, also: Weg damit. Ich wollte das schnell erledigt haben und verlangte bloß den normalen Wert des unverzollten Wagens, etwa 250 000 Dollar.

Ein Jahr später starb Enzo Ferrari, und es begann die unglaubliche Hausse der Ferrari-Preise. In Einzelfällen ging es so weit, daß für einen ordinären F-40 zwei Millionen Dollar gezahlt wurden. Der GTO war viel rarer, schöner und toller als ein F-40, und mit dem Etikett „Vorbesitzer: Niki Lauda" hätte ich ziemlich sicher einen Japaner gefunden, der 4 Millionen Dollar hingelegt hätte. Ich darf überhaupt nicht dran denken.

Fallweise, aber wirklich nur fallweise, kommt Nostalgie durch. Ich freu mich an der Schönheit eines alten Porsche, der zum Glück ja nicht so wahnsinnig anders ausschaut als ein neuer Porsche. Und dieses unvergleichliche Geräusch, das Schlürfen und Saugen der Weber-Vergaser! Ich war schon ziemlich nah dran, mir die moderne Version meines Porsche von 1975 zuzulegen, aber doch nur nah dran.

Einen wirklichen Zeitensprung habe ich nur mit dem Mini versucht. Der Mini war einfach der Schlüssel zu meiner Karriere, wie ich es im Kapitel der frühen Jahre beschrieben habe. Er war nicht nur der Schlüssel für irgendwas, sondern auch ein tolles Gerät an sich, ein geiles Mini-Monster, gemeint ist natürlich immer die Version des Mini Cooper.

Als der Mini Cooper 1990 durch Rover wieder neu aufgelegt wurde, war ich sofort elektrisiert. Ich dachte, es müßte doch wunderbar sein, die Verzückung meiner Jugend an meine Söhne weiterzureichen. Als das Auto dann auch mit Katalysator in Österreich verfügbar war, schaffte ich zwei Stück an. Da war Lukas allerdings erst 14, Mathias 12, und Marlene kriegte einen Anfall: Die Autos könnten erstens den Wahnsinns-Bazillus des Rennfahrers Lauda übertragen, zweitens sei die Kiste für unerfahrene Jungs viel zu unsicher, selbst im Führerschein-Alter, keine Knautschzone und so weiter. Da war also genügend Stoff für Ramba-Zamba der kommenden Jahre.

Ich hielt vorerst an meinen verklärten Vorstellungen fest. Die Minis paßten beide hintereinander auf einen Platz der Garage im Salzburger Haus. Ich stellte mir vor, daß die Autos als wunderbare Verheißung dort stehen würden, die Kinder würden jeden Tag vorbeigehen und ganz verzückt sein und den Tag des Führerscheins herbeisehnen, und sobald sie mir den Schein zeigten, würde ich ihnen in meiner Weisheit und Güte erklären, wie man ein solches Juwel warmfährt und wie man damit umgeht, und ich würde ihnen die Zeit vor dreißig Jahren erklären und wie wunderbar das war, und wir würden alle schrecklich ergriffen sein: eine glückliche Motorsport-Familie. Und die vorerst tobende Marlene würden wir allesamt überzeugen, daß ein Mini nicht dazu bestimmt ist, schnurstracks gegen den nächsten Baum zu donnern, sondern in voller Harmonie von Punkt A nach Punkt B zu fahren.

Dazwischen wollte ich meine eigene Mini-Geilheit überprüfen. Den ersten Anblick fand ich nett, fast wie damals. Beim Einsteigen war ich erstaunt, wie knapp mir das Auto sitzt. Dann das Maßnehmen beim Sitzen: Die Position zum Lenkrad schien wie eh und je zu sein, und das ist wahrscheinlich recht heavy für einen Mini-Neueinsteiger.

Der Mann von Welt hat sich in den alten Tagen so beholfen, daß er die mittlere Halterung der Lenksäule (also in Schienbeinhöhe) durch einen *Spacer* (also ein Distanzstück, aber ein deutscher Ausdruck wurde nie gebraucht) nach hinten verschoben hat. Dadurch kippte die ganze Lenksäule in einen weniger steilen Winkel, das Lenkrad folgte dementsprechend in einen „normaleren" (also weniger flachen) Winkel; die Hände waren jetzt weiter hinten, die fast gestreckten Arme sowieso, und damit mußte die Sitzverschraubung so weit nach hinten verlegt werden, daß man mit den Füßen gerade noch die Pedale erwischte. Das war wirklich essentiell seinerzeit, und niemand, der auf sich hielt, fuhr einen Mini Cooper ohne Spacer an der Lenksäule.

Meine erste Fahrt mit dem neuen Mini führte mich vom Wiener Flughafen in die Stadt. Ich war voller Begeisterung, hatte aber das schlimme Gefühl, daß der Wagen hoppelte wie ein Bock und der Motor irgendeine Art von Reibung hatte, vielleicht war er zu neu und hätte eingefahren werden sollen. Es dauerte einige Zeit, bis ich draufkam, daß es der Gegenwind war, der mich am normalen Gefühl des Weiterkommens irritiert hatte. Damit war meine Nostalgie weitgehend abgekühlt, und die beiden Autos wanderten nach Salzburg, zum fortgesetzten Verdruß von Marlene.

Als die Familie aus schulischen Gründen nach Barcelona übersiedelte, gerieten die Minis etwas außerhalb der Schußlinie, wurden aber bei fallweisen Salzburg-Besuchen aufgegriffen und auf dem privaten Gelände bewegt. Wann immer ich komme, selten genug, steht ein Mini mit leerer Batterie auf der Wiese. Und die Kinder erklären mir, daß sie zwar mit Sehnsucht auf den Tag warten, da Lukas den Führerschein kriegt (1997), aber statt der beiden Minis würden sie lieber in Florida einen affengeilen Pickup aussuchen und nach Europa bringen. Ein Pickup, Papa, ist das einzig Wahre!, damit lassen sich nämlich die Motocross Maschinen transportieren.

Soviel zum Thema: Mini-Nostalgie.

Mein Job bei Ferrari schließt auch die Mitarbeit bei der Entwicklung der Serienfahrzeuge ein. Wenn die ersten Prototypen fahrbereit sind (mit behelfsmäßiger, jedenfalls getarnter Karosserie), teste ich inmitten einer Gruppe von Ingenieuren das Auto in Fiorano, diskutiere mit den Leuten und gebe meinen Senf dazu. Ferrari hat sich in vergangenen Jahren im Bereich der Alltags-Vernünftigkeit ein paar Schwächen geleistet, die nichts mit Purismus und Sportlichkeit zu tun haben, sondern einfach unnötige Eigenheiten waren. Früher hast du die Leute in die Kraftkammer schicken müssen, damit sie an einem kalten Morgen den Schalthebel in die Kulisse kriegen. Mein schrecklich normaler Zugang zu diesen Dingen heißt, daß auch innerhalb der engen Möglichkeiten eines Rasse-Sportwagens alles getan werden sollte, was das Leben angenehm, praktisch und sicher macht.

Daneben gibt es auch die reine Fahrwerksabstimmung im Extrembereich: Die Tendenzen des Fahrverhaltens, der Kompromiß zwischen Sportlichkeit und Bandscheiben. Mein Input scheint die Ferrari-Menschen zu interessieren, jedenfalls finde ich einiges davon umgesetzt.

Das Auto, das mich nach langen Jahren wieder rückhaltlos begeistert, ist der im Sommer 1996 vorgestellte Ferrari 550 Maranello, ein reiner Zweisitzer. Der Motor steckt dort, wo er in der klassischen Zeit der obergeilen Sportwagen war, also vorn. Der Hintern erinnert mich emotional an die Heckpartie meines ersten Ferrari-Dienstwagens, eines Daytona, und von allen Auto-Hintern, die ich je überholt habe, hat mir keiner mehr getaugt als der des Daytona aus den frühen siebziger Jahren.

Als die Test- und Abstimmungsphase des 550 begann, war ich von Anfang an dabei, allerdings nie mit der wirklichen Karosserie. Wir fuhren in Fiorano, aber auch auf der Autobahn, und das Auto war zusammengepempert wie ein Fetzenflieger, mit verbogenen Blechteilen und schlecht schließenden Türen. Eine richtige Kistn. Montezemolo wollte mir nicht zeigen, wie das Ding wirklich ausschauen wird, er wollte mich überraschen wie ein Kind.

Ziemlich knapp vor der tatsächlichen Präsentation wurde ich zum „endgültigen Abnahmetest" nach Fiorano beordert und sah endlich das Auto in natura. Ich war wirklich perplex. Vor allem ab der Windschutzscheibe nach hinten ist das für mich der schönste Ferrari aller Zeiten.

Zwei meiner Anregungen find ich im 550 sehr gut umgesetzt: Ein nunmehr butterweich zu schaltendes Sechsganggetriebe, in dem aber die ganze Sinnlichkeit der verchromten Schienen und des metallischen Klick-Klick bewahrt bleibt, und einen Stufenplan für das Eingreifen der Antischlupfregelung. Und der Fahrspaß mit diesem perfekt ausbalancierten Fast-500-PS-Gerät ist sagenhaft, jedenfalls im Reservat der gesperrten Rennstrecke. Für mich ist der 550 Kombinations-Weltmeister in sinnlichem Flair und technischem Paket. Ein Auto wie dieses hat es noch nicht gegeben.

Auslaufrunde

Mein Freund Bertl Wimmer hatte im Frühjahr 1996 das dringende Bedürfnis, die Eifel zu bereisen und an der gewissen Stelle des Nürburgrings eine Art 20-Jahr-Happening abzuhalten. Er vergatterte Attila Dogudan, zwei Kumpels aus Lech und mich. Wir fuhren an jene Stelle und knobelten einen Chauffeur für die Rückfahrt aus, da das übliche Do & Co-Catering auf eine Flasche Vogelbeer reduziert war. Da hockten wir also auf der Leitschiene oder im Gras, tranken Karlheinz Zimmermanns einzigartigen Vorarlberger Vogelbeer und redeten gescheite Sachen. Etliche Nürburging-Touristen kamen vorbei, und manche blieben stehen, sobald sie das rote Kapperl sahen. Was denn los sei?

Meine herzensguten Freunde sagten ungefähr: „Der Herr Lauda sucht sein Ohr, das er hier vor zwanzig Jahren verloren hat. Da war nämlich eine Grillparty." Mit suchenden Blicken streiften sie durch die Wiese und checkten die Fahrbahn.

So weit ist es also mit der Erinnerung ans Ende meines ersten Lebens gekommen. Ich hatte nie die geringste Sentimentalität in diesem Zusammenhang, wohl aber das Gefühl, daß es schade gewesen wäre, wenn damals alles vorbei gewesen wäre, schade um die phantastischen Jahre danach. Außerdem würde mich stören, daß mein Tod nichts bewirkt hätte. Nichts an den Rennstrecken, nichts an der Konstruktion der Autos, denn diese Entwicklungen waren eigentlich schon unterwegs und führten ein paar Jahre später zu vergleichsweise sicheren Strecken und Rennwagen. Insofern war mein Überleben eine Vorwegnahme der modernen Zeit.

Ich hatte danach durchaus das Gefühl, mit diesem Geschenk vernünftig umgehen zu müssen. Ich wurde dadurch wachsamer, empfand Zeit und Leben nicht so selbstverständlich wie zuvor.

Als mein zweites Leben sehe ich die kurzen, aber unglaublich intensiven Jahre bis zur Beendigung der Rennfahrerkarriere an; unglaublich intensiv auch deshalb, weil ja gleichzeitig die Lauda Air entstand.

Danach war es eine wunderbare Perspektive, alle Kraft in eine Richtung zu lenken und das Unternehmen in die Höhe zu bringen. Es hat sich allerdings rausgestellt, daß mein Lebensrhythmus nur dann ideal ist, wenn mich auch eine zweite Ebene beschäftigt, wie zum Beispiel der Ferrari-Job, erst dadurch entsteht die rechte Spannung.

Wenn die bisherigen 18 Jahre Lauda Air ein einziger Hindernislauf von einem Problem zum nächsten, noch größeren Problem waren, so wird sich in Zukunft nur die Art der Aufgaben ändern, nicht deren Größe. Es werden weniger Staats- und Kammerfunktionäre im Weg stehen, die frische Luft aus der EU wird ihnen auf die Sprünge helfen. Wir werden mit weniger Reglementierung zu kämpfen haben, dafür mit einem immer brutaleren Markt. Ich glaube an dramatische Änderungen in der europäischen Luftfahrt, gewiß auch in Österreich, und ich stecke voller Ideen und Projekte. Drei Airlines für einen Acht-Millionen-Markt werden sich nicht mehr lange rechnen. Ich arbeite an einer Dachkonstruktion, die im Gegensatz zu üblichen „Dächern" aber nicht alles gleichschalten oder über-administrieren soll, sondern die Beweglichkeit der Kleinen in perfekte Synergien und Koordination einfließen läßt.

Von Jobmüdigkeit ist keine Rede, weder im Management noch als Pilot. Nächstes Jahr mache ich das Type Rating für die neu kommende 777, den modernsten und rundum vernünftigsten Flieger der Welt.

Vom Sport her weiß ich, wann mein Ende naht, energiemäßig jedenfalls. Ich mußte immer so trainieren, daß ich mich im grünen Bereich bewegte, Willy Dungl hat es mir für alle Zeiten beigebracht. Ich kenne meine Bergabkurven und weiß, wie man gegenlenkt. Deswegen komme ich mit Arbeit, Müdigkeit und Stress gut zurecht. Das gibt mir auch recht erfrischende Perspektiven für die Zukunft. Ich habe keine Angst vor dem nicht allzu fernen fünfzigsten Geburtstag, keine Angst vor dem Älterwerden an sich. Ich kenne eine Menge älterer Menschen, die super drauf sind.

Alles sieht so aus, als könnte ich meine Generalrichtung weiter beibehalten, sie ist die gleiche seit den allerersten Tagen des Rennsports: Wenn ich das tue, was ich gerne mache, werde ich gut darin sein. Wenn mir das weiter gelingt, bin ich glücklich.

Einige Daten

22. 2. 1949	Andreas Nikolaus Lauda in Wien geboren
1968	Erstes Autorennen (auf Mini Cooper S)
1971	Erstes Formel-1-Rennen (auf March-Ford)
1974 bis 77:	Ferrari

Siege in Formel-1-Weltmeister-schaftsläufen:

1974	GP Spanien
1974	GP Holland
1975	GP Monaco
1975	GP Belgien
1975	GP Schweden
1975	GP Frankreich
1975	GP USA
1975	**Weltmeister**
1976	GP Brasilien
1976	GP Südafrika
1976	GP Belgien
1976	GP Monaco
1976	GP England

(Schwerer Unfall im GP Deutschland 1. 8. 1976)

1977	GP Südafrika
1977	GP Deutschland
1977	GP Holland
1977	**Weltmeister**

1978, 1979:	Brabham
1978	GP Schweden
1978	GP Italien

Rücktritt vom Rennsport im Oktober 1979

1978/79: Gründung der Lauda Air mit Charter-Konzession.
Zwei Fokker 27.

1982	Comeback als Rennfahrer im Team McLaren
1982	GP USA/West
1982	GP England
1984	GP Südafrika
1984	GP Frankreich
1984	GP England
1984	GP Österreich
1984	GP Italien
1984	**Weltmeister**
1985	GP Holland

Endgültiger Rücktritt vom Rennsport Oktober 1985

1985	Lauda Air operiert mit 2 BAC 1-11, ab 1986 mit Boeing 737-200 und -300.
1987	Linienlizenz
1988	Eröffnung Liniendienst Australien mit Boeing 767
1990	Lauda Air notiert an der Wiener Börse
1991	Absturz der „Mozart" über Thailand
1993	Lufthansa mit 26,4 % an Lauda Air beteiligt
1994	Aufstockung der Lufthansa-Beteiligung auf 39,6 %
1996	Lauda Air hat 1200 Mitarbeiter und bedient 23 Linienrouten und bis zu 50 Charter-Destinationen.

Die Flotte: 5 Boeing 767-300 ER, 2 Boeing 737-400, 2 Boeing 737-300, 7 Canadair Regional Jets 100 ER; 1 Learjet 60, 1 Citation II, 1 Falcon 20.